国家社科基金
GUOJIA SHEKE JIJIN HOUQI ZIZHU XIANGMU
后期资助项目

企业集团破产法理构造及制度实现研究

Enterprise Group Insolvency: Theoretical Framework and Legal System

解正山 著

WUHAN UNIVERSITY PRESS
武汉大学出版社

图书在版编目（CIP）数据

企业集团破产法理构造及制度实现研究/解正山著.—武汉：武汉
大学出版社,2024.1
国家社科基金后期资助项目
ISBN 978-7-307-23759-9

Ⅰ.企… Ⅱ.解… Ⅲ.破产法—研究—中国 Ⅳ.D922.291.924

中国国家版本馆 CIP 数据核字（2023）第 085065 号

责任编辑：陈　帆　　　责任校对：汪欣怡　　　版式设计：韩闻锦

出版发行：**武汉大学出版社**　　（430072　武昌　珞珈山）
　　　　　（电子邮箱：cbs22@ whu.edu.cn　网址：www.wdp.com.cn）
印刷：武汉中科兴业印务有限公司
开本：720×1000　1/16　印张：15　字数：269 千字　插页：1
版次：2024 年 1 月第 1 版　　2024 年 1 月第 1 次印刷
ISBN 978-7-307-23759-9　　定价：68.00 元

国家社科基金后期资助项目（20FFXB057）

国家社科基金后期资助项目
出版说明

后期资助项目是国家社科基金设立的一类重要项目，旨在鼓励广大社科研究者潜心治学，支持基础研究多出优秀成果。它是经过严格评审，从接近完成的科研成果中遴选立项的。为扩大后期资助项目的影响，更好地推动学术发展，促进成果转化，全国哲学社会科学工作办公室按照"统一设计、统一标识、统一版式、形成系列"的总体要求，组织出版国家社科基金后期资助项目成果。

全国哲学社会科学工作办公室

目　　录

导　　论

一、研究背景及意义

作为全球第二大规模的经济体，2020 年我国国内生产总值已超 100 万亿元人民币。不断增强的经济实力为中国对外投资奠定了坚实基础。统计表明，截至 2019 年末，中国投资者在境外设立直接投资企业 4.4 万家（其中，在"一带一路"沿线国家设立境外企业超过 1 万家，年末投资存量 1794.7 亿美元），分布在全球 188 个国家或地区，年末境外企业资产规模达 7.2 万亿美元，涉及租赁、制造、金融、信息传输和信息技术服务、交通运输、房地产等领域；对外直接投资存量约 2.2 万亿美元，占全球比重 6.4%。其中，股权投资 1.2 万亿美元，占 55%；收益再投资 0.7 万亿美元，占 31.2%；债务工具投资 0.3 万亿美元，占 13.8%。[①] 总体而言，中国企业正在不断地投资海外，并已成为国际经贸交往中一支不可或缺的生力军。与此同时，外资进入中国的势头不减，仅 2019 年，中国新设外商投资企业约 4.1 万家（其中，"一带一路"沿线国家或地区在华新设外商投资企业 5570 家），实际使用外资金额 1412.3 亿美元，占 2019 年全球外国直接投资总量的 9.2%；截至 2019 年末，中国累计设立外商投资企业高达 100.2 万家，包括外资企业、中外合资企业、中外合作企业，累计实际使用外资金额约 2.3 万亿美元。[②]

中国与他国或地区的双向投资增进了各方的经济交往，但同时，也使一国企业的破产风险外延至对方域内，尤其是集团化经营结构更是加剧了

[①] 参见中华人民共和国商务部、国家统计局、国家外汇管理局：《2019 年中国对外直接投资统计公报》，中华人民共和国商务部官网：http://images.mofcom.gov.cn/hzs/202010/20201029172027652.pdf，访问日期：2021 年 8 月 28 日。

[②] 参见中华人民共和国商务部：《中国外资统计公报 2020》，中华人民共和国商务部官网：http://images.mofcom.gov.cn/wzs/202012/20201230152644144.pdf，访问日期：2021 年 8 月 28 日。

这种风险的蔓延。如何进行跨境破产国际合作成为急迫的法律议题之一。毕竟,作为良好营商环境的一部分,破产制度完善程度是境外投资者是否进入对方市场的重要考虑因素。跨境破产方面,仅 2020 年就有三起备受关注的国内破产程序请求境外法院承认的案件,包括香港特别行政区高等法院(以下简称"香港高等法院")2020 年 1 月 13 日裁令承认上海华信集团破产程序案①、新加坡高等法院 2020 年 6 月 1 日裁令承认江苏舜天船舶破产程序案②以及香港高等法院 2020 年 6 月 4 日裁令承认深圳市年富供应链有限公司破产程序案③。另外,境外法院或破产管理人也开始向国内法院提出承认申请。早期如 2000 年广东省佛山市中级人民法院承认意大利米兰法院作出的破产裁决案。最新案例是,2021 年 7 月 20 日,香港高等法院向内地法院(深圳市中级人民法院)发出司法协助请求函,请求承认在香港注册设立的森信纸业有限公司的清盘人及其权力。④ 这些案件已经带来了不少法律难题,包括如何更有效地对待高度一体化企业集团成员的破产处置,以及如何更好地协调管理集团成员同时启动的破产程序等,其中,企业集团跨境破产国际司法合作问题更具挑战性。政策层面上,国家发展和改革委员会、最高人民法院、司法部等中央部委强调:应完善跨境破产协调机制与关联企业/企业集团破产规则,以期解决跨境破产与复杂主体破产等法律难题。无疑,这些问题不仅是司法实务中的疑难问题,也将成为《中华人民共和国企业破产法》(以下简称《企业破产法》)修订时的重点与难点。另外,我国不涉及跨境因素的企业集团破产现象也越来越多见。⑤ 最新的例证是"雨润集团破产案"与"海航集团破产案",前者共有 78 家集团关联成员进入"合并重整"程序,⑥后者近 380 家集团成员进入破

---

① 该案的进一步分析请参见石静霞:《香港法院对内地破产程序的承认与协助——以华信破产案裁决为视角》,《环球法律评论》2020 年第 3 期,第 162~176 页。

② 参见《首例:我国破产程序及破产管理人身份获新加坡法院承认》,江苏省南京市中级人民官方微信公众号,访问日期:2021 年 6 月 26 日。

③ 该案的进一步分析请参见岳燕妮、唐姗、王芳:《内地与香港跨境破产的实践探索》,《人民司法》2020 年第 25 期,第 4~8 页。

④ 香港高等法院曾于 2009 年 7 月向北京市第一中级人民法院提出司法协助请求,请求承认香港高等法院作出的"委任临时清盘人命令"的效力,但遗憾的是,北京市第一中级人民法院几经思量,最终未予承认。参见《最高人民法院关于北泰汽车工业控股有限公司申请认可香港特别行政区法院命令案的请示的复函》(〔2011〕民四他字第 19 号)。

⑤ 进一步分析请参见解正山:《企业集团"合并破产"实证研究》,《现代经济探讨》2020 年第 2 期,第 104~111 页。

⑥ 参见江苏省南京市中级人民法院(2020)苏 01 破 37-1 号《民事裁定书》。

产程序,更是刷新了国内企业集团破产的新纪录,①影响巨大。

目前,国内一些法院通过将法人人格高度混同的企业集团成员"合并破产"以及协同管理集团多个成员破产程序等"审判创新"方式解决了集团破产面临的部分问题,但因缺乏统一的标准与规则,企业集团破产案件的裁判存在不确定性与合法性问题。此外,我国《企业破产法》第5条虽规定了跨境破产规范,但适用对象仅是单一债务人,无法直接适用于破产企业集团情形,且本身也只是原则性框架。实践中,境外母公司对境内子公司控制权以及破产合作等多项法律难题已然摆在裁判者面前。因此,若能在《企业破产法》修改时增加破产企业集团的处置规则,包括破产管辖、管理人指定、启动后融资、公平救济、集团多个成员协同重整以及国际合作与协调等内容,将使法院在处理涉企业集团破产案件时面临的法律难题迎刃而解。尤其是随着"一带一路"倡议不断落实,沿线国家经贸交往日益深化,不断优化破产制度尤其是跨境破产规范已成为国与国之间直接投资保护的现实需要。

综上,本书着重研究以下问题:第一,国内层面上,探究企业集团破产时的公平救济与平行破产程序协调管理等理论难题,揭示集团破产情形下"合并破产"、破产撤销、排序居次、债权重新定性等破产救济的基本原理,阐释债务人临近破产时董事义务一般框架尤其是企业集团破产情形下董事的特殊义务,在总结我国法院审判经验的基础上,构建我国企业集团破产的理论框架与制度体系;第二,国际层面上,以《企业破产法》第5条为中心,对跨境破产中的普遍主义与地域主义理论原则进行比较分析,并对如何更好地适用《企业破产法》第5条进行理论反思,同时,以联合国国际贸易法委员会最新的示范立法为研究样本,探讨企业集团跨境破产合作与协调尤其是破产程序的承认与协助问题。这些问题的解决对完善《企业破产法》、提升法院"办理破产"能力、优化营商环境等具有重要意义。

二、国内外研究现状

对于企业集团破产,传统的"实体法"理论认为,企业集团成员应被看作是具有各自权利义务的独立法律实体,集团成员破产按照一般的破产法原理处理即可。然而,这忽视了集团结构对破产法公平目标可能造成的损

---

① 参见海南省高级人民法院(2021)琼破1-7号、(2021)琼破8-18号、(2021)琼破19-43号、(2021)琼破44-64号。

害。因此，继 Adolf A. Berle（1947）提出"企业实体理论"后，Phillip I. Blumberg（2005）将其发展成"单一企业"理论，核心观点是把集团视作一个单位，以便在破产程序中将原本独立的法律实体在特定情形下合并或将与其有关联的公司的债权予以特别对待。① 基于反思公司身份的视角，Virginia Harper Ho（2012，2014）丰富了集团理论，同时揭示了公司集团概念如何影响案件审理结果及公共政策选择。② Karsten E. Sorensen（2016）着重从司法的视角梳理了欧盟法院如何在不同的法律领域适用"单一企业"与"独立实体"原则。③ Jay L. Westbrook（2018）与 Franklin A. Gevurtz（2018）则主要从公司法角度分别讨论了公司集团的透明度以及如何破解公司集团带来的核心挑战等问题。④ 总之，"独立实体论"与"单一企业论"已成为解决企业集团引发的包括破产在内的复杂法律问题的基本原则。

（一）"独立实体论"下刺破公司面纱与排序居次问题

最先，学者们关注的焦点是刺破公司面纱理论在集团破产案件中的适用问题。一般认为，刺破公司面纱是受"独立实体论"支配的一道传统"安全阀"，它是判定母公司在特定情形下承担破产子公司债务的一项重要依据。⑤ Helen Anderson（2010）认为，集团背景下，揭开公司面纱理论的适用可以有效克服有限责任导致的道德风险、抑制过度冒险行为以及对公司资产不适当的掠夺。⑥ 但是，Phillip I. Blumberg（2005）、Stephen B. Presser（2006）等认为，法院适用这一理论时缺乏统一的判断标准，容易导致不一

---

① See Phillip I. Blumberg, the Transformation of Modern Corporation Law: the Law of Corporate Groups, 37 Conn. L. Rev. 605（2005）.

② See Virginia Harper Ho, Theories of Corporate Groups: Corporate Identity Re-conceived, 42 Seton Hall L. Rev. 879（2012）; Virginia Harper Ho, Of Enterprise Principles and Corporate Groups: Does Corporate Law Reach Human Rights, 52 Colum. J. Transnat'l L. 113（2013-2014）.

③ See Karsten Engsig Sorensen, Groups of Companies in the Case Law of the Court of Justice of the European Union, 27 Eur. Bus. L. Rev. 393（2016）.

④ See Jay L. Westbrook, Transparency in Corporate Groups, 13 Brook. J. Corp. Fin. & Com. L. 33（2018）; Franklin A. Gevurtz, Groups of Companies, 66 Am. J. Comp. L. 181（2018）.

⑤ See Héctor José Miguens, Liability of a Parent Corporation for the Obligation of An Insolvent Subsidiary under American Case Law and Argentine Law, 10 Am. Bankr. Inst. L. Rev. 217, 217（2002）.

⑥ See Helen Anderson, Veil Piercing and Corporate Groups-An Australian Perspective, 2010 N.Z. L. Rev. 1（2010）.

致的裁决结果。① John H. Matheson(2009，2010)的实证研究就证明了这
点。② 其实，刺破公司面纱有难以被明确阐述的深层次原因(朱慈蕴，
2007)，③因而被视作"破产法上的隐性规则"(韩长印等，2013)。④ 其后，
Tan Cheng-Han 等人(2019)更为系统地对刺破公司面纱的历史、理论进行
了比较分析。⑤ 此外，通过对公司集团背景下刺破公司面纱适用的实证研
究，黄辉教授(2020)揭示了资本显著不足以及业务、财产和人员混同等对
刺破率的不同影响。⑥ 这些成果无疑拓展了刺破公司面纱的理论深度并强
化了它的实践认知。问题是，刺破公司面纱理论不仅无法解释为何能以集
团内具有控制地位的成员滥用其控制地位从而要求将其享有的债权受偿次
序置于外部债权之后，也不足以调整整个集团破产时集团成员间的不当
行为。

理论界关注的另一个理论焦点则是排序居次及其在企业集团破产中的
适用问题。对于这一破产救济，Judith Elkin(2012)认为，"排序居次"旨在
根据法律或法院命令而将关联企业成员破产债权的受偿次序置于外部债权
人之后。⑦ 可以看出，与刺破公司面纱相比，排序居次并不涉及公司法人
格否认问题。在类别上，排序居次有衡平居次与自动居次之分：王志诚
(2012)对美国法上衡平居次规则的历史演变进行了分析；⑧党海娟(2016)
介绍了德国法上的自动居次规则。⑨ 王志诚教授还强调，适用排序居次规

---

① See Stephen B. Presser, The Bogalusa Explosion, Single Business Enterprise, Alter Ego, and Other Errors: Academics, Economics, Democracy, and Shareholder Limited Liability: Back towards a Unitary Abuse Theory of Piercing the Corporate Veil, 100 Nw. U. L. Rev. 405(2006).

② See John H. Matheson, The Modern Law of Corporate Groups: An Empirical Study of Piercing the Corporate Veil in the Parent-Subsidiary Context, 87 N. C. L. Rev. 1091 (2009); John H. Matheson, Why Courts Pierce: An Empirical Study of Piercing the Corporate Veil, 7 Berkeley Bus. L.J. 1 (2010).

③ 参见朱慈蕴：《公司法人格否认：从法条跃入实践》，《清华法学》2007 年第 2 期。

④ 参见韩长印、何欢：《隐性破产规则的正当性分析——以公司法相关司法解释为分析对象》，《法学》2013 年第 11 期。

⑤ See Tan Cheng-Han, Jiangyu Wang & Christian Hofmann, Piercing the Corporate Veil: Historical, Theoretical and Comparative Perspectives, 16 Berkeley Bus. L.J. 140 (2019).

⑥ 参见黄辉：《公司集团背景下的法人格否认：一个实证研究》，《中外法学》2020 年第 2 期。

⑦ See Judith Elkin, Lifting the Veil and Finding the Pot of Gold: Piercing the Corporate Veil and Substantive Consolidation in the United States, 6 Disp. Resol. Int'l 131 (2012).

⑧ 参见王志诚：《从比较法观点论企业集团之重整法制》，《东吴法律学报》2013 年第 24 卷第 3 期。

⑨ 参见党海娟：《我国破产法引入衡平居次规则必要性与可行性的反思——从最高院发布的一则典型案例说起》，《河北法学》2016 年第 3 期。

则时，"不公平行为"的认定是个难点，这一核心要素是个不确定的法律概念，其真正内涵及表现形式往往需法院在个案中厘定。目前，对我国破产立法是否引入以及如何引入排序居次规则尚未形成理论共识，既有赞成者①，亦有反对者②。但破产实务表明，我国已有少数法院借鉴英美法衡平居次原理将股东债权置于外部债权之后再行受偿。同时，针对这些实践，潘林(2018)、许德风教授(2019)进行了相应的理论反思。③

(二)"单一企业论"下集团"合并破产"理论纷争

鉴于刺破公司面纱与排序居次在解决人格混同情形下的公司集团破产时面临的理论挑战，学者们普遍认为，为避免营业事务高度交织公司集团破产侵害债权人公平受偿权，应将本质同一的公司集团破产成员"合并为唯一的幸存者"，以便将它们的资产与负债"合并"。William H. Widen(2007)甚至认为，"合并破产"是公司重整中最重要的理论。尤其是，实质合并在某些方面与刺破公司面纱及排序居次等公平救济存在本质上的差异，它是一种用于摧毁公司形式之资产分离功能的理论(William H. Widen, 2007; Judith Elkin, 2012)。④ 另外，实质合并应在考虑并否决了其他破产救济(Ambro et al., 2005)或当独立清算或重整使部分实体处于无法清理且显失公平时才可适用(王欣新, 2011)。⑤ 徐阳光(2017)从比较法视角深入剖析了"合并破产"适用标准并提出了相应的完善对策。⑥ Nora Wouters 等(2013)则专门讨论了欧盟与美国关于集团破产的对待办法，对公司集团破产中的程序协调与实质合并作了法经济学上的深入分析。⑦ 对公司集团中两个或多个成员同时破产时程序协调问题的研究一直偏弱，因

① 参见曲冬梅：《企业破产中关联债权的困境与衡平居次原则的引入》，《东岳论丛》2011年第7期。

② 参见党海娟：《我国破产法引入衡平居次规则必要性与可行性的反思——从最高院发布的一则典型案例说起》，《河北法学》2016年第3期。

③ 参见潘林：《论出资不实股东债权的受偿顺位——对最高人民法院典型案例"沙港案"的反思》，《法商研究》2018年第4期；许德风：《公司融资语境下股与债的界分》，《法学研究》2019年第2期。

④ See William H. Widen, Corporate Form and Substantive Consolidation, 75 GEO. Wash. L. Rev. 237, 238-239 (2007); Judith Elkin, Lifting the Veil and Finding the Pot of Gold: Piercing the Corporate Veil and Substantive Consolidation in the United States, 6 Disp. Resol. Int'l 131 (2012).

⑤ 参见王欣新等：《关联企业的合并破产重整启动研究》，《政法论坛》2011年第6期。

⑥ 参见徐阳光：《论关联企业实质合并破产》，《中外法学》2017年第3期。

⑦ See Nora Wouters et al., Corporate Group Cross-Border Insolvencies between the United States & European Union: Legal & Economic Developments, 29 Emory Bankr. Dev. J. 387 (2013).

此，Nora Wouters 等的研究一定程度上弥补了以往偏重于实质合并等公平救济理论的弊端。

由于突破了公司法人独立人格与股东有限责任原则的限制，故"合并破产"的合法性与正当性一直受到部分学者的质疑。他们认为：第一，如果"合并破产"适用标准得不到严格遵守的话，那么这种救济将带来新的混乱与不确定性(Timothy E. Graulich, 2006)；[①]第二，"合并破产"违反现有程序和实体法的规定(李永军, 2013)；[②]第三，"合并破产"实际上背离了公平(Richard M. Hynes & Steven D. Walt, 2018)。[③] 理论争议虽言犹在耳，但破产实务表明，"合并破产"已成为中外法院惯常使用的破产救济手段之一。

(三)关于跨国企业集团破产法律难题的理论探讨

最近几年，跨国企业集团破产问题逐渐成为新的研究热点。研究者们从不同侧面对跨境企业集团破产因应之策进行了探讨。

首先，关于企业集团及其破产特殊性，Sandeep Gopalan 与 Michacl Guihot(2016)总结了企业集团的一般特征，并指出集团经营结构下跨境破产国际合作存在理论与实践的双重挑战。[④] Sid Pepels(2021)则对《欧盟破产程序条例》中的"公司集团"定义进行了理论分析，认为应宽泛解释这一概念，以便最大限度地适用《欧盟破产程序条例》之规定，促进国际合作。[⑤] Nora Wouters 与 Alla Raykin(2013)归纳了企业集团跨境破产中的特殊问题，包括集团成员主要利益中心位于不同法域以及不同破产成员平行程序之间的合作难题等。[⑥] 为对企业集团破产特殊性的理论进行回应，Irit Mevorach(2014)指出，处理企业集团跨境破产案件时应考虑该企业集团结

---

① See Timothy E. Graulich, Substantive Consolidation—A Post-Modern Trend, 14 Am. Bankr. Inst. L. Rev. 527, 557(2006).

② 参见李永军：《重整程序开始的条件及司法审查——对"合并重整"的质疑》，《北京航空航天大学学报(社会科学版)》2013 年第 6 期。

③ See Richard M. Hynes & Steven D. Walt, Inequality and Equity in Bankruptcy Reorganization, 66 U. Kan. L. Rev.875 (2018).

④ See Sandeep Gopalan & Michacl Guihot, Cross-Border Insolvency Law and Multinational Enterprise Groups: Judicial Innovation as an International Solution, 48 Geo. Wash. Int'l L. Rev. 549 (2016).

⑤ See Sid Pepels, Defining Groups of Companies under the European Insolvency Regulation (recast): on the Scope of EU Group Insolvency Law, 30 Int Insolv. Rev. 96 (2021).

⑥ See Nora Wouters & Alla Raykin, Corporate Group Cross-Border Insolvencies between the United States & European Union: Legal & Economic Developments, 29 Emory Bankr. Dev. J. 387 (2013).

构到底是松散型还是高度一体化的,并据此审查债权与责任的法律归属以及集团破产的最佳处置方案。①

其次,关于跨国企业集团破产的法律因应之策,主要涉及跨境破产的基础理论以及合作与协调等具体问题。其中,Irit Mevorach(2010)重点探讨了跨国企业集团破产管辖权等理论问题,他指出:受"实体法"的影响且兼顾了地域主义的关切,针对单一债务人跨境破产的改良普遍主义开始向集团背景下的普遍主义弱化版本转变;Irit Mevorach(2010, 2018)还对作为习惯国际法的改良的普遍主义理论原则进行了探讨,②并对"硬法"/"软法"模式对企业集团跨境破产的意义进行了分析。③ Irit Mevorach(2014)与Jay L. Westbrook(2019)还对全球破产中的礼让与法律适用问题进行了研究。④ 对于企业集团跨境破产中的合作与协调,Janis Sarra(2009)认为,跨国界协议一定程度上能解决各国在跨国企业集团破产立法上的空白导致的合作难题,它鼓励相关各方协商跨境合作事宜,包括程序协调或实质合并承认等。⑤ 通过实证研究,Jay L. Westbrook(2013)指出,美国法院在企业集团破产问题上与外国同行的合作与协调不存在实质性障碍。⑥ Samuel L. Bufford(2012)则阐释了跨国公司集团破产立法的目标,提出了建立跨国公司集团破产法律制度的若干建议。⑦ Sheryl Jackson 等(2014)还以雷曼兄弟公司全球破产为例,分析了跨境破产中不同国家法院交流与合作的最新进展。⑧ Christoph Thole 与 Manuel Duenas(2015)还对《欧盟破产程序条例》中

① See Irit Mevorach, Cross-Border Insolvency of Enterprise Group: the Choice of Law Challenge, 9 Brook.J. Corp. Fin. & Com. L. 226 (2014).
② See Irit Mevorach, Towards a Consensus on the Treatment of Multinational Enterprise Groups in Insolvency, 18 Cardozo J. Int'l & Comp. L. 359 (2010); Irit Mevorach, Modified Universalism as Customary International Law, 96 Tex. L. Rev. 1403 (2018).
③ See Irit Mevorach, A Fresh View on the Hard/Soft Law Divide: Implications for International Insolvency of Enterprise Groups, 40 Mich. J. Int'l L. 505 (2019).
④ See Irit Mevorach, Cross-Border Insolvency of Enterprise Group: the Choice of Law Challenge, 9 Brook.J. Corp. Fin. & Com. L. 226 (2014); Jay L. Westbrook, Comity and Choice of Law in Global Insolvencies, 54 Tex. Int'l L. J. 259 (2019).
⑤ See Janis Sarra, Oversight and Financing of Cross-Border Business Enterprise Group Insolvency Proceedings, 44 Tex. Int'l L. J. 547(2009).
⑥ See Jay L. Westbrook, An Empirical Study of the Implementation in the United States of the Model Law on Cross Border Insolvency, 87 Am. Bankr. L.J. 247 (2013).
⑦ See Samuel L. Bufford, Coordination of Insolvency Cases for International Enterprise Groups—A Proposal, 86 Am. Bankr. L.J. 685 (2012).
⑧ See Sheryl Jackson & Rosalind Mason, Developments in Court to Court Communications in International Insolvency Cases, 37 U.N.S.W.L.J. 507 (2014).

规定的集团破产国际合作规则进行了评析。① 总之，境外研究者们开始将研究重点由单一债务人跨境破产转向跨国企业集团破产，包括企业集团跨境破产中的合作与协调问题。

与域外相比，我国现有研究的侧重点是单一债务人跨境破产时的承认和执行问题。例如，早前，石静霞（1999）、何其生（2007）、张玲（2007）、王晓琼（2008）等，围绕跨境破产一般理论、单一债务人跨境破产中的承认和执行以及法律适用等理论与实务问题进行了深入探讨。② 近年来，王欣新等（2018，2019）对联合国国际贸易法委员会颁布的《承认和执行与破产有关判决的示范法》进行了分析，并提出这一立法对我国的借鉴意义。③石静霞与黄圆圆（2017，2018，2020）则通过实证分析，对内地与香港的跨境破产合作以及美国法院对中国破产判决的承认进行了实证研究，指出内地与香港应就跨境破产合作事项协商制定专门安排，以化解破产管理中的冲突与困境；④石静霞（2020）还以境外法院承认我国破产判决案为研究对象进行比较研究，并就我国未来构建跨境破产承认和执行制度提出了相应建议。⑤ 金春（2019）则以《联合国国际贸易法委员会跨国界破产示范法》为样本，对外国破产程序承认和执行中的互惠、救济、平行破产程序协调等核心问题进行了深入分析，指出应在推进破产国际合作与满足国内司法现实之间进行平衡。⑥ 郭玉军与付鹏远（2018）同样提出应借鉴国际立法对

---

① See Christoph Thole & Manuel Duenas, Some Observations on the New Group Coordination Procedure of the Reformed European Insolvency Regulation, 24 Insol Int'l Insol. Rev. 214 (2015).

② 参见石静霞：《跨国破产的法律问题研究》，武汉大学出版社 1999 年版；何其生：《新实用主义与晚近破产冲突法的发展》，《法学研究》2007 年第 6 期；张玲：《跨境破产的国际合作——国际私法的视角》，法律出版社 2007 年版；王晓琼：《跨境破产中的法律冲突问题研究》，北京大学出版社 2008 年版；解正山：《跨国破产立法及适用研究——美国及欧洲的视角》，法律出版社 2011 年版。

③ 参见王欣新、梁闽海：《〈关于承认和执行与破产有关的判决示范法〉及其对我国跨境破产立法的借鉴意义》，《人民司法·应用》2018 年第 34 期；雷雨清、王欣新：《〈跨国界承认和执行与破产有关判决的示范法〉与我国相关立法的完善》，《法律适用》2019 年第 19 期。

④ 参见石静霞、黄圆圆：《跨界破产中的承认与救济制度——基于"韩进破产案"的观察与分析》，《中国人民大学学报》2017 年第 2 期；石静霞、黄圆圆：《论内地与香港的跨界破产合作——基于案例的实证分析及建议》，《现代法学》2018 年第 5 期。

⑤ 参见石静霞：《香港法院对内地破产程序的承认与协助——以华信破产案裁决为视角》，《环球法律评论》2020 年第 3 期；石静霞：《中美跨境破产合作实例分析：纽约南区破产法院承认与协助"洛娃重整案"》，《中国应用法学》2020 年第 5 期。

⑥ 参见金春：《外国破产程序的承认与协助：解释与立法》，《政法论坛》2019 年第 3 期。

我国跨境破产承认与协助制度进行完善。① 陈夏红（2016）则以修订后的《欧盟破产程序条例》为研究对象，对跨境破产中破产管理人之间、法院之间以及破产管理人与法院之间如何进行协调，尤其是对企业集团破产中的合作与协调问题作了全面解析。② 张玲（2020，2021）还专门讨论了"一带一路"以及亚太经济一体化背景下跨境破产区域合作的整体构想。③ 总体而言，现有研究多集中探讨单一债务人跨境破产时的法律应对，对企业集团跨境破产中疑难问题的关注尚不充分。

破产法基础理论方面，国内学者的研究成果进一步拓展了该领域的研究深度与广度。首先，关于破产法的宪法维度问题，李曙光（2016，2019，2021）指出，破产制度是一项极为重要的市场制度，破产法可视为市场经济的宪法和基本法，具有"宪法性价值"。④ 丁燕（2021）、张翔（2021）、杨晓楠（2021）等还就破产免责的合宪性、破产法的宪法维度、美国宪法破产条款下的法院管辖等问题进行了集中探讨。⑤ 其次，关于个人破产，刘冰（2019）认为，创建个人破产制度可改变社会固有债务文化，树立破产免责理念；⑥许德风（2011）则从比较法视角探讨了我国建立个人破产免责制度的可行性与必要性等问题。⑦ 作为进一步的研究，徐阳光（2021）指出个人破产免责制度融合了债务宽容理论、人道主义理论以及社会效用理论，并认为我国个人破产立法应融合多元免责理论，同时考虑传统文化观念和现实国情等因素。⑧ 再次，关于破产程序中的"债转股"问题，王欣新（2017，2018）、邹海林（2018）以及韩长印（2018）进行了多轮的学术争辩，揭示了"债转股"的理论复杂性，深入探讨了"债转股"实施中的

---

① 参见郭玉军、付鹏远：《我国跨国破产承认与协助制度：理论、实践与规则完善》，《武大国际法评论》2018 年第 4 期。

② 参见陈夏红：《欧盟新跨境破产体系的守成与创新》，《中国政法大学学报》2016 年第 4 期。

③ 参见张玲：《我国与"一带一路"沿线国家跨境破产司法合作的现实困境与解决路径》，《暨南学报（哲学社会科学版）》2020 年第 6 期；张玲：《亚太经济一体化背景下跨境破产的区域合作》，《政法论坛》2021 年第 1 期。

④ 参见李曙光：《用市场化的方式解决危困企业问题》，《财经界》2016 年第 28 期；李曙光：《破产法的宪法性及市场经济价值》，《北京大学学报（哲学社会科学版）》2019 年第 1 期；李曙光：《宪法中的"破产观"与破产法的"宪法性"》，《中国法律评论》2020 年第 6 期。

⑤ 参见丁燕：《破产免责制度的合宪性考察》，《中国法律评论》2020 年第 6 期；张翔：《破产法的宪法维度》，《中国法律评论》2020 年第 6 期；杨晓楠：《美国宪法破产条款下法院管辖权的诠释——一种联邦主义的视角》，《中国法律评论》2020 年第 6 期。

⑥ 参见刘冰：《论我国个人破产制度的构建》，《中国法学》2019 年第 4 期。

⑦ 参见许德风：《论个人破产免责制度》，《中外法学》2011 年第 4 期。

⑧ 参见徐阳光：《个人破产免责的理论基础与规范构建》，《中国法学》2021 年第 4 期。

法律难题。① 最后，关于《民法总则》(现已被《民法典》"总则编"吸收)对破产法适用的影响，刘冰(2018)认为，这种影响主要表现为民事主体多元化与破产法适用对象单一，民事法律行为效力体系整合与破产欺诈行为的调整等方面，因此，不仅应建立个人、非营利法人、特别法人破产制度以与《民法总则》主体分类相匹配，而且还应从民事法律行为效力体系的角度调整破产欺诈行为内容，以与《民法总则》民事法律行为效力体系衔接。② 此外，赵万一(2018)提出"市场要素型破产法"概念并对其理论框架进行了阐释，同时还提出我国破产法未来改革的思路。③许德风(2015)、丁燕(2014)、齐砺杰(2016)等学者则以更宽广的视野对破产基本理论与实务问题进行了深入研究。④ 以上研究成果构筑了破产研究的主要框架，为企业集团破产研究提供了知识背景与理论支撑。

三、思路与方法

本书的研究思路：

首先，从定义企业集团入手，分析企业集团治理难题及其对破产法的挑战，在此基础上探讨企业集团破产"独立实体论"与"单一企业论"的内涵及适用场景。

其次，通过对企业集团破产案件进行实证研究，从国内法层面剖析企业集团破产中的疑难问题，包括实质合并、程序协调、关联债权特别对待以及集团破产时的董事义务等。

最后，检视我国跨境破产立法及相关司法政策，并以联合国国际贸易法委员会《破产法立法指南》《企业集团破产示范法》以及欧盟《破产程序条例》等最新立法为研究样本，探讨我国企业集团破产立法完善以及跨境破产国际合作问题。

---

① 参见王欣新：《企业重整中的商业银行债转股》，《中国人民大学学报》2017 年第 2 期；韩长印：《破产法视角下的商业银行债转股问题——兼与王欣新教授商榷》，《法学》2017 年第 11 期；王欣新：《再论破产重整程序中的债转股问题——兼对韩长印教授文章的回应》，《法学》2018 年第 12 期；邹海林：《透视重整程序中的债转股》，《法律适用》2018 年第 19 期。

② 参见刘冰：《〈民法总则〉视角下破产法的革新》，《法商研究》2018 年第 5 期。

③ 参见赵万一：《我国市场要素型破产法的立法目标及其制度构造》，《浙江工商大学学报》2018 年第 6 期。

④ 参见丁燕：《上市公司破产重整计划法律问题研究：理念、规则与实证》，法律出版社2014 年版；许德风：《破产法论：解释与功能比较的视角》，北京大学出版社 2015 年版；齐砺杰：《破产重整制度的比较研究：英美视野与中国图景》，中国社会科学出版社 2016 年版。

本书的研究方法：

(1)实证研究。本书通过检索主流法律数据库以及法院官方网站等，整理收集 320 余个企业集团"合并破产"与集团破产协调审理相关的国内外案例，并以此作为研究样本和论证基础。

(2)比较研究。本书通过比较研究方法，并以最新的国际及国别立法为研究对象，对企业集团破产中涉及的实质合并、程序协调、临近破产公司董事义务与问责以及跨境破产国际司法合作等疑难法律问题的立法应对进行有益探索。

(3)法解释学方法。基于法解释一般方法，本书对我国《企业破产法》涉企业集团破产的相关法律条款进行规范分析，阐释其法理，为制度完善提供理论支撑。

四、创新与不足

(一)创新之处

(1)将最新的一手资料作为主要的研究素材，利用北大法宝司法·案例库、中国裁判文书网、全国企业破产重整案件信息网等法律数据库以及最高人民法院与地方各级人民法院官方网站搜集整理 280 余个国内案例；同时，获取联合国国际贸易法委员会与欧盟理事会近年颁布的与企业集团破产密切相关的原始立法资料，例如，联合国国际贸易法委员会《承认和执行与破产有关的判决的示范法及颁布指南》(2018)、《企业集团破产示范法及颁布指南》(2019)、《跨国界破产示范法颁布指南和解释》(2013)、《破产法立法指南·第三部分：破产集团企业对待办法》(2012)、《破产法立法指南·第四部分：临近破产期间的董事义务》(2013)、欧盟《破产程序条例》(2017)以及德国《集团破产法》(2017)等立法资料。

(2)研究内容方面，本书不仅对企业集团"合并破产"以及企业集团平行破产程序协调机理进行了研究，还对企业集团破产时的两个特殊问题——临近破产时的董事义务以及跨境破产国际合作——进行了深入研究。本书不仅提出了企业集团"合并破产"与平行程序协调的具体制度内容，也对未来我国破产法改革时如何确立临近破产公司的董事义务及问责制提出了建议。本书还对最新的企业集团跨境破产示范文本(主要包括联合国国际贸易法委员会《企业集团破产示范法》与欧盟《破产程序条例》第5章)进行了细致分析，揭示了它们的启发意义。

(3)学术思想方面，本书揭示了企业集团的一般特征以及企业集团破产成为破产法特殊问题的深层原因，尤其对集团结构如何成为不公平与欺诈行为的"引擎"进行了剖析，并从集团治理与破产管理视角深化对"单一企业论"与"独立实体论"两种企业集团破产方法论的认识，强调"单一企业论"下的"合并破产"只应是一项例外的破产救济，而尊重每个实体独立地位以限制责任蔓延仍是对待破产企业集团的首要原则，因此，坚持"独立实体论"下集团不同成员破产程序协调管理才是未来司法或立法改革的重点。在此框架下，揭示了企业集团背景下的破产撤销、排序居次以及"债权重新定性"的基本原理，阐释债务人临近破产时董事的一般义务，尤其是企业集团破产情形下董事的特殊义务；同时，基于解释论视角，对我国《企业破产法》第 5 条进行了理论解析，并对改良的普遍主义理论原则如何适用于跨境破产情形进行了论证，提出目前惯常适用的事实互惠应向法律或推定互惠转变，并在跨境破产合作中审慎适用公共政策例外条款，从而以更开放的姿态对待跨境破产合作，并以改良的普遍主义原则为指导参与探索企业集团跨境破产的全球性解决方案。

(4)研究方法上，侧重以司法(法院)视角审视企业集团破产问题，检索大量实务案例，并将其作为研究样本和论证基础，增强了研究结论的可信度与适用性。

(二)不足之处

鉴于金融机构破产的特殊性且通常适用专门的破产制度，因此，本书的研究对象没有涉及金融企业或金融企业集团破产问题(最近几年，金融机构破产处置案例并不鲜见，"包商银行破产案""安邦集团危机处置案"等就是例证，与普通商业公司破产不同，金融机构尤其是金融集团破产处置涉及更复杂的法律难题，有待进一步研究探讨)。此外，跨境破产方面，除具体分析了内地与香港特别行政区之间跨境破产司法合作实践外，本书未能深入地探讨我国法院与境外法院尤其是"一带一路"沿线国家或地区的法院如何更好地开展跨境破产国际司法合作。对上述不足以及其他未尽之处只能留待未来进一步学习研究。

第一章　企业集团特征及其破产处置法理

第一节　企业集团的一般特征

一、"企业集团"的定义

一般认为，公司发展达到一定规模后，通常基于制造部门与销售部门分离、利润单位明确化以及生产管理与人事管理合理化等各种理由从而形成"企业集团"。① 当前，企业集团尤其是跨国企业集团已成为全球经济中具有主导地位的商业组织形式。正如艾利斯·费伦所言，"通过关联公司网络而不是单一的公司实体来开展商业活动，实属常态"。② 虽然集团经营结构被普遍采用且"企业集团"之称谓被许多国家的立法者或裁判者所认同，但它仍非严格意义上的法律概念，至少目前尚无统一或普遍接受的定义。与在法律上定义"公司"相比，定义"企业/公司集团"并非易事，其在不同国家法律体系中的角色不尽相同，如在德国与法国，其在法律上被视为"一种独特的实体形式"，而美国等法域则无相应的"实体形式"与之相对，更无统一的定义。③ 尽管如此，企业/公司集团这种经营结构还是在竞争法与财税法等法律领域中受到关注并接受相应的法律约束。近年国际上的破产立法也开始重视"企业集团"破产问题，并尝试从立法上对其进行定义。

---

① 参见王志诚：《从比较法观点论企业集团之重整法制》，《东吴法律学报》2013 年第 24 卷第 3 期，第 52 页。
② 参见［英］艾利斯·费伦：《公司金融法律原理》，罗培新译，北京大学出版社 2012 年版，第 24 页。
③ See Virginia Harper Ho, Theories of Corporate Groups: Corporate Identity Re-conceived, 42 Seton Hall L. Rev. 879, 885 (2012).

联合国国际贸易法委员会制定的《破产法立法指南》采"企业集团"称谓,并将其定义为:以控制权或所有权而相互联结的两个或两个以上企业,其中,"控制权"主要指直接或间接决定企业经营和财务政策的能力,其获得方式主要包括两种:一是通过资产所有权获得控制权,二是通过赋予控制方控制能力的合同获得控制权。① 值得注意的是,联合国国际贸易法委员会特别强调,定义"企业集团"时重点不是考虑各个实体之间关系的严格法律形式而是考虑这一关系的实质,以下因素均可表明某一实体对其他实体的"控制":一是能支配另一实体的董事会组成;二是能指定或罢免另一实体所有或大多数董事;三是能控制另一实体董事会会议上的投票;四是在另一实体的议决程序中能控制其中多数投票或自己所投选票占多数。② 2017 年 4 月 5 日,德国新的集团破产法生效。该立法同样采用"企业集团"概念,其由法律上独立且在德国境内拥有主要利益中心的企业通过直接或间接方式——实施控制性影响或共同的管理合并——组合而成。关于"控制",德国立法采"实质控制"概念,即是否构成控制取决于股权结构、投票行动以及其他经济事实,而非是否持有 50% 以上的股份或股权。③

与联合国国际贸易法委员会《破产法立法指南》不同,欧盟最新修订的《破产程序条例》采"公司集团"称谓,意指母企业与其直接或间接控制的附属企业构成的企业组合。其中,"母企业"指直接或间接控制一个或多个附属企业的企业,包括根据欧盟指令要求需提交合并财务报告的企业。④ 同时,欧盟新修订的《破产程序条例》还引入了公司集团破产处置规则。学理上,有学者认为,正是母子公司关系以及共同所有权(同一个人或实体享有为数不少的其他公司的控制利益)造就了公司集团或关联公司。⑤ 需要指出的是,称谓虽有所不同,但"企业集团"与"公司集团"在内涵上并无

---

① See UNCITRAL Legislative Guide on Insolvency Law, Part Three: Treatment of Enterprise Groups in Insolvency, 2012, Sales No.: E.12.V.16, pp.2, 15.
② See UNCITRAL Legislative Guide on Insolvency Law, Part Three: Treatment of Enterprise Groups in Insolvency, 2012, Sales No.: E.12.V.16, pp.15-16.
③ See Klaus J. Hopt, Groups of Companies-A Comparative Study on the Economics, Law and Regulation of Corporate Groups, European Corporate Governance Institute (ECGI), Law Working Paper No. 286/2015, in J. N. Gordon & W.-G. Ringe (Eds.), the Oxford Handbook of Corporate Law and Governance, Oxford University Press, 2018, pp. 603-633.
④ See Article 2 of Regulation (EU) 2015/848 on Insolvency Proceedings. 欧盟法下公司集团的一般分析可参见 Alexandre de Soveral Martins, Groups of Companies in the Recast European Insolvency Regulation: Around and about the "Group", 28 Int. Insolv. Rev. 354 (2019).
⑤ See Franklin A. Gevurtz, Groups of Companies, 66 Am. J. Comp. L. 181, 181 (2018).

本质不同，两者差异多在于概念外延所及范围。

我国习惯将企业集团或公司集团称为"关联企业"。通常，"关联企业"被定义为通过股权持有、合同机制、表决协议、人事安排等方法，从而在相互之间存在控制与从属关系或重要影响的多个企业的联合形态。① 还有学者将"关联企业"定义为：具有独立法律身份的不同企业在统一管理基础上形成企业"集合体"，每个成员都是该"集合体"的从属部分且都具有独立人格。② 后一定义虽试图从宽定义"关联企业"，但事实上又把其限定为具有法律人格的公司或法人"集合体"。实务中，最高人民法院曾建议将"关联企业"定义为"具有关联关系的企业法人的联合体"。③ 这一定义援用了我国公司立法中对于"关联关系"的定义。④ 实际上，我国公司法并未明确"关联企业"的定义，仅在与税收有关的立法中对关联企业进行了界定。例如，我国《税收征收管理法实施细则》（国务院令第 362 号）第 51 条规定："关联企业"是指存在以下任一关系的多个公司/企业和其他商业组织的组合：（1）资金、经营以及销售等方面存在直接或间接的控制关系；（2）为同一个第三方直接或间接地拥有或控制；（3）具有相互关联的其他利益关系。《企业所得税法实施条例》（国务院令第 512 号）第 109 条虽采用"关联方"的表述，但其内涵与《税收征收管理法实施细则》对于关联企业的定义基本一致。总体上，我国关于"关联企业"的定义多包含以下两项关键要素：一是形式上具有独立法人人格的多个企业的联合；二是关联成员之间核心连接方式是直接或间接的控制关系，包括表决权控制、通过法律直接规定或合同约定的控制以及对公司执行机构、高管的控制等。⑤

虽然在公司法、破产法、税法等法律领域中，企业集团与关联企业、公司集团、康采恩等称谓不尽相同，但在部分法域，例如德国，关联企业、

---

① 参见王欣新、周薇：《论中国关联企业合并破产重整制度之确立》，《北京航空航天大学学报（社会科学版）》2012 年第 2 期，第 52 页；王欣新：《破产法》（第 4 版），中国人民大学出版社 2019 年版，第 383 页。

② 参见李晓燕、王昕娅：《论关联企业的法律识别》，《晋阳学刊》2020 年第 1 期，第 114 页。

③ 参见最高人民法院《关于适用实体合并规则审理关联企业破产清算案件的若干规定（征求意见稿）》（2012）。

④ 《中华人民共和国公司法》第 216 条规定："关联关系"指"公司控股股东、实际控制人、董事、监事、高级管理人员与其直接或者间接控制的企业之间的关系，以及可能导致公司利益转移的其他关系。但是，国家控股的企业之间不因同受国家控股而具有关联关系"。

⑤ 参见王静：《实质合并破产法律制度构造研究》，法律出版社 2021 年版，第 3 页。

企业集团、康采恩等称谓有时可作同义词使用。① 我国亦有破产法学者认为"关联企业就是企业集团"。② 相对于关联企业，企业集团是一个比较现代的概念。③鉴于此，本书主要采用企业集团之称谓，且指通过母子公司结构或通过共同或连锁股权而相互牵连的多个公司/企业组合。但为了行文方便，书中有时亦用关联企业或公司集团之称谓。

二、企业集团的属性

作为公司法的一项基本原则，具有法律人格意味着某个实体享有独立于其股东的权利和义务，其与第三方订立合同时通常不会牵涉其股东或其他关联成员。尤其是作为具有独立法律人格的实体，公司有"能力"拥有其他公司的股份，正是这一"能力"使得集团经营结构在法律上成为可能（几乎所有国家的公司法都允许公司作为投资人对外投资）。而且，因受到有限责任制度体系的保护，作为集团成员的独立实体一般无需对集团的债务和义务承担责任。④ 更重要的是，无论是在国内层面还是国际层面，以集团结构开展业务具有许多经济与商业上的益处。一般认为，集团经营结构的益处主要包括：（1）集团结构能将其各项活动分为不同类型的业务，每种业务由集团成员单独经营，有助于降低商业风险；（2）集团结构可使集团能够仅为它的一部分业务吸引资金，又不失去总体控制权，即将这一部分业务组成单独的子公司并允许外部投资者购买其中的少数股权；（3）集团结构可使集团通过将环境责任和消费者责任等法律风险限于集团特定成员，从而使集团其他成员免受潜在责任影响。⑤ 此外，通过集团成员间的关联交易，可将独立的市场交易转化为关联成员间的内部交易，从而避免信息不对称以及额外监督等造成的交易成本过高和市场风险等问题。⑥ 因此，通过集团结构开展业务的情况越来越多，企业集团也成为最受欢迎的商业组织形态之一，其更是经济发展中的一支重要力量。

---

① 参见葛平亮：《德国关联企业破产规制的最新发展及其启示》，《月旦财经法杂志》2016年第1期。
② 参见王欣新：《关联企业的实质合并破产程序》，《人民司法·应用》2016年第28期，第4页。
③ 参见葛平亮：《德国关联企业破产规制的最新发展及其启示》，《月旦财经法杂志》2016年第1期。
④ See UNCITRAL Legislative Guide on Insolvency Law, Part Three: Treatment of Enterprise Groups in Insolvency, 2012, Sales No.: E.12.V.16, p.16.
⑤ See UNCITRAL Legislative Guide on Insolvency Law, Part Three: Treatment of Enterprise Groups in Insolvency, 2012, Sales No.: E.12.V.16, pp.11-12.
⑥ 参见王静：《实质合并破产法律制度构造研究》，法律出版社2021年版，第3页。

　　典型的企业集团通常由一个母公司及若干个由其控制的子公司组成，这一公司组合构成"单一的经济企业"且常常具有共同的身份认同。① 鉴于商业及法律环境的不同，各国的企业集团在所有权及组织结构等方面存在显著差异。例如，所有权结构上，附属公司为母公司全资所有在美国最为常见，而在欧洲，母公司通常只持有足能构成控制的子公司股份即可；组织结构上，美国公司通常采控股结构，而德国与意大利等欧洲国家则多采用金字塔式的等级结构；经营管理方面，有些国家企业集团由母公司从上到下严密控制，而另外一些国家的企业集团则由一些松散的独立利润中心组合在一起，集团内部有时甚至还存在激烈竞争。②

　　进一步而言，无论是高度一体化企业集团，还是松散的合作型企业集团，它们均希望通过集团结构产生协同效应。因此，从经济角度看，企业集团无异于一个"组织体"，只不过，从法律角度看，企业集团各个成员仍应被视为独立行事并分别对其债权人负责的独立主体，③除非有特别的事由允许法院或其他监管者不再顾及它们的"面纱"。本质上，企业集团并非法律意义上的法人实体，而是由不同成员企业组合而成的"经营联合体"，这些联合体本身并没有独立的意思机关，而是通过集团内部股权或管理控制实现某种程度的统一或协调。正常情形下，这种统一或协调的集团决策并非集团所有成员的共同意志。即便如此，集团控制成员的"意志"往往会对集团其他成员乃至整个集团产生影响，后者可能因此让渡或丧失部分自主权。一旦这种影响超过一定限度，企业集团及其成员的法律地位或将发生根本变化。总之，"集团网络中的每一家公司都是独立法人且其股东都承担有限责任……它意味着公司集团只是一种结构性安排，据此，可以最小化责任，并将公司一部分资产之上的请求权与其他部分资产之上的请求权隔离开来"。④

---

① See Phillip I. Blumberg, The Transformation of Modern Corporation Law: The Law of Corporate Groups, 37 Conn. L. Rev. 605, 606 (2005); Virginia Harper Ho, Of Enterprise Principles and Corporate Groups: Does Corporate Law Reach HumanRights, 52 Colum. J. Transnat'l L. 113, 133 (2013-2014).

② See Klaus J. Hopt, Groups of Companies—A Comparative Study on the Economics, Law and Regulation of Corporate Groups, European Corporate Governance Institute (ECGI), Law Working Paper No. 286/2015, In J. N. Gordon & W.-G. Ringe (Eds.), The Oxford Handbook of Corporate Law and Governance, Oxford University Press, 2018, pp. 603-633.

③ See Stephan Madaus, Insolvency Proceedings for Corporate Groups Under the New Insolvency Regulation, Int'l. Insolv. Rev., Vol. 24, 2015, pp.235-247.

④ 参见[英]艾利斯·费伦：《公司金融法律原理》，罗培新译，北京大学出版社 2012 年版，第 25 页。

第二节　企业集团破产的基本法理

随着集团化经营成为最受欢迎的企业组织经营形式之一，公司治理与破产管理等法律领域开始面临一系列全新挑战。如何在集团被控制成员中小股东及其债权人权益保护与承认集团经营结构并提升集团管理效能从而促进商业与经济发展之间进行权衡，已成为企业集团治理立法的核心议题。更具挑战的是，企业集团破产时（因企业集团本身并不具有独立的法律身份，故不具备单一债务人那样的破产能力。就此而言，本书所称企业集团破产并非指企业集团作为一个法律主体陷入履行不能之状态，而是指企业集团两个或两个以上成员同时或先后破产的一种经济和法律现象），[①]如何进行有效的破产管理则是亟待解决的破产法理论与实务难题。[②]

一、集团结构的挑战：基于公司法与破产法的审视

通常，在市场中，集团成员至少在形式上都是独自与借贷人、供应商、雇员、消费者等当事人进行交易。尽管这些交易通常都是合法的，但集团成员名称与身份的"迷雾"——集团内从事相关业务且名称相似、人员与办公场所重叠的公司数量激增，往往导致外部债权人分不清到底是与哪个公司进行交易，因无法掌握与其达成交易的集团成员身份以及该成员与整个集团关系的信息，所以债权人难以对相应的交易或投资进行风险评估；更有甚者，集团管理层有能力改变集团结构和资产，包括使用避风港法域、利用多个类似的名称和标志、资产与义务不当转移（例如将责任转嫁给部分成员，但却将资产或利益转移给另一部分集团成员）以及集团成员间交叉担保等。而且，很多情形下，集团管理层和公司所有者根本不考虑集团成员的独立性，所有这些不仅给债权人评估交易风险以及相对方义务履行

[①] 参见解正山：《企业集团"合并破产"实证研究》，《现代经济探讨》2020年第2期，第104页。

[②] 毕竟，集团经营结构有时为集团控制成员从事欺诈、侵占或挪用资产等不公平或不当行为提供了完美伪装。例如，因集团成员身份混同，所以债权人有时表面上是在与财务稳健的集团成员进行交易，但实际上的合同却往往是与濒临破产的集团另一成员达成；集团成员间的利益输送则是另一个较易发生的现象，集团控制成员不仅会从被控制公司提取资金供自己使用，而且还会为维持经营状态不佳成员的生存或在该成员经营状况恶化时限制其破产导致的损失，从而在不同的被控制成员之间进行资金的腾挪移转。See Franklin A. Gevurtz, Groups of Companies, 66 Am. J. Comp. L. 181, 201-202 (2018).

前景带来挑战,①而且也对公司立法目标构成了挑战。② 这也意味着,集团经营背景下,有限责任本应具有的经济或法律功能可能会"大打折扣":第一,有限责任虽有助于降低股权高度分散且由集体行动问题导致的监督成本问题,但在企业集团经营背景下,鉴于母公司对子公司通常具有较强支配与控制权,因此,监督成本已不显著;第二,降低对其他股东监督成本多发生在上市公司场景之中,而在集团背景下,子公司多由母公司全资所有或绝对控股,证券市场的那套机制与其关系不大;第三,集团结构中,母公司/控制公司持股系为控制之目的,以便实现集团整体战略而非财务投资,是故,股权投资分散化的功能也就没有了太大意义;③第四,同样是母公司或控制公司侵占公司资产,其不仅会损害被控制公司中小股东的利益,而且也将危及这些公司债权人债权的实现,更重要的是,集团结构有利于控制成员将高风险行为隔离在那些资本严重不足的集团成员身上,从而将风险外部化。④

破产实务也表明,集团经营结构之下,漠视公司形式、滥用有限责任以及操纵被控制的集团成员等不当情形并不罕见。Nortel Networks 集团破产案中,债务人管理层就在知识产权创造与使用过程中全然漠视公司形式;⑤而在 Caesar 集团破产案中,集团成员的资产与负债则被全程操控。⑥这些不公平或不正当行为势必损害债权人乃至集团被控制成员中小股东的合法权益。为使被控制公司的中小股东以及外部债权人免受集团母公司或控制股东侵害,公司法提供了多种保护机制。例如,要求母公司或控制股东向中小股东承担信义义务或对涉嫌利益输送之行为进行公平审查等。⑦对于债权人,公司法还提供了刺破公司面纱这种惯常的矫正手段,通过要求股东或其他享有控制权的当事方承担责任从而为外部债权人提供公平救

---

① See Jay L. Westbrook, Transparency in Corporate Groups, 13 Brook. J. Corp. Fin. & Com. L. 33, 34 (2018).

② 公司法通常有以下两项最低目标:其一,防止公司控制者侵吞公司利润与财产或以其他方式侵害中小股东权益;其二,防止当事人通过利益输送、欺骗债权人以及风险外部化等方式滥用有限责任。See Franklin A. Gevurtz, Groups of Companies, 66 Am. J. Comp. L. 181, 182 (2018).

③ 参见黄辉:《公司集团背景下的法人格否认:一个实证研究》,《中外法学》2020 年第 2 期,第 496~497 页。

④ See Franklin A. Gevurtz, Groups of Companies, 66 Am. J. Comp. L. 181, 199-200 (2018).

⑤ See In re Nortel Networks, Inc., 532 B.R. 494 (Bankr. D. Del. 2015).

⑥ See In re Caesars Entm't Operating Co., Inc., No. 15-01145(2016); In re Caesars, 15 B 1145, 2016 WL 7477566 (Bankr. N.D. Ill.1, 2016).

⑦ 进一步分析请参见 Franklin A. Gevurtz, Groups of Companies, 66 Am. J. Comp. L. 181, 183-199 (2018).

济。实务层面上，最近最高人民法院一方面强调法人独立地位和股东有限责任仍是公司法基本原则，另一方面也不忘指出可在"人格混同""过度支配与控制"以及"资本显著不足"等例外情形下刺破公司面纱，以"矫正有限责任制度……对债权人保护的失衡现象"。[①] 同样地，域外法院通常也不会轻易适用刺破公司面纱这一公平救济手段。毕竟，尊重公司人格仍是一项普遍认可的法律原则，但这并不绝对，是否需要刺破公司面纱通常取决于特定的立法目的以及法院刺破公司面纱的意愿。[②] 例如，在美国，为实现防止股东滥用公司人格获取不当利益以及为提高破产价值、有序高效清理债务人财产等政策目标，法院就经常刺破公司面纱。[③] 其中，刺破理由主要包括：（1）资本严重不足；（2）未遵守公司形式要件；（3）公司因被控制而丧失独立地位或身份；（4）一个实体被不当拆分为若干个公司；（5）公司资产与股东资产混同，包括账户和会计记录方面的混同；（6）利用公司形式从事欺诈和其他不法或不当行为。[④] 这些标准如何在企业集团背景下适用有待进一步验证、思考。不仅如此，裁定是否适用刺破公司面纱时，不同国家法院的衡量标准或刺破理由并不一致，企业集团经营结构可能进一步加剧这种差异或增加裁判的复杂性，企业集团破产情形下将表现得更加突出。

实际上，具体到企业集团破产，法院或将面临一些更具挑战的问题。其一，正常情形下，是否需要以及如何对同时启动的多个集团成员的平行破产程序进行协调。其二，对于高度一体化的企业集团而言，当某个集团成员破产时，是否需要以及如何分配关联成员之间的权利义务，或把某个成员的责任强加给另外一个集团成员，特别是关联成员独立人格在何种情形下应予否定，相应的债权债务如何重新安排等？尤其是，当母公司陷入破产而子公司偿付能力正常时，或当母公司与子公司同时破产时，如何处理企业集团破产成员与非破产成员间的关系，以及法院是否有充分的权力处置整个集团的破产都是极为棘手的问题，即便是坚持承认集团成员的独

[①] 参见《最高人民法院关于印发〈全国法院民商事审判工作会议纪要〉的通知》（法发〔2019〕254号）第二部分第四项。

[②] See Karsten Engsig Sorensen, Groups of Companies in the Case Law of the Court of Justice of the European Union, 27 Eur. Bus. L. Rev. 393 (2016).

[③] See Jonathan Macey & Joshua Mitts, Finding Order in the Morass: The Three Real Justifications for Piercing the Corporate Veil, 100 Cornell L. Rev. 99, 99-155(2014).

[④] 参见黄辉：《现代公司法比较研究——国际经验及对中国的启示》，清华大学出版社2011年版，第113页。

立地位，也将面临程序管理方面的法律挑战。① 这些问题已涉及公平清偿、破产财产价值最大化等破产法目标与公司人格独立、有限责任等公司法理念的冲突与调和，且对原先针对单一债务人的破产理论与制度框架提出了挑战。

通常，为减少破产对企业集团一个或多个成员构成威胁，母公司或具有控制地位的集团成员可通过追加资本并同意将集团内债权排在外部债权之后等方式避免集团其他成员破产。然而，一旦破产危机影响到集团一个或多个成员甚至所有成员时，此种承认集团成员各有其法人人格并据此启动针对各个破产成员的破产程序可能导致种种问题，尤其在集团成员经营活动高度集中情形下，除非能密切协调集团成员平行进行的破产程序，否则，此种做法可能并不能为单个破产债务人或整个集团带来最佳实效。② 不难看出，集团经营结构已对多数国家公司立法所坚持的把公司视为基本法律实体的传统原则或理念构成挑战，公司立法仅限于单个公司已不能满足现代法理及公司治理发展的需求，各国公司与破产立法已显得不合时宜。③ 正如杰伊·L.维斯布鲁克教授指出的，一定程度上，集团经营结构已成为不公平与欺诈的"引擎"，而造成这一后果的根本原因在于：多数情况下，公司法或破产法太过于强调每个法律实体各自独立的法律义务。④

进一步而言，如果涉及跨国企业集团，那么，其中的法律问题将变得更加复杂。研究表明，单一债务人跨境破产存在诸多法律困境，例如，各国破产法关于债权人权利和债权优先次序、外国债权人法律地位以及涉及国际私法问题时的法律适用等差异。⑤ 即便如此，各国仍就单一债务人跨境破产进行了一些卓有成效的国际合作，立法及司法也提供了相应支持。

---

① 参见解正山：《跨国破产立法及司法适用研究——美国及欧洲的视角》，法律出版社 2011 年版，第 157 页。

② See UNCITRAL Legislative Guide on Insolvency Law, Part Three：Treatment of Enterprise Groups in Insolvency, 2012, Sales No.：E.12.V.16, p.19.

③ See Phillip I. Blumberg, the Transformation of Modern Corporation Law：The Law of Corporate Groups, 37 Conn. L. Rev. 605, 605 (2005).

④ See Jay L. Westbrook, Transparency in Corporate Groups, 13 Brook. J. Corp. Fin. & Com. L. 33, 34 (2018).

⑤ 实务中，各国对不同类型法律程序的接受、对与破产有关的主要概念的理解以及对破产程序不同利益方的对待办法均有所不同。例如，一国法律允许占有式债务人可以继续行使管理职能，而另一国法院则可能根据本国破产法撤换管理层或对债务人进行清算；有不少国家破产法明定本国破产程序具有域外效力，但同时却不承认外国破产程序的域外效力；有担保债权人对破产程序的参与以及在这些程序中获得的待遇，各国之间也有较大差异。See UNCITRAL Legislative Guide on Insolvency Law, Part Three：Treatment of Enterprise Groups in Insolvency, 2012, Sales No.：E.12.V.16, pp.83-84.

然而，涉及企业集团跨境破产情形，此种合作能否达成将面临严峻挑战。毕竟，各国能就单一债务人跨境破产达成某种程度的合作共识，一个重要原因是根据公司法一般原理，破产债务人在域外的财产或营业至少在理论上应被视为债务人不可分割的财产，这为破产国际合作奠定了一定的法律基础。然而，企业集团背景下，位于不同国家的集团成员本就是独立的法律主体，根据公司法或破产法一般原理，这些具有独立人格的不同债务人的破产程序理应独立进行。此种情形下国际合作的难度可想而知。而且，破产实务还表明，当注册于不同国家的企业集团成员以一体化方式进行全球化经营时，破产结果自然是在不同法域分别启动针对集团每个成员的破产程序，且很多情形下启动的破产程序数量惊人。① 如此多数量的破产程序势必给破产管理带来巨大挑战，已非单一债务人跨境破产可比拟。更复杂的问题在于，一方面，如果各国法院各自"单干"，高度一体化企业集团势必在破产时土崩瓦解（至于结构松散的企业集团，集团成员破产的联动影响比较有限，通常无需过多考虑国际合作问题），如此固然维护了各国的破产管辖权，却忽视了企业集团高度一体化的经济现实，不利于最大程度保护集团经营中企业的价值，并可能致使债权人因债务人借机转移资产或择地诉讼而受到损害；另一方面，即便考虑高度一体化的经济现实从而强调平行破产程序之间的合作与交流，也将面临现实挑战：一是不同法域的法院和破产管理人因缺乏明确的法律授权，从而致使跨境破产案中的合作普遍受到限制；二是除非集团结构得到国内法承认或者至少可为国内法承认，否则，每个程序就是一项完全独立的国内程序，所谓的合作与交流可能被认为将干扰各国法院的独立性或被视为毫无必要。② 对这些挑战的回应将考验着各国的立法者或裁判者。

二、独立实体与单一企业：企业集团破产处置的方法论

综上可见，企业集团破产处置的难点在于：是基于高度一体化的经济现实从而将企业集团视为"单一企业"，还是严格遵循公司法人独立身份从而分别处理企业集团单个成员的破产问题？根据公司法或破产法一般原

---

① 2009 年，雷曼兄弟公司（Lehman Brothers）破产时，就启动了多达 75 项破产程序，而且这些程序涉及不同法域的各类破产程序和多种管理机构，包括司法、行政、政府和监管机构。See UNCITRAL, Practice Guide on Cross-Border Insolvency Cooperation, 2010, Sales No.：E.10.V.6, pp.123-124.

② See UNCITRAL Legislative Guide on Insolvency Law, Part Three：Treatment of Enterprise Groups in Insolvency, 2012, Sales No.：E.12.V.16, pp.86-87.

则，具有独立身份的企业法人应单独重整或清算，与其存在合同或其他债权债务关系的债权人在破产前通常也是基于该债务人独立身份进行相应的风险评估，因此，原则上，应确保这些法律关系的稳定性与可预测性。[①]但是，现代大型商业实体多选择通过母公司控制的且由多个附属公司组成的企业集团来实现其商业目的，这对公司法尤其是破产法提出了新的要求，在某些特殊情形下，可能需要突破现有的法律原则。目前，在对待破产企业集团问题上，主要有"独立实体论"与"单一企业论"两种理论主张。

原则上，"独立实体论"强调集团每个成员的独立法律人格与股东的有限责任均应受尊重。功能上，"独立实体论"能有效地在公司与其股东或集团不同成员之间进行"资产分割"。这也意味着，当债权人与企业集团某一成员进行交易时，无需对该集团其他成员的信用状况进行评估或监督。[②]根据该理论原则，在破产领域，集团不同成员的破产程序将并行启动且彼此独立，但考虑到集团经营结构之经济现实，平行破产程序之间可进行合作与交流、加强协调，以促进从集团层面解决破产管理问题。不过，在以下情形中，严格适用"独立实体论"则可能导致不公：（1）母公司与任何受控的集团成员的账目合并；（2）未获股东批准的集团内交易，包括集团成员之间的贷款、担保、赔偿、债务豁免或资产转让；（3）交叉持股（集团成员一般不得持有母公司股份或接受以母公司股份设立的担保，也不得向任何受控的集团成员发行或转让股份）；（4）破产交易（母公司对受控集团成员的破产状况应有所察觉，否则可能须对该集团成员破产时产生的债务负责）。[③]

相反，"单一企业论"以"企业法"理论为基础，其着眼于企业集团高度一体化的经济现实，尤其是集团成员的资产与负债高度交织之情形，从而将整个企业集团视为一个"单位"（即"单一企业"）。因为在此种情形下，集团经营是为了实现整个集团或其主导成员的利益而非个别成员

---

① 参见解正山：《跨国破产立法及适用研究——美国及欧洲的视角》，法律出版社 2011 年版，第 153 页。

② See Irit Mevorach, Towards a Consensus on the Treatment of Multinational Enterprise Groups in Insolvency, 18 Cardozo J. Int'l & Comp. L. 359, 375 (2010).

③ See UNCITRAL Legislative Guide on Insolvency Law, Part Three: Treatment of Enterprise Groups in Insolvency, 2012, Sales No.: E.12.V.16, p.17. 对于因适用"独立实体论"而导致不公问题的进一步分析可参见解正山：《跨国破产立法及适用研究——美国及欧洲的视角》，法律出版社 2011 年版，第 154～158 页。

的利益。① 本质上，"单一企业论"突破了公司法与破产法的一般原则，它允许子公司的债权人突破有限责任的束缚从而向子公司的母公司或向"单一企业"内其他任何实体进行追责。② 换言之，当法院将企业集团视为"单一企业"时，就意味着刺破了集团成员的公司面纱。③ 其实，当集团成员高度一体化尤其是资产与负债高度交织时，将其视为"单一企业"并不会对公司人格与有限责任等公司法核心理念构成根本损害，因为在此情形下，集团成员之间已不存在事实上的资产与人格隔离，集团结构仅仅是个表象而已。④ 较之于"独立实体论"强调集团各个成员应保持各自独立的法律身份，"单一企业论"则将企业集团内所有法律实体视为"单一经济组织"的一部分。

　　进一步而言，"单一企业论"包含了以下几项法理：（1）基于集团利益之考虑，具有控制地位的集团成员有权管理集团内其他受控制成员，即使这与被控制公司或少数股东利益相悖；（2）不具控制地位的集团成员董事主要向控制成员承担义务；（3）集团控制成员对其控制且陷入破产的集团成员的债务负责。⑤ 一般认为，在集团成员或其各类业务互不关联的情形下，集团一个或多个成员的破产可能不至于影响其他成员或整个集团，因此完全可对破产成员单独进行破产管理；而在集团各成员相互依存度高且资产与业务又相互关联或交织的情形下，集团一个或多个成员破产带来的风险便可能导致集团其他成员破产，此时，顾及整个集团的情况或协同考虑多个成员的状况来判断是否濒临破产并据此采取一体化的破产管理不无益处。⑥ 然而，实践中，"单一企业论"也面临挑战，即企业集团高度一体化的经济现实与破产法遵循的公平清偿政策目标是否足以使法院在处置集

① See Phillip I. Blumberg, The Increasing Recognition of Enterprise Principles in Determining Parent and Subsidiary Corporation Liabilities, 28 Conn. L. Rev. 295, 301-03 (1996); Irit Mevorach, Towards a Consensus on the Treatment of Multinational Enterprise Groups in Insolvency, 18 Cardozo J. Int'l & Comp. L. 359, 377 (2010).

② See Marilyn Montano, The Single Business Enterprise Theory in Texas: A Singularly Bad Idea?, 55 Baylor. L. Rev. 1163, 1189 (2003).

③ See Karsten Engsig Sorensen, Groups of Companies in the Case Law of the Court of Justice of the European Union, 27 Eur. Bus. L. Rev. 393 (2016).

④ See Irit Mevorach, Insolvency within Multinational Enterprise Groups, Oxford, 2009, pp.224-227.

⑤ See Companies and Securities Advisory Committee (CASAC, Australia), Corporate Groups Final Report, May 2000, paragraph 1.63；解正山：《跨国破产立法及司法适用研究——美国及欧洲的视角》，法律出版社2011年版，第159页。

⑥ See UNCITRAL Legislative Guide on Insolvency Law, Part Three: Treatment of Enterprise Groups in Insolvency, 2012, Sales No.: E.12.V.16, p.20.

团破产时将公司法确立的经典理念或原则置于一边?① 申言之,"单一企业论"需要法院对集团成员间的"控制"情形或集团一体化程度进行审查,以确定整个企业集团可否作为"单一企业"。尤其是,法院根据"单一企业论"从而适用"合并破产"这一严厉的破产救济时,②面临的主要挑战就是否定集团成员独立身份这一公司法的经典原则。③ 如果说"单一企业"原则尚可在国内法规定的某些例外情形下适用,那么在国际层面上,即便是处置高度一体化的破产企业集团,要求一国法院放弃对本国破产债务人的管辖并将其交由外国法院处置几乎是不可想象的,更不用说那些结构相对松散的破产企业集团了。④ 此时,各国法院或破产管理人所能做的恐怕只有考虑如何在程序上进行协调。

整体而言,在某些特定法律领域究竟是应适用"单一企业论"还是"独立实体论",很大程度上取决于哪一个能更好地实现该领域法律蕴含的政策目标。⑤ 在破产领域,这对破产立法者和裁判者提出了严峻挑战:企业集团集中程度将对集团破产处置产生怎样的影响,特别是对待高度集中的企业集团与对待各个成员相对独立的企业集团到底该有多大的区别,亟待厘清。鉴于此,思考如何处置企业集团破产时,立法者与裁判者需要慎重考虑:第一,如何在尊重集团成员独立法律身份与逐渐接受把企业集团视为"单一企业"这一对理论原则之间进行取舍;第二,如何在公司法经典原则(例如法律人格与有限责任)与破产法上的公平清偿目标之间进行选择?⑥ 现代公司以及企业集团的复杂性导致任何单一的方法论都不可能解

① 参见解正山:《跨国破产立法及司法适用研究——美国及欧洲的视角》,法律出版社 2011 年版,第 159 页。

② 本书所称"合并破产"与"实质合并"同义,意指基于公平对待所有债权人之考虑,法院在一个破产程序中处理两个或两个以上具有关联关系的破产债务人,并将它们的资产与负债合并,消灭关联成员间的债权债务关系并排除重复债权,揭开关联破产成员"面纱",从而实质上将它们视作"单一企业"予以处理。本书第二章第二节将进一步对"合并破产"的理论与实务问题进行分析。

③ 与刺破公司面纱类似,"合并破产"同样不再顾及集团成员的独立地位。不过,两者之间仍存在明显不同:首先,"合并破产"禁止差别对待债权人,利用合并后的资产与负债一并向所有债权人进行清偿,刺破公司面纱的救济对象往往是单个债权人;政策目标方面,"合并破产"解决的主要是债权人之间的冲突,刺破公司面纱则是债权人与股东之间的冲突。See Franklin A. Gevurtz, Groups of Companies, 66 Am. J. Comp. L. 181, 211 (2018).

④ 参见解正山:《跨国破产立法及司法适用研究——美国及欧洲的视角》,法律出版社 2011 年版,第 161 页。

⑤ 参见解正山:《跨国破产立法及司法适用研究——美国及欧洲的视角》,法律出版社 2011 年版,第 165 页。

⑥ 参见解正山:《跨国破产立法及司法适用研究——美国及欧洲的视角》,法律出版社 2011 年版,第 165 页。

决不同法律领域出现的一系列问题，事实上，多元化解决问题的策略才更符合现实需要。因为，每一种方法论都提供了"观察"企业集团的独特视角，并将塑造不同的规范基础及意义。① 值得注意的是，上述两种方法论的选择本就充满挑战，若再考虑企业集团跨境破产情形，那么问题将更趋复杂，因为它们还将与破产域外效力的一对理论原则——普遍主义与地域主义——产生交织。② 鉴于这一问题的特殊性与复杂性，本书第五章将专门对此作具体分析。

第三节　企业集团破产法理的适用概览

整体上看，"独立实体论"与"单一企业论"各有其适用条件并发挥着各自的独特作用。一方面，法律人格与有限责任等公司法经典原则仍旧明确体现在公司与破产立法与实践之中，充分尊重集团每个成员独立身份从而限制责任蔓延仍是一项根本准则;③ 另一方面，"单一企业论"也在不少特殊情形下被逐步采用。

一、"独立实体论"与"单一企业论"的域外适用

实践表明，"单一企业论"正在被越来越多国家的立法或法院采用。欧盟层面上，法院会在某些特定领域不顾企业集团成员的独立人格而采"单一企业论"。例如，竞争法领域，欧盟法院(ECJ)认为可将"单一企业"概念延至集团的若干成员，在不少案例中，由于附属公司无法自主制定自己的市场政策，从而导致这些拥有一个或多个附属公司的企业集团被看作"单一企业"，因为在此种情形下，整个集团构成了"一个经济实体"；类似地，当某些公司受控于同一人时同样可被视为"单一企业"。④ 总体而言，

① See Virginia Harper Ho, Theories of Corporate Groups: Corporate Identity Re-conceived, 42 Seton Hall L. Rev. 879, 951 (2012).

② See Risham Garg, Issues in Insolvency of Enterprise Groups, 6 J. Nat'l L. U. Delhi 50, 51 (2019).

③ See In Re Owens Corning, 419 F.3d 195, 45 Bankr. Ct. Dec. 36 (3rd Cir. 2005), p.211.

④ 在欧盟法院的裁判中，"控制"通常取决于是否持有多数股份，但原则上，即便持有少数股份，若其发挥了决定性影响，照样可认定为构成"控制"；不过，有时仅构成"控制"并不充分，关键在于当事人是否真正实施了"控制"。欧盟法院判断是否构成"控制"的规则是：如果某个公司直接或间接持有另一个公司所有或绝大多数的股份，那么就推定前者对后者实施了"控制"，欧盟法院还为推翻这一推定设置了较高的证明标准。See Karsten Engsig Sorensen, Groups of Companies in the Case Law of the Court of Justice of the European Union, 27 Eur. Bus. L. Rev. 393, 396-397 (2016).

在竞争法与税法等法律领域中，若整个企业集团高度一体化且像"单一企业"那样行事，那么，欧盟法院就会基于这些领域的立法目标——监管市场行为或考虑集团经济现实——认定企业集团为"单一企业"。类似地，为防止当事人利用企业集团结构损害或规避具体立法意图实现的政策目标，美国法院也开始有选择地采用"单一企业论"。例如，将其适用于破产领域，借以撤销特定的集团内交易，尤其在某些特殊情形下将集团各成员视为"单一企业"以便把它们的资产与债务合并用于整体清偿。① 新西兰公司法不仅允许母公司全资或部分所有的子公司的董事可以为母公司而非其任职子公司的利益办事，立法还允许法院发出实质性合并令或集中令。② 澳大利亚公司立法则是通过提高集团结构以及集团成员行为的透明度来解决集团治理对债权人造成的挑战：如果集团结构及集团成员的活动与事前披露相一致，那么，集团成员独立地位将得到尊重；相反，若与公司独立性要求相悖，整个集团将被视为"单一实体"。③ 总之，享受有限责任益处的公司股东或管理层有义务自始至终地尊重公司形式，理应在各自身份的限制范围内从事，否则就应承担不利的法律后果。

虽如上所述，"单一企业论"已被不少国家立法或司法采用，但整体上看，它只是一种例外情形下的公平救济。相反，"独立实体论"仍是公司法与破产法的根本准则。

在美国，集团破产情形下，法院多遵照"独立实体论"，并采用"联合管理"方式处置集团破产事宜(即集团破产成员的资产与负债不予合并，每个成员仍旧保持独立地位，但诸如不对债权人权益构成实质影响的庭审等程序性事项则可一并处理)，④包括将集团内对该成员的贷款作为公司资本而非债务予以处理，或将集团成员间的贷款等关联债权置于外部债权人之后清偿；⑤美国法院还通过集中管辖方式协调处理集团破产。⑥ 更典型的

---

① See UNCITRAL Legislative Guide on Insolvency Law, Part Three: Treatment of Enterprise Groups in Insolvency, 2012, Sales No.: E.12.V.16, p.18；解正山：《跨国破产立法及司法适用研究——美国及欧洲的视角》，法律出版社 2011 年版，第 163～164 页。

② See UNCITRAL Legislative Guide on Insolvency Law, Part Three: Treatment of Enterprise Groups in Insolvency, 2012, Sales No.: E.12.V.16, p.18.

③ See Jay L. Westbrook, Transparency in Corporate Groups, 13 Brook. J. Corp. Fin. & Com. L. 33, 35 (2018).

④ 进一步分析可参见王志诚：《企业集团破产法制比较——解构与建构》，《政大法学评论》2014 年第 139 期，第 189～199 页；王志诚：《从比较法观点论企业集团之重整法制》，《东吴法律学报》2013 年第 24 卷第 3 期，第 55～58 页。

⑤ See UNCITRAL Legislative Guide on Insolvency Law, Part Three: Treatment of Enterprise Groups in Insolvency, 2012, Sales No.: E.12.V.16, p.18. 本书第三章第三节将对美国法上的股东贷款转化为股东投资以及关联债权劣后清偿等内容进行具体分析。

⑥ 参见王志诚：《从比较法观点论企业集团之重整法制》，《东吴法律学报》2014 年第 24 卷第 3 期，第 55～58 页。

是德国集团破产立法，该立法拒绝适用"单一企业论"，明确排除"合并破产"，①强调集团不同成员平行破产程序的协调：首先，关于破产管辖，德国破产法第 3a 条一般性规定了在先申请原则；其次，关于管理人，德国破产法第 56b 条规定：基于债权人利益考虑且在确保必要的独立性及避免利益冲突情形下，管辖法院可为集团不同成员破产程序指定同一破产管理人；再次，关于破产程序参与人的合作，德国破产法第 269 条确立了破产管理人之间、法院之间、债权人委员会之间的合作框架；最后，德国破产法引入了"协调程序"规则。②

欧盟层面上，根据欧盟《破产程序条例》第 3 条规定，破产程序由债务人主要利益中心所在国法院管辖。就公司债务人而言，若无相反证据，则推定其注册地为其主要利益中心所在地。因此，原则上，如果企业集团破产成员在不同的成员国注册，那么，就需在不同的注册地分别启动破产程序。破产实务中，欧盟法院的态度是坚持适用"独立实体论"而非"单一企业论"，Eurofood IFSC / Parmalat SPA 案就表明了这点。③ 注册地位于爱尔兰的 Eurofood IFSC 公司是 Parmalat SPA（一家注册地位于意大利的食品与奶制品跨国公司）的全资子公司。2003 年 12 月，Parmalat SPA 因财务丑闻陷入破产危机，包括 Eurofood IFSC 在内的多个子公司也同时陷入破产。2004 年 1 月，经债权人申请，爱尔兰高等法院启动了一项针对 Eurofood IFSC 公司的破产程序；与此同时，意大利帕尔马地区法院启动了针对 Parmalat SPA 的破产程序，且意大利法院认为：Eurofood IFSC 为 Parmalat SPA 全资所有，其核心功能在于为集团提供融资便利，该子公司的决策几乎全在意大利作出。据此，意大利法院认定 Eurofood IFSC 公司的主要利益中心在意大利而非爱尔兰，因而同时启动了针对该公司的破产程序。④ 两国法院随即将这一管辖权争议提交欧盟法院裁定。对此，欧盟法院强调，债务人主要利益中心是其惯常的利益管理中心且应为第三方所确认，虽然

---

① 德国立法者认为，"实质合并"与企业法人人格独立和财产区分原则相悖，侵害了原本不合并即可获得更多清偿的债权人利益，违反破产法上债权人平等原则；"实质合并"还将损害债权人合法的责任预期并增加借贷成本。参见葛平亮：《德国关联企业破产规制的最新发展及其启示》，《月旦财经法杂志》2016 年第 1 期。

② 本书第三章第二节将进一步介绍德国破产法关于企业集团破产处置的相关规定。

③ ECJ, Case C-304/04, [2006] ECR I-3813.

④ Eurofood IFSC/Parmalat SPA 案的进一步评析可参见 Samuel L. Bufford, International Insolvency Case Venue in the European Union: The Parmalat and Daisytek Controversies, 12 Colum. J. Eur. L. 429, 438-453 (2006); Samuel L. Bufford, Center of Main Interests, International Insolvency Case Venue Equality of Arms: the Eurofood Decision of the European Court of Justice, 27 Nw. J. Int'l. & Bus. 351, 361-391 (2007).

立法中关于主要利益中心的推定可在企业集团情形下被推翻，但仅仅基于子公司经营决策受控于母公司这一事实并不足以推翻这一推定。因为，母公司或控制公司对子公司的控制难以被第三方知悉，这本身不足以改变子公司或被控制公司的主要利益中心。正因如此，欧盟法院极力反对通过主要利益中心的解释与认定——将集团不同成员主要利益中心认定为位于同一法域——从而将企业集团视为"单一企业"。① 原则上，欧盟法院认为，构成企业集团的每一个成员均系独立法人，且拒绝通过"命令与控制"方式对企业集团主要利益中心进行评估，并以此确定单一法院管辖企业集团破产管理事务。② 此外，在 Rasteilli Davide（Case C-191/10）案中，债权人在法国法院启动了一项针对法国公司的破产程序，因该债务人与一家在意大利注册的关联公司的经济活动高度交织，因此，债权人认为在法国启动的破产程序的效力应及于意大利公司。对此，欧盟法院认为，经济活动或财产交织本身不足以说明两家公司拥有共同的主要利益中心。③ 欧盟法院的裁判态度表明：在欧盟层面上，将企业集团不同破产成员视为"单一企业"比较罕见（在极为有限的情形下，如子公司以母公司的名义行事或以其他方式成为母公司的延伸部分，欧盟法院将会认定这些集团成员拥有相同的主要利益中心），尊重破产集团成员各自独立的法律地位才是欧盟的惯常做法。④ 这对欧盟破产立法产生了直接影响，欧盟《破产程序条例》增订的企业集团破产处置规范即遵循"独立实体论"，侧重于集团成员平行破产程序协调而非将它们视为"单一企业"从而采"集中化"的程序合并或实质合并模式。⑤

二、对我国企业集团破产立法及司法理念的考察

（一）2006 年破产立法及对其集团破产的态度

1.市场化导向破产制度框架的基本确立

---

① See Karsten Engsig Sorensen, Groups of Companies in the Case Law of the Court of Justice of the European Union, 27 Eur. Bus. L. Rev. 393, 408-409 (2016).

② 参见解正山：《跨国破产立法及适用研究——美国及欧洲的视角》，法律出版社 2011 年版，第 177 页。

③ See Karsten Engsig Sorensen, Groups of Companies in the Case Law of the Court of Justice of the European Union, 27 Eur. Bus. L. Rev. 393, 409 (2016).

④ See Karsten Engsig Sorensen, Groups of Companies in the Case Law of the Court of Justice of the European Union, 27 Eur. Bus. L. Rev. 393, 410 (2016).

⑤ 本书第五章第三节将对欧盟《破产程序条例》中关于公司集团破产的规定进行具体分析。

一般认为，完善的破产制度是市场经济法治不可或缺的。在一个普遍接受了破产规则并且有相应辅助规则的社会中，破产制度的重要性并非仅仅在于向投资者、债权人、债务人等当事方提供了良好保护，还在于它减少了这种保护所需要的交易费用，尤其是对整个市场经济来说，破产制度框架有助于促进投资者的资金流转，减少交易成本。[①] 然而，我国 1986 年《企业破产法（试行）》被认为并未减少决策者或行为人相应的交易费用，相反增加了他们的交易费用，原因主要包括当时的司法活动规范化与程序化存在不足、社会条件尚不成熟、有关产权的法律规则以及企业经济责任等配套法律缺位等。[②] 此外，破产制度良好运行的一个深层次原因是社会传统对破产文化的接受程度。比较法上，许多域外国家不仅建立了包含破产法在内相对健全的商业法律制度，而且也有良好的破产制度文化以及较丰富的破产经验作为支撑。[③] 然而，由于缺乏一贯的破产传统与实践，"破产"似乎在较长一段时间内是我国社会文化中的一种禁忌，加之儒家思想对我国商业文化的深刻影响，"破产"常常被认为是对某种和谐关系的破坏。[④]

不过，随着我国市场经济的持续发展、商业文化的不断进步以及国有企业公司化改革的顺利完成，尤其因市场化破产理念渐入人心以及"破产市场"[⑤]的不断完善，制定一套全新的现代破产制度也就水到渠成了。2006 年 8 月 27 日，全国人大常委会第 23 次会议审议通过新的《企业破产法》，并于 2007 年 6 月 1 日施行。

上述新《企业破产法》顺应了破产立法目标的多元化趋势，构建了公平清理债权债务、平等保护债权人与债务人以及维护社会主义市场经济等总体立法目标，[⑥]在适用范围、管理人制度、债权人自治、重整与清算、债权人与职工权益协调保护、破产责任、金融机构破产以及跨境破产等制度构

---

① 参见苏力：《法治及其本土资源》，中国政法大学出版社 2004 年版，第 97~98 页。
② 参见苏力：《法治及其本土资源》，中国政法大学出版社 2004 年版，第 98~100、106 页。
③ See Harry Rajak, the Culture of Bankruptcy, in International Insolvency Law: Themes and Perspectives (edited by Paul Omar), Ashgate Publishing Limited, 2008, pp.3-25.
④ See Christopher Eng Chee Yang, Cross-Border Insolvency Issues in Singapore: Should Singapore Adopt the UNCITRAL Model Law on Cross-Border Insolvency?, International Insolvency Institute 2005 (Bronze Medal Prize for International Insolvency Research), p.61.
⑤ 相关分析参见李曙光、王佐发：《中国破产法实施的法律经济分析》，《政法论坛》2007 年第 1 期，第 3~15 页。
⑥ 参见《中华人民共和国企业破产法》第 1 条。

成上实现了突破与创新，①既贯彻了国际经验与中国具体情况相结合、各类企业组织的统一适用、建立陷入困境企业的优胜劣汰和拯救机制、公平保护各方当事人利益、充分保障职工合法权益、维护破产法律制度的统一等立法指导思想，②也体现了多项隐含的政策目标，③包括促进经济稳定与增长、重整程序与清算程序平衡④、公平对待相同类别的债权人、保全破产财产（破产财产价值最大化）以便向债权人公平清偿等。至此，无论是立法目标，还是制度构成，新《企业破产法》都实现了对原有破产制度的超越。尤其是新《企业破产法》借鉴国外立法经验，设置重整制度，授予法院对重整与清算的介入与干预权，例如，重整程序中允许法院行使批准权以及将重整程序转换为清算程序的权力等，体现了立法者力图实现重整与清算的平衡。当然，这也向法院提出了更高要求，其既要防止破产债务人利用重整阻断债权人的追索，又要避免一味迁就部分债权人主张而损害经济秩序稳定等社会利益。

　　总体而言，现行《企业破产法》基本确立了破产法的私法地位及属性，体现了市场驱动下私权主导的破产运行机制，并对公权力介入破产程序进行了适当限制，突出了债权人与债务人权益优于社会整体利益的价值位阶，同时在不同政策目标间形成了以实现当事人权益为依归的联动关系。⑤ 但同时，现行《企业破产法》尚存一些不足之处：第一，工具主义思维压制了破产的市场化要素，尤其在破产实务层面上，破产制度的功能仍被定位于为实现供给侧结构性改革的一项政策工具——优化产业结构和清

---

① 进一步分析参见李曙光：《新企业破产法的意义、突破与影响》，《华东政法学院学报》2006 年第 6 期，第 110~113 页；蒋红莲：《新〈企业破产法〉的创新突破以及在企业破产案件审理中面临的新挑战》，《学术交流》2008 年第 9 期，第 61~64 页。

② 参见贾志杰：《关于〈中华人民共和国企业破产法（草案）〉的说明》，《中华人民共和国全国人民代表大会常务委员会公报》2006 年第 7 期，第 82~89 页。

③ 破产公共政策目标的详细论述请参见韩长印：《企业破产立法目标的争论及其评价》，《中国法学》2004 年第 5 期。

④ 通常，破产清算程序是最有效率的市场机制之一，它是"一个真正的优胜劣汰的机制"，其主要目的在于：一是"建立债权人的排队意识"；二是"建立公平清偿债务的机制"；三是"使债务人合法地豁免债务，给债务人一个重新开始的机会"。相应地，重整制度则特别适合于那些拥有大量无形资产和难以估值资产的大型企业纾困，通过重整，可以把企业部分经营要素、生产要素、服务有进行低价格要素替代从而产生新的价值，使那些具有较大社会公益性企业得以保留，进而保护就业、维护市场信心、促进经济发展。参见李曙光：《破产法的宪法性及市场经济价值》，《北京大学学报（哲学社会科学版）》2019 年第 1 期，第 153~157 页。

⑤ 参见齐明、焦杨：《破产法体系构建的功能主义指向及其市场依赖》，《当代法学》2012 年第 5 期，第 100 页。

理僵尸企业，各级地方政府也乐于依托破产制度，以借助破产制度蕴含的有限责任理念为地方债务解套，所有这些使得破产法带有明显的功利性目的和工具性价值观；①第二，适用对象单一，诸如个人、家庭、个体工商户等传统意义上的商自然人均不适用范围之内，②而且未及考虑公司经营形式向集团经营结构转变带来的破产挑战；第三，法人破产规则适用不全面，不适应营利法人、非营利法人和特别法人之法人主体类型的发展，"导致不同类型法人对破产规则的需要得不到充分满足"；第四，"非法人组织破产规则之破产能力规定不完善"③；第五，破产立法没有进行必要的类型化制度设计，从而将一套统一制度简单无差别地适用于各种不同类型的市场主体。④

正如联合国国际贸易法委员会所言，社会一直处在不断的变革之中，因此，破产法不可能一成不变，而是需要定期对其重新评估，这样才能确保破产法满足当前的社会需要。⑤ 因此，未来应结合我国不断升级转型的新经济现实以及现有的配套法律环境，顺应我国《民法典》对市场主体的细分，进一步完善我国的破产立法，⑥体现其作为市场经济"宪法"的功能与地位。⑦ 同时，从适用层面上看，破产法的正确适用不仅有赖于一套成熟的商事法律制度体系，而且也需借助一国相对完备的司法运行框架，只有当法院特别是破产审判法官具备必要能力，并能向投资者与债权人等利害关系人提供有效、及时且公平公正的结果时，破产制度才能真正地行之有效。⑧ 因此，从司法视角来看，如何提高我国法院"办理破产"能力也关系到破产制度功效的发挥。因为，"办理破产"能力不仅是一个具体法律和商业做法的知识和经验问题，而且也是一个这些知识与经验是否最新以及能

---

① 参见赵万一：《我国市场要素型破产法的立法目标及其制度构造》，《浙江工商大学学报》2018 年第 6 期，第 31 页。

② 参见刘冰：《〈民法总则〉视角下破产法的革新》，《法商研究》2018 年第 5 期，第 50 页；赵万一：《我国市场要素型破产法的立法目标及其制度构造》，《浙江工商大学学报》2018 年第 6 期，第 31 页。

③ 参见刘冰：《〈民法总则〉视角下破产法的革新》，《法商研究》2018 年第 5 期，第 51 页。

④ 参见赵万一：《我国市场要素型破产法的立法目标及其制度构造》，《浙江工商大学学报》2018 年第 6 期，第 31 页。

⑤ See UNCITRAL Legislative Guide on Insolvency Law, 2005, Sales No.E.05.V.10, p16.

⑥ 本书不打算对这一宏大叙事进行阐释。相关分析参见赵万一：《我国市场要素型破产法的立法目标及其制度构造》，《浙江工商大学学报》2018 年第 6 期；刘冰：《〈民法总则〉视角下破产法的革新》，《法商研究》2018 年第 5 期。

⑦ 相关分析参见李曙光：《破产法的宪法性及市场经济价值》，《北京大学学报(哲学社会科学版)》2019 年第 1 期，第 149~157 页。

⑧ See UNCITRAL Legislative Guide on Insolvency Law, 2005, Sales No.E.05.V.10, p.31.

否定期更新的问题。①

2.新破产法对企业集团破产的"留白"

与域外多数国家破产法相同，我国 1986 年《企业破产法（试行）》以及 2007 年《企业破产法》均着眼于单个破产债务人，都不约而同地强调"一企一案"式的单独破产，它们对企业集团尤其是那些高度一体化的企业集团（包括极端情形下集团成员人格发生混同的企业集团）的破产处置没有设定任何明确规范。鉴于 1986 年前，我国尚未开启国有企业公司化改革，虽有试办"工业托拉斯"，②但数量稀少且囿于全民所有以及计划经济体制的限制，它们均非市场意义上的企业集团，因此，破产立法自不会考虑这些特殊经济组织的破产处置问题。及至 2006 年，随着 1993 年公司法的施行以及国有企业公司化改革的不断推进，尤其是公司法不断放松公司对外投资的限制，现代意义上的市场化企业集团不断涌现，成为市场经济中一股独特的竞争力量。即便如此，现行《企业破产法》仍未明定企业集团破产处置框架。可能原因包括：第一，企业集团本身不具法人身份或地位，无需为其提供专门的破产解决方案；第二，破产立法者或认为，破产撤销权、破产无效制度以及公司法中的揭开公司面纱制度足以解决企业集团破产带来的种种问题。

诚然，现有的破产撤销与无效行为规则均可一般适用于集团成员之间的不公或不当交易。然而，它们无法解决破产债务人或受其控制的其他实体无视独立性所导致的问题，包括作为控制者而违反其应承担的诚信义务、过度参与被控制成员的经营管理决策以及不同成员资产及人员混同等给外部债权人造成的权益侵害。③ 而且，破产撤销权在维护集团成员债权人公平受偿、纠正集团成员间表现多样的不当财产处分行为以及降低集团成员破产处置成本等方面的作用有限。④ 另外，公司法上的刺破公司面纱虽也可一般适用于企业集团情形，如子公司破产时，可要求母公司为其不当控制或影响子公司之行为负责，但其本身存在不足，例如，法院适用该理论的考虑因素众多、裁判结果具有不确定性等。⑤ 尤其在集团结构下，

① See UNCITRAL Legislative Guide on Insolvency Law, 2005, Sales No.E.05.V.10, p.32.
② 相关分析参见林超超：《20 世纪 60 年代中国工业托拉斯的兴起及其体制困境》，《中国经济史研究》2015 年第 1 期，第 130~139 页。
③ 参见解正山：《企业集团"合并破产"实证研究》，《现代经济探讨》2020 年第 2 期，第 104 页。
④ 参见王静：《实质合并破产法律制度构造研究》，法律出版社 2021 年版，第 82~83 页。
⑤ 实证研究也证明了这点。进一步分析参见黄辉：《中国公司法人格否认制度实证研究》，《法学研究》2012 年第 1 期，第 3~16 页。

没有直接股权关系的集团成员之间也会存在不正当的控制及其他不公平之行为,不当利用关联关系或它们的营业事务高度混同继而损害债权人利益的情形以及母子公司同时破产时,都是刺破公司面纱无力解决的难题。更重要的是,无论是破产撤销与无效规则,还是公司法上的刺破公司面纱,均为特定情形下的救济手段。其实,集团成员之间欺诈性或其他不当行为并非集团经营模式下的常态,更多情形下,破产法需要面对如何协调管理集团不同成员同时或先后启动的破产程序这一挑战,尤其是如何在尊重集团每个成员独立地位的前提下兼顾集团结构这一经济现实。这正是现有破产立法所缺乏的,因此,破产实务中,法院只得通过"审判创新"处置企业集团破产问题。总之,破产立法对企业集团经营结构的忽视给集团破产案件的审理带来了挑战。

综上,我国破产立法未提供可直接适用的企业集团破产解决方案,破产撤销与无效制度以及公司法上的刺破公司面纱规则虽可一般适用于企业集团破产,但越发多见的集团破产现象已暴露出制度供给的不足。因此,破产实务中,得靠法院发挥司法能动性,通过"审判创新"部分解决制度供给不足导致的破产审理难题。

(二)集团破产处置的司法理念与政策变迁

1.我国法院最初对企业集团破产的政策立场

与破产立法在企业集团破产处置问题上"留白"不同,我国法院最初的态度则直截了当的多——明确排除以"合并破产"方式处置企业集团破产的可能性。[①] 最初,最高人民法院颁布司法解释,对如何审理企业集团破产案件作出了明确规定:第一,应遵循"单独破产"原则("独立实体论"的重要体现),将破产债务人的分支机构以及其他不具备法人资格的机构的财产一并纳入破产程序中进行清理;第二,债务人设立的全资商业组织以及由该债务人控股或参股的其他企业无力清偿到期债务的,则应另行启动破产程序。[②] 不得不说,对于成员彼此独立且本质上并不同一的企业集团而言,上述司法解释中的相关规定显然是合理的。[③] 不过,值得注意的是,

---

① 参见解正山:《企业集团"合并破产"实证研究》,《现代经济探讨》2020 年第 2 期,第 104 页。

② 参见《最高人民法院关于审理企业破产案件若干问题的规定》(法释〔2002〕23 号)第 76、79 条。

③ 参见解正山:《企业集团"合并破产"实证研究》,《现代经济探讨》2020 年第 2 期,第 104 页。

该司法解释的相关规定也暗含着如下之意：即便是对那些事务高度交织的破产企业集团，包括集团成员人格高度混同之企业集团，也应采单独破产方式处置。总之，这一规定不仅重申了"一企一案"这一单独破产的基本原则，更是明确排除了以"合并破产"等方式处置集团破产案件的可能性。①尽管有此原则，最高人民法院仍旧在早期的《关于山东南极洲集团股份有限公司破产案件审理涉及企业分立问题如何处理的答复》中极为例外地支持地方法院适用了"合并破产"。在上述"答复"中，最高人民法院指出："企业分立后，新分出的企业被宣告破产，并不必然导致原企业的破产……如企业分立被人民法院依法认定为属于以逃债为目的的，原企业可以与新分企业一并破产，以最大限度保护债权人的利益"。②

　　只不过，上述情形仅是例外，坚持"独立实体论"，禁止采用"合并破产"仍是当时的普遍做法。继上述司法解释颁布之后，部分省区高级人民法院在同时期内制定的破产审判指引性文件中也都明确反对以"合并破产"方式处置那些人格高度混同的企业集团，坚持集团成员法人人格、财产独立性不应被突破。例如，广东省高级人民法院即强调，若关联企业发生财产混同且它们同时向法院申请启动破产程序，那么，法院应责令这些债务人先行界定各自财产，然后再申请启动破产程序；债权人针对这些关联企业申请启动破产程序时，法院则应于受理后交由相应的清算组依法界定每个企业的财产，而不得以财产混同为理由申请"合并破产"方式进行清算。③青海省高级人民法院也指出，申请启动或进行破产程序时，必须遵照单独破产原则，不得以任何理由将原本具有独立法律人格的关联企业或其控制的企业列入单一程序，不得采用"多企一案"的审理方式。④整体上看，早期涉企业集团的破产审判司法政策基本排除了"合并破产"的适用空间。

　　鉴于最高人民法院的司法解释与部分省区高级人民法院的"审判指引"对基层法院要么具有直接的约束力，要么具有指导作用，因此，在较长一段时期内，我国多地基层法院审理集团破产案件时，均一致遵从法人独立人格与股东有限责任等公司法的核心理念，严格以"一企一案"这一单独破产方式进行债权债务清理。诚然，坚持"独立实体论"并以一企一案方式

---

① 参见解正山：《企业集团"合并破产"实证研究》，《现代经济探讨》2020年第2期，第104页。

② 转引自徐阳光：《论关联企业实质合并破产》，《中外法学》2017年第3期，第828页。

③ 参见《广东省高级人民法院关于审理破产案件若干问题的指导意见》（粤高法（2003）200号）第7条。

④ 参见《青海省高级人民法院关于规范审理企业破产案件的实施意见》（青高法（2003）181号）第5条。

处置独立性保持完好的企业集团破产成员在法律层面上几无争议,①但若以此处置法人人格高度混同的企业集团恐怕就会遭遇法律上以及破产实务上的多重挑战。② 同时,公司法对公司对外投资限制的弱化直至取消,使得我国公司无论在数量上还是在规模上都取得了显著发展,尤其是集团经营结构已成为广受欢迎的商业模式。破产实务也表明,企业集团因一个或多个成员危机或整体经营不善等原因而陷入整体性破产危机的案件逐渐增多,法院惯常坚持的以法人独立人格及股东有限责任等公司法基本原则处置集团破产的局限性越来越明显,这也为企业集团破产案件审判态度的转变埋下了伏笔。③

2.企业集团破产处置司法理念的最终转变

虽然现行《企业破产法》仍围绕单个破产债务人展开,没有明定集团破产的相应规范,但微妙之处在于,法院对集团破产尤其对"单一企业论"下的实质合并态度悄然改变了。

2007 年,最高人民法院支持了深圳市中级人民法院对"南方证券系"关联企业实施"合并破产"这一"先行先试"实践。当时,"南方证券系"关联企业破产案处置中存在两个棘手的法律难题:其一,虽与南方证券高度关联且资产、账册、管理人员均存在混同,但华德资产管理有限公司与上海天发投资有限公司毕竟仍是独立法人,在法律上能否与南方证券合并破产清算;其二,南方证券两家关联公司分别在上海、南京注册,深圳市中级人民法院对两家关联公司是否享有破产管辖权?④ 对此,深圳市中级人民法院认为,"南方证券系"关联企业高度混同,两家子公司的债权人一致认为他们是与南方证券进行交易且都向南方证券申报了债权,且关联公司资产权属区分难度大,故决定将关联公司"合并破产"并将这一"审判创

---

① 一个引人关注的案例是 1999 年广东国际信托投资有限公司及其关联企业破产案。在该企业集团破产案中,母公司广东国际信托投资有限公司破产案由广东省高级人民法院管辖,其关联成员广信企业发展有限公司、广东国际租赁有限公司、深圳国投公司同时因达破产界限被宣告破产,分别由广州市中级人民法院、深圳市中级人民法院独立管辖、单独清算并成功审结。参见邢立新:《最新企业破产实例与解析》,法律出版社 2007 年版,第 96 页。

② 例如,21 世纪初发生的"德隆系"企业集团破产案件就因破产成员由多地法院管辖、单独清算,且因关联成员之间的债权债务难以界定与清理从而导致各地启动的破产程序延宕多年。

③ 参见解正山:《企业集团"合并破产"实证研究》,《现代经济探讨》2020 年第 2 期,第 105 页。

④ 参见赵刚、李汝健:《从"开先河"到"立标杆"——来自南方证券破产案的创新之举》,《人民法院报》2013 年 3 月 31 日,第 1 版。

新"方案上报最高人民法院。① 最终,最高人民法院同意并通过"指定管辖"方式帮助深圳市中级人民法院解决了"合并破产"中的法院管辖难题。② 因证券公司破产危机事关金融稳定,且为便于通过司法途径快速化解金融风险,最高人民法院后以非正式的"司法性工作文件"进一步为"合并破产"提供了政策指导。最高人民法院强调,法院审理证券公司破产案件时,若债务人关联成员与该公司在人员、财务、业务上混同,为其违法违规经营提供平台,或通过与关联成员间的资金往来、转移财产、担保融资等方式规避监管、隐匿资产等,则可将这些关联成员与被处置的破产债务人一并破产。③ 这一政策意见等于在司法上承认了"合并破产"的合法性。其后,闽发证券与其关联企业破产案以及汉唐证券与其关联企业破产案也接连以"合并破产"方式成功处置。④ 最高人民法院司法态度的转变对地方法院造成了显著影响,江浙粤等发达省区的高级人民法院随即制定新的"审判指引",并将"合并破产"机制引入破产审判实践中。

通过梳理上述各地高级人民法院颁布的审理企业集团破产案件的指引性文件⑤,不难发现:(1)基层法院审理集团破产案件时已不再囿于传统观念,转而尝试以"合并破产"方式处置高度一体化的企业集团,并把集团破产成员是否存在人格高度混同且该混同是否损害债权人公平受偿权利作为"合并破产"适用与否的判定标准;(2)审理法院大多认可"合并破产"应采申请主义,即法院依据债务人、债权人、管理人等破产当事人的申请从而决定是否以"合并破产"方式处置破产集团,解决了"合并破产"

---

① 参见赵刚、李汝健:《从"开先河"到"立标杆"——来自南方证券破产案的创新之举》,《人民法院报》2013 年 3 月 31 日,第 1 版。

② 参见最高人民法院(2008)民二他字第 40 号批复。

③ 参见《最高人民法院民二庭庭长宋晓明在全国法院证券公司破产案件审理工作座谈会上的总结讲话》(最高人民法院"司法性工作文件"),2007 年 11 月 20 日,网址:http://shlx.chinalawinfo.com/newlaw2002/slc/slc.asp? db = chl&gid = 110666,最后访问日期:2017 年 10 月 9 日。

④ 参见闽发证券有限责任与北京辰达科技投资有限公司、上海元盛投资管理有限公司等 4 家关联公司合并破产清算案,网址:http://shlx.chinalawinfo.com/newlaw2002/slc/slc.asp? db=fnl&gid=119239249,最后访问日期:2017 年 11 月 20 日;广东省深圳市中级人民法院(2009)深中民七清算字第 18-1 号、第 19-1 号、第 20-1 号……第 63-1 号民事裁定书。

⑤ 参见《广东省高级人民法院关于印发〈全省部分法院破产审判业务座谈会纪要〉的通知》(粤高法〔2012〕255 号);北京市高级人民法院《关于印发〈北京市高级人民法院企业破产案件审理规程〉的通知》(京高法〔2013〕242 号);《浙江省高级人民法院关于审理涉财务风险企业债务纠纷案件若干问题指导意见》(浙高法〔2010〕13 号);《江苏省高级人民法院关于充分发挥破产审批职能作用服务保障供给侧结构性改革去产能的意见》(苏高法〔2016〕174 号)。

中的部分程序性难题；（3）法院多强调，仍应充分尊重法人独立人格和股东有限责任，"合并破产"只应是例外情形下的破产救济。总体而言，各地高级人民法院大多认为应审慎适用"合并破产"，且把集团成员法人人格混同程度及其对外部债权人的影响等因素作为决定是否适用"合并破产"的关键审查因素。最终，根据破产审判的指引性文件，更多法院把"合并破产"作为处置企业集团破产的重要司法手段，同时也积累了较丰富的司法经验。①

值得注意的是，地方法院虽开始接受"合并破产"这一实用主义的企业集团破产处置做法，但毕竟，它们仍属于"审判创新"范畴，既未形成统一的实体评判标准及程序规范，对"合并破产"的理论阐释也不够深入与体系化。加之实务中，各地高院的"审判指引"不足以应对跨省区企业集团破产案件，因为有些省区的法院要么仍坚持以"独立实体论"对待破产企业集团，要么就因为未曾遇过类似案例而对"合并破产"相当陌生，因此各地法院在"合并破产"问题上尚难一致。鉴于此，最高人民法院还曾先后起草两份关于企业集团破产对待办法的司法解释（征求意见稿）。比较而言，适用对象上，最高人民法院的两份征求意见稿都采纳了"法人人格高度混同、损害债权人公平受偿"的判定标准，但后一份征求意见稿删除了非破产成员纳入合并破产的内容。② 虽然这些研拟的司法解释最终都未及成文，但至少表明最高司法机关开始考虑把"合并破产"作为企业集团破产对待办法之一。最高人民法院在其随后公布的司法解释性文件中进一步表明了这一司法倾向。③ 此外，最高人民法院还从控制金融风险与改善营商环境角

---

① 本书第二章将对"合并破产"司法实践进行详细分析。

② 2012 年，最高院制定《关于适用实体合并规则审理关联企业破产清算案件的若干规定》，其中一条规定，关联企业不当利用"关联关系"，导致关联成员的法人人格发生高度混同且损害债权人公平受偿；或者，关联成员虽然未达破产界限，但因其与其他成员法人人格高度混同或其出于欺诈之目的而成立，均可适用"合并破产"；其后，最高院又制定了一份征求意见稿——《关于适用〈中华人民共和国企业破产法〉若干问题的规定（六）》，同样规定关联企业不得不当地利用关联关系，否则，造成关联成员人格高度混同且损害债权人利益的，法院可以适用"合并破产"。关于最高院上述两份征求意见稿的进一步评论可参见朱黎：《论实质合并破产规则的统一适用——兼对最高人民法院司法解释征求意见稿的思考》，《政治与法律》2014 年第 3 期，第 153~161 页。

③ 最高人民法院分别于 2016 年 4 月 8 日以及 2016 年 6 月 15 日颁布了两份"司法解释性文件"：一是《最高人民法院发布十起依法平等保护非公有制经济典型案例》；二是《关于依法审理破产案件、推进供给侧结构性改革典型案例》。两份文件分别将佛山中院审理的佛山市百业房地产开发有限公司及其关联企业"合并重整"案以及绍兴中院审理的浙江玻璃股份有限公司及其关联企业"合并破产"案列为典型案例，意在表明最高法院鼓励基层法院发挥司法审判职能并为非公有制经济健康发展提供司法保障以及推进供给侧改革的司法政策导向。

度接连申明其对"合并破产"的原则立场。① 不仅如此，最高人民法院还在《关于为改善营商环境提供司法保障的若干意见》中再次强调：应"严厉打击各类'逃废债'行为，切实维护市场主体合法权益。严厉打击恶意逃废债务行为，依法适用破产程序中的关联企业合并破产、行使破产撤销权和取回权等手段，查找和追回债务人财产。"②这些司法政策进一步强化了破产实务中适用"合并破产"的合法性。

及至 2018 年，最高人民法院又以"会议纪要"形式较系统地表明了对企业集团破产的司法态度：首先，审理企业集团破产案件时，法院应对企业集团破产成员间的关系模式进行审查，据此采取差异化的破产处置方式，对那些人格高度混同的破产企业集团可通过"合并破产"方式予以处置，以保证全体债权人的公平受偿，但同时，也应避免不当采用"合并破产"，以防该破产审理方式损害利益相关方的权益；③其次，进一步强调应审慎适用"合并破产"，原则上，法院应尊重公司法人的独立法律身份，须对集团每个成员是否达到破产界限进行单独审查并据此决定是否运用相互独立的破产程序，但在集团成员法人人格高度混同、难以区分集团成员财产或区分成本高昂、债权人公平受偿权受到严重损害等例外情形下可将集团破产成员"合并破产"；④再次，就"合并破产"部分程序事项作出了规定，如对"合并破产"申请的审查、管辖，"合并破产"的法律后果以及如何在"合并破产"时向利益相关方提供救济等；⑤最后，初步提出了企业集团不同破产成员平行程序协调机制，即当集团破产成员虽都达到破产界限但它们不具备"合并破产"的条件时，法院可对这些平行破产程序进行协调审

---

① 最高人民法院指出：对那些可能引发金融风险甚至影响社会稳定的破产案件，尤其是那些涉及人数众多的破产案件，如非法集资、民间融资导致的公司破产危机，法院应依法审视处置，避免发生区域性风险与群体性事件；同时，法院应在破产程序从严审查企业恶意逃债行为，依法适用合并破产、破产撤销、破产取回等破产救济手段，保障破产债务人财产价值最大化，并依法追究恶意隐匿、故意销毁会计资料、拒不执行生效裁决等行为的刑事责任。参见《最高人民法院关于进一步加强金融审判工作的若干意见》（法发〔2017〕22 号）第 13 条。

② 参见《最高人民法院关于为改善营商环境提供司法保障的若干意见》（法发〔2017〕23 号）第 17 条。

③ 参见《最高人民法院关于印发〈全国法院破产审判工作会议纪要〉的通知》（法〔2018〕53 号）第 31 条。

④ 参见《最高人民法院关于印发〈全国法院破产审判工作会议纪要〉的通知》（法〔2018〕53 号）第 32 条。

⑤ 参见《最高人民法院关于印发〈全国法院破产审判工作会议纪要〉的通知》（法〔2018〕53 号）第 33～36 条。

理，并可根据程序协调需要并综合考虑审理效率、核心控制企业住所地等因素由单一法院对平行程序集中管辖。① 这也是最高人民法院首次就"独立实体论"下集团破产协调机制作出规定。

综上可见，破产企业集团的"合并破产"得以在我国破产实务中被普遍采用，很大程度上得益于最高人民法院的支持。无论是最初对个案的支持，还是最近以"会议纪要"以及指导案例等形式表明对"合并破产"的立场，都对地方各级法院构成了显著影响，尤其是，最高人民法院历次发布的政策指引或审判指南为基层法院处置破产企业集团提供了裁判上的参考或依据，为积累更丰富的"合并破产"司法经验奠定了基础。最近，山东高院、河北高院、广东高院、云南高院、四川高院以及深圳市中级人民法院与南京市中级人民法院就接连在各自修订或新制定的破产审理工作指引中进一步明确了"合并破产"的具体做法，强化了"合并破产"的规范意义。② 整体上看，"合并破产"已成为我国法院处置破产企业集团较常见的审理方式。相应地，自《全国法院破产审判工作会议纪要》初步提出平行程序协调机制外，部分法院已开始积极探索这一同样重要的集团破产审理机制。③ 破产实务中，鉴于"合并破产"审慎适用的限制，越来越多的法院开始采用协调审理方式处置关系紧密但尚不构成法人人格高度混同的破产企业集团。④ 这些都将为我国未来的破产立法改革引入集团破产法制奠定了必要的实践基础。

---

① 参见《最高人民法院关于印发〈全国法院破产审判工作会议纪要〉的通知》（法〔2018〕53号）第37条。其实，对于集团破产成员平行程序协调问题，广东省高院也曾提出类似主张。广东省高院曾提出："为减少不同程序间的协调成本、保障破产程序公平有序进行，对尚不符合合并破产条件的关联企业成员破产案件，如确属必要，可报经有权决定管辖的上级法院批准，由控制企业所在地或主要财产所在地法院集中审理"。参见《广东省高级人民法院关于印发〈全省部分法院破产审判业务座谈会纪要〉的通知》（粤高法（2012）255号）。

② 参见《山东省高级人民法院企业破产案件审理规范指引（试行）》（鲁高法〔2019〕50号）；《河北省高级人民法院破产案件审理规程（试行）》（冀高法〔2019〕95号）；《广东省高级人民法院关于审理企业破产案件若干问题的指引》（粤高法发〔2019〕6号）；《云南省高级人民法院破产案件审理指引（试行）》（2019）；《四川省高级人民法院关于印发〈关于审理破产案件若干问题的解答〉的通知》（川高法〔2019〕90号）；《深圳市中级人民法院审理企业重整案件的工作指引（试行）》（2019）第44~54条；《南京市中级人民法院关于规范重整程序适用 提升企业挽救效能的审判指引》（宁中法审委〔2020〕1号）第32~39条。

③ 参见《山东省高级人民法院企业破产案件审理规范指引（试行）》（鲁高法〔2019〕50号）第203、204条。

④ 本书第三章将对企业集团破产协调审理机制进行具体分析。

第二章 企业集团"合并破产"实证考察[*]

虽然我国现有破产立法未为企业集团破产处置提供相应的解决方案，但实践表明，基层法院依据本地高级人民法院的"审判指引"以及最高人民法院关于集团破产的司法政策，同时基于各自的"审判创新"，通过"合并破产"方式成功处理了不少企业集团破产案件，且取得了良好的法律与社会效果，积累了丰富的司法经验。

第一节 样本选择、数据分析与待解难题

一、样本选择

本书的研究样本主要来源于中国裁判文书网、北大法宝（司法案例库）、全国企业破产重整案件信息网（该数据库 2016 年 8 月 1 日上线运行），检索截止时间为 2020 年 12 月 31 日，关键词选定为"合并破产""合并重整""合并清算""企业集团"以及"关联企业"。通过甄别并去除重复或不合格的案例，共获取 258 个案例，其中包括 2 个"合并破产"申请被法院驳回的案例。[①] 一般认为，通过数据库检索从而获取研究素材并加以分析的研究方法被认为能"揭示整体性的特征和趋势，特别适合对于法律执行情况的研究"。[②] 不过，需要说明的是，上述数据库虽是国内目前普遍使用的法律数据库，但它们并不一定全面，更新速度也未必及时，因此，检

---

[*] 本章部分内容曾作为前期研究成果发表于《现代经济探讨》2020 年第 2 期（论文名：《企业集团"合并破产"实证研究》）。

[①] "温州华能汽车集团有限公司破产案"，参见浙江省温州市中级人民法院（2014）浙温破（预）终字第 1 号民事裁定书；"浙江阿凡特精密设备制造有限公司破产案"，参见杭州市中级人民法院（2015）浙杭破（预）终字第 1 号民事裁定书。

[②] 参见黄辉：《中国公司法人格否认制度实证研究》，《法学研究》2012 年第 1 期，第 4 页。

索结果可能无法完整地呈现我国关于集团破产的全部裁判案例。

另外,从北大法宝中检索的部分案例并不是裁判文书的全文,而是所涉法院裁判时引用的内容。鉴于此,本书另外通过法院官网、学术文献、会议论文等途径对研究样本进行了必要补充,另行获取了 14 个案例,分别是深圳中院审理的"南方证券系"企业集团"合并破产"案(2007)、沈阳中院审理的沈阳欧亚集团"合并破产"案(2008)、广州番禺区法院审理的新太科技股份有限公司与其子公司"合并破产"案(2009)、常州中院审理的"怡华系"企业集团"合并破产"案(2010)、温州中院审理的温州海鹤药业有限公司与温州兴瓯医药有限公司破产案(2012)、温州市瓯海区法院审理的"信泰系"企业集团"合并重整"案(2012)、杭州余杭法院审理的"中都系"企业集团合并重整案(2014)、广东惠州中院审理的"创成系"关联企业合并重整案(2015)、杭州富阳法院审理的富兴集团合并清算案(2017)、宏丰集团合并清算案(2017)以及新汇田等企业集团合并清算案(2017)、江苏吴江法院审理的巨诚系企业集团合并清算案(2017);以及新《企业破产法》施行前由南京中法院审理的利德实业有限及其子公司破产案(2002)、佛山南海区法院审理的南京汽车工业联营公司南海汽车厂与广东汽车底盘厂合并清算案(2003)。综上,本书检索获取的样本案例总数为 272 个。

二、数据分析

根据表 1 所示,2006 年前,"合并破产"情形在我国破产实务中较罕见。主要原因是:彼时,无论是最高人民法院,还是地方各级法院,都秉持单独破产原则,反对以"合并破产"方式处置破产企业集团,因为"这种做法从本质上来说是不对的……没有法律依据"。[①] 2007 年是一个明显的分水岭:一方面,我国新《企业破产法》虽未明确规定企业集团破产的处置办法,但至少在整体上改变了长久以来偏于保守的破产理念与破产审判风格;另一方面,位处创新高地的深圳市中级人民法院基于"审判创新"之理念接连以"合并破产"方式成功地处置了南方证券股份有限公司及其关联企业("南方证券系"企业集团)以及汉唐证券股份有限公司及其关联企业("汉唐证券系"企业集团)破产案件,在"南方证券系"企业集团破产案中,普通债权人的清偿比例高达 64%。[②] 更重要的是,这种"先行先试"实践得到了最高人民法院的肯定与支持,这很大程度上消解了各方对"合并破产"

---

① 参见上海市高级人民法院民二庭:《破产案件审理与破产清算实务》,上海人民出版社 2003 年版,第 99 页。

② 参见"深圳中院创新完成南方证券破产案清算",《新快报》2013 年 5 月 30 日,网址:http://epaper.xkb.com.cn/view/864693,最后访问日期:2016 年 10 月 17 日。

的合法性疑虑。最高人民法院态度的悄然转变以及各地高级人民法院的接连效法,最终使"合并破产"成为地方各级法院普遍接受的破产审理机制。

表1 时间分布(以裁定时间为准)

年份	案件数	占比	备注
2006年前	2	0.72%	分别是南京中院审理的利德实业有限及其子公司破产案(2002)与佛山南海区法院审理的南京汽车工业联营公司南海汽车厂与广东汽车底盘厂合并清算案(2003)。
2007	1	0.36%	
2008	2	0.72%	
2009	3	1.08%	
2010	1	0.36%	
2011	1	0.36%	
2012	11	4.05%	
2013	16	5.88%	
2014	21	7.73%	
2015	16	5.88%	
2016	10	3.69%	
2017	36	13.24%	
2018	43	15.82%	
2019	40	14.72%	
2020	69	25.37%	
总计	272	100%	

根据表1数据,2012年至2015年,企业集团"合并破产"案件呈明显的增加趋势。这种态势或与2008年爆发的全球金融危机对我国实体经济的外溢影响有关,其中,民营经济发达的沿海地区受到的不利影响尤为明显。破产实务中,法院也明确提及了企业的盲目扩张特别是危机后融资成本高从而导致公司的资金链断裂继而导致企业集团的破产危机。① 进一步

① 参见绍兴市中级人民法院(2009)浙绍商破字第1-6号民事裁定书、杭州中级人民法院(2010)浙杭商破字第1-4号民事裁定书、台州市天台县人民法院(2012)台天破字第1号民事裁定书。

而言，由于银行等传统金融机构在风险偏好上向来不利于民营企业，导致它们不得不依赖成本高昂的民间融资，如果遇外部经营环境恶化，例如金融危机以及由其导致的经济增长失速等不利情形，民营企业极易遭遇冲击，资金链断裂或因盲目扩张、产能过剩从而发生破产危机就在所难免了。加之，集团成员之间的交叉担保又是这些民营企业惯常使用的增信方式，集团单个成员债务风险因而得以外溢，一旦风险暴露，债务人与其高度关联的集团其他成员先后或同时破产的"多米诺效应"就是大概率事件了。表 1 数据还表明，2017—2020 年，"合并破产"（包括合并清算与合并重整）案件大幅增加，四年合计占比达 69.14%。其中一个重要因素应是司法政策上对"合并破产"的支持，例如，2018 年公布的《全国法院破产审判工作会议纪要》对"合并破产"的合法性作了正式确认。2020 年 9 月 14 日，最高人民法院通过发布"指导性案例"再次表明了对"合并破产"的支持态度。①至此，"合并破产"的合法性问题至少在司法层面上得到了彻底解决，其已成为我国破产实务中极为常见的法律现象。正如表 2 所示的，"合并破产"已从最初零星的"审判创新"被推广至全国多数省区的法院，成为企业集团破产审判的常见方式之一。

表 2　案件地区分布

序号	省份	案件数	占比	备　注
1	浙江	83	30.51%	
2	山东	45	16.54%	
3	江苏	38	13.97%	
4	安徽	12	4.41%	
5	四川	10	3.68%	
6	广东	8	2.94%	
7	福建	7	2.57%	
8	其他	69	25.38%	"其他"主要包括北京、上海、重庆、云南、河南、河北、湖北、山西、内蒙古、江西、海南等省区，这些省区检索到的案例数较少，故合并统计。
	总计	272	100%	

① "指导案例"第 163~165 号，参见《最高人民法院关于发布第 29 批指导性案例的通知》（法〔2021〕228 号）。

　　根据表2，在地域分布上，企业集团"合并破产"案数量最多的地区是浙江省，共计83例（包括2个"合并破产"申请被法院驳回的案例），占比达30.51%，主要分布在杭州、绍兴、嘉兴等经济发达地区。案件数排名第二的是山东省，共45例，占16.54%；案件数排名第三的是江苏省，共有38例，占13.97%，主要分布在无锡、苏州、常州、南通等地。上述三省合计占比61.02%，其中，浙江与江苏两省合计共占44.5%。值得追问的是，浙江省等沿海地区为何会发生如此多的"合并破产"案？一项实证研究道出了其中的部分原因：浙江是我国最为经济发达的省区之一，中小型民营公司是主要的市场主体，这些公司较易滥用公司法人人格。[①] 实务表明，滥用情形多表现为集团成员在经营管理、财产、财务以及人员等方面的混同，这导致集团成员丧失了本应具备的意志独立和财产独立等基本特征。破产实务还表明，浙江省涉企业集团破产案的公司绝大多数是民营企业，江苏省及其他地区的情况也多是如此，而且都表现出明显的滥用集团结构的情形。例如，杭州市中级人民法院审理的"中江系"企业集团破产案涉案关联企业为30家，[②]湛江市中级人民法院审理的"嘉粤系"企业集团破产案共34家关联企业，[③]深圳市中级人民法院审理的"汉唐证券系"企业集团破产案则涉及46家关联企业，[④]南京市中级人民法院审理的"雨润系"企业集团破产案涉案关联企业数为78家，[⑤]海南省高级人民法院审理的"海航系"企业集团破产案涉案关联企业数达到了创纪录的321家。[⑥] 这些都"印证了民营关联企业内部治理不尽规范、互联互保较多、控股股东'掏空'企业较为普遍的客观状况"，也间接表明江浙等地破产审判工作占据领先地位。[⑦]

　　研究表明，因受浓厚的家族意识、密切的人际关系及财富传承观念等因素的影响，我国公司股权结构呈高度集中之特征，"一股独大"态势明显，从而为控股股东产生及其滥用权利提供了适宜的土壤。[⑧] 正因如此，

---

① 参见黄辉：《中国公司法人格否认制度实证研究》，《法学研究》2012年第1期，第6页；黄辉：《公司集团背景下的法人格否认：一个实证研究》，《中外法学》2020年第2期，第501页。

② 参见浙江省杭州市中级人民法院（2012）浙杭商破字第2-3号民事裁定书。

③ 参见广东省湛江市中级人民法院（2012）湛中法民破字第3号、第4号……第36号民事裁定书。

④ 参见广东省深圳市中级人民法院（2009）深中法民七清算字第18-1号、19-1号……第63-1号民事裁定书。

⑤ 参见江苏省南京市中级人民法院（2020）苏01破37号之一民事裁定书。

⑥ 参见海南省高级人民法院（2021）琼破1号之一民事裁定书。

⑦ 参见王静：《实质合并破产法律制度构造研究》，法律出版社2021年版，第37~38页。

⑧ 参见赵旭东：《公司治理中的控股股东及其法律规制》，《法学研究》2020年第4期，第93页。

公司实务中,"绝对或相对的控股成为我国大多数公司的股权模式,完善的公司治理模式所要求的分权制衡的基因先天不足,控股股东滥用控制关系已成为我国公司治理的突出问题。而且,关联关系及内部交易对外具有相当的隐蔽性,这也为关联成员间进行不当利益输送,损害债权人利益大开方便之门"。① 民营企业虽在集团化经营上失范之处甚多,但它们并非"弃儿"。相反,在破产领域,它们受到了越来越多的关注与应有的保护。司法政策多强调应从平等保护非公有制经济以及促进供给侧结构性改革视角对待民营企业集团破产问题。② 这是因为,我国"正处于经济增速换挡、结构调整阵痛……正确审理企业破产案件,防范和化解企业债务风险,特别是充分发挥破产重整程序的特殊功能,盘活优质企业的资产,使其恢复生产经营,对于挽救危困的非公有制企业,帮助和支持符合国家产业政策的非公有制企业恢复生机、重返市场,具有重要意义"。③ 更重要的是,若让在竞争中落败的市场主体感受到破产制度的"保护"效用,那么,破产保护文化或将因此生根发芽。

三、实务难题

通过梳理上述案例,可以看出,审理企业集团破产案件时,法院主要面临以下问题:(1)对"合并破产"适用限度的理论认知或理论阐释有待进一步加强;(2)法院与管理人、债权人以及债务人等破产当事人在启动"合并破产"事项上的权力如何进行划分?(3)应在何种情形下采用不同于"一企一案"的方式处置高度一体化的破产企业集团?(4)如果法院裁定"合并破产",那么,破产管辖法院根据何种标准确定?(5)集团成员法人人格没有发生混同,均保持各自的独立性因而无法通过"合并破产"处置时,如何

---

① 参见王静:《实质合并破产法律制度构造研究》,法律出版社2021年版,第6页。
② 2016年4月8日,最高人民法院公布《十起关于依法平等保护非公有制经济典型案例》。该"司法解释性文件"将广东省佛山市中级人民法院2015年审理的佛山市百业房地产开发有限公司等六家关联企业合并破产重整案纳入其中;2016年6月15日,最高人民法院公布《关于依法审理破产案件、推进供给侧结构性改革典型案例》,将绍兴市中级人民法院2012年审理的浙江玻璃股份有限公司合并重整(后转"合并清算")案列入其中。江苏省高级人民法院亦在《关于充分发挥破产审判职能作用服务保障供给侧结构性改革去产能的意见》(地方司法文件,2016)中强调应"稳妥开展关联企业合并破产"。
③ 参见《最高人民法院发布十起关于依法平等保护非公有制经济典型案例》("司法解释性文件"),2016年4月8日,网址:https://www.pkulaw.com/chl/facefab1660a93f9bdfb.html,最后访问日期:2019年10月12日。

对这些关联成员的破产进行处置?①

　　对第一个问题,虽然早前有不少省区的高级人民法院在其制定的"审判指引"中一般性提出应严格适用"合并破产",②但裁判案例鲜少对这一原则作进一步的理论展开,"更遑论对实质合并与其他处理关联企业不当行为的救济方式之间如何进行选择的比较与衡量"。③ 2018 年,最高人民法院发布的破产审判指引性文件正式提出应审慎适用"合并破产"这一基本原则。④ 受此影响,基层法院接连在它们制定的审判指引文件中强调应以"单独破产"为原则、"合并破产"为例外。⑤ 与此同时,基层法院也开始对"合并破产"适用限度问题进行一定的理论分析。例如,"雨润系"企业集团破产中,南京市中级人民法院就强调:审理企业集团破产重整案时,应该立足于集团成员之间的具体关系模式,采取不同方式进行处理,其中,应以对集团每个成员破产原因进行单独判断且适用单独破产程序为原则,仅在关联成员符合特定情形时,方可例外适用"合并破产"方式进行审理。⑥ 另有法院指出:当集团成员间的不当行为无法通过公司法上的法人人格否认制度以及破产撤销权与无效制度加以解决时,可通过"合并破产"方式进行规制,以保护债权人利益以及竞争与经济秩序。⑦ 然而,"合并破产"目前只是司法上的创新实践,破产司法政策虽允许审慎适用,但它毕竟不是立法上的原则规定。因此,虽有不少法院以审慎态度对待"合并破产",但也有不少法院未给予足够重视,"甚至某种程度上呈现'为了合并而合并'的结果导向"。⑧ 因此,为避免滥用,一方面应从理论上进一步澄清"合并破产"的优势与不足,另一方面,还应在破产立法上明确其适用限度。

---

① 参见解正山:《企业集团"合并破产"实证研究》,《现代经济探讨》2020 年第 2 期,第 106~107 页。

② 参见《广东省高级人民法院关于印发〈全省部分法院破产审判业务座谈会纪要〉的通知》(粤高法〔2012〕255 号);《江苏省高级人民法院关于充分发挥破产审批职能作用服务保障供给侧结构性改革去产能的意见》(苏高法〔2016〕174 号)。

③ 参见王静:《实质合并破产法律制度构造研究》,法律出版社 2021 年版,第 151 页。

④ 参见《最高人民法院关于印发〈全国法院破产审判工作会议纪要〉的通知》(法〔2018〕53 号),第 32 条。

⑤ 参见《南京市中级人民法院关于规范重整程序适用 提升企业挽救效能的审判指引》(宁中法审委〔2020〕1 号)第 33 条;《山东省高级人民法院企业破产案件审理规范指引(试行)》(鲁高法〔2019〕50 号)第 199 条;《四川省高级人民法院关于印发〈关于审理破产案件若干问题的解答〉的通知》(川高法〔2019〕90 号)第六部分第 2 条。

⑥ 参见江苏省南京市中级人民法院(2020)苏 01 破 37 号之一民事裁定书。

⑦ 参见河南省高级人民法院(2018)豫破申 1 号民事裁定书。

⑧ 参见王静:《实质合并破产法律制度构造研究》,法律出版社 2021 年版,第 154 页。

上述第二个问题的实质是"合并破产"采申请主义(当事人申请并由法院进行司法审查)还是职权主义(即法院在无当事人申请时亦可依职权直接裁定)。实务中,"合并破产"多采申请主义,即通常由管理人、债权人以及债务人等当事人在破产申请之外另行提出一项独立的"合并破产"申请。破产实务中,以破产管理人申请居多,债权人次之,债务人申请的情形较少见。① 关于申请的审查,实践中主要有两种做法:一是将债权人会议或债权人委员会表决同意作为法院裁定"合并破产"的前提,②无锡奥特钢管合并清算案与杭州"中江系"企业集团破产案即采此种方式;③二是由法院采取听证方式进行审查,例如,常熟"怡华系"企业集团破产案即由法院支持召开听证会对合并破产事宜进行审查。④ 最近几年的破产实务表明,对于"合并破产"申请的审查已普遍采用听证方式。⑤ 对于申请主义,各方几无异议,毕竟,它尊重了破产当事人尤其是债权人自治。但值得注意的是,上文检索所得的案例中至少有2例——"汉唐证券系"企业集团与嘉兴市明越纺织有限公司及其关联企业破产案——采用了职权主义模式。⑥ 较之于申请主义,各方对职权主义存有不同见解:其中,实务界有观点认为,集团成员均已启动破产程序时,法院可根据实际情况依职权决

---

① 检索发现,乐山沙湾国宏电冶有限公司及其关联企业破产案、佛山市百业房地产开发有限公司及其关联企业破产案等都是债务人提出"合并破产"申请的案例。参见四川乐山市中级人民法院(2015)乐民破(预)字第6-1号民事裁定书、广东省佛山市中级人民法院(2015)佛中法民二破字第14-5号民事裁定书以及(2015)佛中法民二破字第9号至14-7号指定管理人决定书。

② 有研究者认为,债权人会议或债权人委员会表决同意的审查方式混淆了法院司法职权与债权人会议职权的划分。进一步分析请参见王静:《非讼程序视角下实质合并的申请与审查》,《法律适用》2021年第6期,第93页。

③ 参见江苏省无锡市中级人民法院(2010)锡破字第3号、第3-1号、第4号民事裁定书;浙江省杭州市中级人民法院(2012)浙杭商破字第2-3号民事裁定书。

④ 参见江苏省高级人民法院:《江苏法院2011-2015年企业破产审判十大案例》(司法案例·典型案例),网址:http://www.jsfy.gov.cn/spxx2014/sfal/dxal/2016/08/12103255234.html,最后访问日期:2017年10月24日。

⑤ 参见《深圳市中级人民法院审理企业重整案件的工作指引(试行)》(2019)第47条;《南京市中级人民法院关于规范重整程序适用 提升企业挽救效能的审批指引》(宁中法审委〔2020〕1号)第35条;《山东省高级人民法院企业破产案件审理规范指引(试行)》(鲁高法〔2019〕50号)第200条;《广东省高级人民法院关于审理企业破产案件若干问题的指引》(粤高法发〔2019〕6号)第14条第1款;《四川省高级人民法院关于印发〈关于审理破产案件若干问题的解答〉的通知》(川高法〔2019〕90号)第六部分第2条。

⑥ 参见广东省深圳市中级人民法院(2009)深中法民七清算字第18-1号、第19-1号……第63-1号民事裁定书;浙江省嘉兴市秀洲区人民法院(2012)嘉秀商破字第2号、第3号、第4号、第5号、第6号、第7-3号民事裁定书。

定是否采"合并破产";①相反,理论界认为,适当做法是由法院行使诉讼引导职能,从而向当事人阐明"合并破产"适用条件,敦促破产当事人尤其是管理人提出"合并破产"申请。② 鉴于"合并破产"对原有债权债务关系产生了重大影响,因此,未来破产法改革应审慎确定法院角色,是将其确定为"合并破产"申请的审查者,还是授予其基于债权人整体利益保护之考虑而径行裁定"合并破产"的权力?③ 这有待进一步厘清。

对于第三个问题,破产实务表明,不少法院多通过集团成员人格高度混同这一单一标准裁定是否适用"合并破产"。④ 因现行破产立法或司法解释未规定适用"合并破产"的法定要件,故多数法院都是先对个案的事实与背景进行审查,并从意志独立、人员独立、财产独立等方面对集团成员的混同程度进行相应审查。实践中,不同法院采用了不尽相同的要素进行判定:一些法院认定人格混同的因素包括财务、人员、场所、经营管理、资产等方面混同以及集团成员之间的互相担保关系等;⑤也有法院主要以资产、财务、人员等方面的混同认定人格混同。⑥ 深圳市中级人民法院在其制定的"审判指引"中则详细列举了更加多元的人格混同判定因素,包括:(1)经营性资产难以区分;(2)财务凭证难以区分或账户混同;(3)生产经营场所难以区分;(4)主营业务相同且其交易方式与价格等受控制企业的支配;(5)相互进行担保或者交叉持股;(6)董事及高管交叉任职;(7)受到同一实际控制人控制,公司经营管理与人事任免等重大决策不履行必要的法定程序;(8)其他丧失财产独立性且无法体现独立意志的情形。⑦ 总

---

① 原因是:企业集团成员均具有破产原因且都已依法启动破产程序,法院依职权适用"合并破产"并不违反破产法的规定。参见刘敏、池伟宏:《汉唐证券有限责任及其46家壳公司合并破产清算案评析》,网址:http://shlx.chinalawinfo.com/NewLaw2002/SLC/SLC.asp?Db=fnl&Gid=120801203,最后访问日期:2017年10月20日。

② 参见王欣新等:《关联企业的合并破产重整启动研究》,《政法论坛》2011年第6期;王欣新:《关联企业的实质合并破产程序》,《人民司法·应用》2016年第28期。

③ 参见解正山:《企业集团"合并破产"实证研究》,《现代经济探讨》2020年第2期,第107页。

④ 参见辽宁省沈阳市中级人民法院(2008)沈中民三破字第3号民事裁定书,江苏省无锡市中级人民法院(2010)锡破字第3号、第4号民事裁定书,浙江省绍兴市中级人民法院(2012)浙绍破字第1号民事裁定书,安徽省淮南市中级人民法院(2014)淮破(预)字第00001-2号民事裁定书,山西省吕梁市中级人民法院(2015)吕破字第1-23号、第25-31号民事裁定书,广东省惠州市中级人民法院(2016)粤13民破1号民事裁定书等。

⑤ 参见史和新、张帆:《纵横集团"1+5"公司合并重整案——关联企业合并破产重整法律问题》,载最高人民法院中国应用法学研究所编:《人民法院案例选》2013年第4辑,人民法院出版社2014年版,第4页。

⑥ 山西省吕梁市中级人民法院(2015)吕破字第1-23号、第25-31号民事裁定书。

⑦ 参见《深圳市中级人民法院审理企业重整案件的工作指引(试行)》(2019)第46条。

体上，不同法院在人格混同认定要素方面存在差异，同一法院甚至在不同个案中也存在差异。①

　　显然，"以人格混同作为唯一标准，会使得适用标准过于宽松，在没有其他制衡因素的约束下容易导致'合并破产'的滥用，加重'为了合并而合并'的结果主义倾向"。② 鉴于"合并破产"根本性重构了原有债权债务关系，因此，破产实务中，除要求申请人证明集团成员法人人格高度混同外，多数法院已开始采用"综合性标准"，即要求申请人证明这一混同已导致债权人受到不公平对待或证明债务人财产因成员人格高度混同而难以区分，或者虽能区分但成本太高等。例如，"上上置业系"企业集团破产案③、"方正系"企业集团破产案④、"雨润系"企业集团破产案⑤、"凯迪系"企业集团破产案⑥以及"中地建筑系"企业集团破产案⑦，法院即从集团成员法人人格是否高度混同、区分关联成员财产成本是否过高以及是否有利于公平清偿目标实现等方面判定是否适用"合并破产"。"丰源系"企业集团破产案中，法院不仅考虑了上述因素，同时还将是否有利于提高司法效率与实现重整价值作为是否适用"合并破产"的判定因素。⑧ 集团成员是否不当地利用关联关系从而相互提供担保以及将财产或利益在集团成员间进行欺诈转移等，也是法院决定是否采用"合并破产"时的重要考虑因素。⑨ 越来越多的法院采用"综合性标准"的一个重要动因是，《全国法院破产审判工作会议纪要》第32条特别强调：应该将集团成员法人人格是否高度混同、区分关联成员财产成本是否过高以及人格混同或区分成本是否已严重损及债权人公平受偿利益作为判定是否应采用"合并破产"的关键因素。这也是审慎适用"合并破产"的应有之义。尽管上述《会议纪要》规定了适用"合并破产"的若干考虑因素，但这些要素之间并无位阶之分且无具体的证明要求，

① 参见肖彬：《实质合并破产规则的立法构建》，《山东社会科学》2021年第4期，第189页。
② 参见王静：《实质合并破产法律制度构造研究》，法律出版社2021年版，第160页。
③ 参见河南省郑州市中级人民法院（2019）豫01破4号民事裁定书。
④ 参见北京市第一中级人民法院（2020）京01破申530号民事裁定书。
⑤ 参见江苏省南京市中级人民法院（2020）苏01破40号之一民事裁定书。
⑥ 参见湖北省武汉市中级人民法院（2021）鄂01破申35号民事裁定书。
⑦ 参见湖北省武汉市中级人民法院（2021）鄂01破申40号民事裁定书。
⑧ 参见四川省攀枝花市中级人民法院（2021）川04破3号民事裁定书。
⑨ 参见浙江省绍兴市中级人民法院（2009）浙绍商破字第3号、第4号……第6号民事裁定书，江苏省宿迁市中级人民法院（2015）宿中商破字第00001-00005号民事裁定书，绍兴市越城区人民法院（2014）绍越商破字第2-4号民事裁定书，四川省乐山市中级人民法院（2015）乐民破（预）字第6-1号民事裁定书。

加之其既非司法解释,更非正式立法,至多属于"审判指引"。因此,"难以断言我国立法真正设定了统一的适用标准……(这)给司法实践留下过多的裁量空间"。① 如何向对"合并破产"提出异议的债权人提供救济也是不应忽视的问题(此前实践中,法院对异议债权人对"合并破产"的质疑多采取回避态度)。② 对这一问题的恰当回应,可有效增强以法人人格高度混同之理由而采"合并破产"的正当性与合法性。

第四个问题事关企业集团破产管辖法院的确定。根据我国现行《企业破产法》第 3 条规定,破产案件由债务人住所地(主要办事机构所在地或注册地)法院管辖。这意味着法院对那些住所地位于其管辖区域外的债务人不享有破产管辖权。因此,如果集团成员位于不同行政区划内,那么,它们的破产管辖权即归属不同法院。然而,"合并破产"的内在要求则是集团所有破产成员的管辖权归集于"同一法院"。由此可见,两者之间存在明显冲突。早期实践表明,因立法及司法上并未就集团破产管辖权的确定标准进行规定,因此,一旦集团破产成员位于不同行政区划内,如何确定管辖法院即成为争议性问题。为解决这一程序性争议,受案法院往往得通过将争议提交共同的上一级法院,通过指定管辖加以解决。通过对所检索案例的梳理,有 5 例企业集团破产案是通过指定管辖解决了"同一法院"的管辖问题,其中,"汉唐证券系"企业集团破产案经由最高人民法院指定,最终由深圳市中级人民法院行使破产管辖权;③上海美浩电器有限公司及其关联企业破产案经由上海市第一中级人民法院指定,最终由金山区人民法院管辖。④ 类似地,江苏省纺织进出口公司等 6 家关联企业合并破产案,经请示江苏省高级人民法院,最终由南京市中级人民法院跨区地对位于无锡的集团破产成员行使破产管辖权。⑤ 另两个案例略有不同,集团成员破产案先是由两个不同法院管辖,因其中一个法院基于案件审理、方便当事人诉讼之故并经双方共同的上级法院(高级人民法院)批准,最终把其受理的破

---

① 参见肖彬:《实质合并破产规则的立法构建》,《山东社会科学》2021 年第 4 期,第 189 页。

② 相关分析可参见贺丹:《破产实体合并司法裁判标准反思——一个比较的视角》,《中国政法大学学报》2017 年第 3 期,第 75 页。

③ 参见最高人民法院(2008)民二他字第 40 号批复。

④ 参见上海市金山区人民法院(2008)金民二(商)破字第 1 号、第 2 号、第 3 号民事裁定书。

⑤ 最高人民法院第 163 号指导案例,参见《最高人民法院关于发布第 29 批指导性案例的通知》(法〔2021〕228 号);另参见姚志坚等:《江苏省纺织工业(集团)进出口有限公司及其五家子公司 1+5 实质合并重整案——关联企业实质合并重整的实务探索》,载最高人民法院中国应用法学研究所编:《人民法院案例选》2019 年第 5 辑,人民法院出版社 2019 年版,第 160 页。

产案移送至另一个法院"合并破产"处置。① 不过，指定管辖并非企业集团破产中确定管辖法院的立法要求，其更多是权宜之计。此外，最近的破产实践虽初步提炼了企业集团破产管辖的确定标准，但囿于它们只是各地法院破产审判规程或指引上的实务做法且存在不一致之处，②因此，如何确定管辖法院仍是企业集团破产立法中亟待解决的重要程序性问题。

至于第五个问题，其实质是：是否应以及如何对集团破产成员平行程序予以协调管理。"合并破产"并非集团破产惯常审理方式，而是一种特殊例外。因此，更多情形下，集团破产成员多应以"单独破产"方式处置。然而，纯粹的"单独破产"一般无法兼顾企业集团高度一体化的经济现实。因现有破产立法及司法解释没有明定相应规范，故实务中同样依托"审判创新"方式解决无法进行"合并破产"的集团破产问题。目前，越来越多法院开始就平行程序协调管理展开了有益探索。③

第二节　比较视野下"合并破产"的法理透视

一般认为，"合并破产"的根本落脚点在于公平对待所有债权人，它将不同的企业集团成员"合并为唯一的幸存者"，结果便是"债权人针对独立债务人的债权转变为其对合并后'幸存者'的债权"。④ 这意味着"债权人权利的重构与重新评估，部分债权人最终所得或将因此而显著减少"。⑤ 本质上，"合并破产"是一种对公司财产独立性的限制，从资产分割角度看，其"会对公司债权人造成一定的信息与监督成本——债权人不仅需要考虑与其交易的公司的资产状况，还需要考虑该公司股东及其所持其他公

---

① 参见浙江省宁波市北仑区人民法院（2014）甬仑破字第 1 号案件移送函、浙江省杭州市中级人民法院（2016）浙 01 民破 10 号民事裁定书。

② 参见《最高人民法院关于印发〈全国法院破产审判工作会议纪要〉的通知》（法〔2018〕53 号）第 35 条，《深圳市中级人民法院审理企业重整案件的工作指引（试行）》（2019）第 50 条，《南京市中级人民法院关于规范重整程序适用 提升企业挽救效能的审判指引》（宁中法审委〔2020〕1 号）第 36 条，《山东省高级人民法院企业破产案件审理规范指引（试行）》（鲁高法〔2019〕50 号）第 5 条，《广东省高级人民法院关于审理企业破产案件若干问题的指引》（粤高法发〔2019〕6 号）第 2 条第 1 款，《河北省高级人民法院破产案件审理规程（试行）》（冀高法〔2019〕95 号）第 3 条，《云南省高级人民法院破产案件审判指引（试行）》（2019）第 36 条。

③ 本书第三章将对集团成员平行破产程序协调处置问题进行具体分析。

④ See Genesis HealthVentures, Inc. v. Stapleton (In re Genesis Health Ventures, Inc.), 402 F.3d 416, 423, (3d Cir. 2005).

⑤ See In Re Owens Corning, 419 F.3d 195, 45 Bankr.Ct.Dec. 36, 205 (3rd Cir. 2005).

司的风险"。① 这一公平救济手段最初源于英美法院的衡平权力。② 立法上,除联合国国际贸易法委员会曾专门制定"立法建议"外,③各国破产法鲜有明确规范。因此,破产实务中,是否以及如何适用"合并破产"更多依赖法院的裁量权。④ 只不过,法院进行相应的司法审查并非易事。

一、裁定"合并破产"时的利益衡量问题

鉴于"合并破产"的重大影响,法院决定是否应该对企业集团采"合并破产"时,需在公司法上的法律人格及有限责任与破产法上的公平清偿目标之间进行权衡。

一方面,遵循公司独立身份与股东有限责任等公司法原则,既可对集团不同成员及其债权人进行必要的破产隔离,同时又能保证未达破产界限的其他集团成员及其债权人不受影响。然而,若一味地坚持公司独立身份、股东有限责任以及集团每个成员的董事仅对其任职成员负责,那么,当高度一体化企业集团陷入破产时,如何能保证公平地向所有债权人清偿并保护他们免受债务人和内部人员操纵的不利影响? 实际上,当与高度一体化企业集团中的某个成员进行交易时,就意味着债权人"不得不在'移动目标'中选择与他们进行交易的公司",一旦某个集团成员启动了破产程序,结果便是关联债权人将获得"意外之财",而外部债权人则可能遭受不公平对待。⑤ 而且,如果法院对集团每个破产成员单独审查并决定单独破产,那么,还将导致诸如程序启动、管理与协调等法律难题,若再涉及跨境破产,问题将变得更加复杂,或将导致企业集团无法作为一个整体进行

---

① 参见曾思:《资产分割理论下的企业财产独立性:经济功能与法律限制》,《中外法学》2019 年第 5 期,第 1373 页。

② See Butler v. Candlewood Rd. Partners, LLC (In re Raymond), 529 B.R. 455, 490 (2015).

③ See UNCITRAL Legislative Guide on Insolvency Law, Part Three: Treatment of Enterprise Groups in Insolvency, 2012, Sales No.: E.12.V.16, Recommendations 219-231.

④ "以关联企业破产而论,由于关联企业经济上的一体性和人格上的独立性之间存在天然矛盾,当其进入破产程序时必然面临是分别破产还是合并破产的问题,而破产法对关联企业的破产问题又没有任何规定,因此,当关联企业因各自成员的人格严重混同导致不能区分各自财产时,法官面临的问题是要么合并破产要么拒绝受理。显然,受'禁止拒绝裁判原则'的限制,法官只能决定合并破产,因此,实质合并是不得已的选择而已……(它)正是破产法官在利益衡量的基础上,以公平清偿和有效挽救破产企业的结果为导向,通过成本/收益分析而作出的一种司法创新。"参见王静:《实质合并破产法律制度构造研究》,法律出版社 2021 年版,第 106~107 页。

⑤ See Harry Rajak, Corporate Groups and Cross-Border Bankruptcy, 44 Tex. Int'l L. J. 521, 534 (2009).

重整或清算。①

　　另一方面，否认法人独立身份与股东有限责任等公司法原则，并以整体视角处置破产企业集团，虽可部分解决上述问题，但将集团连带或最终责任强加给母公司或其他居于控制地位的公司，甚至将企业集团视为"单一实体"从而"合并破产"，又将导致母公司或控制公司的信用成本明显增加，它们潜在的债权人将不得不对集团所有成员的信誉和债务负担等情况进行调查。② 而且，一旦采"合并破产"，不仅集团结构带来的诸多便利或益处消失殆尽，③某些特定债权人也不再能指望单独就与其达成交易的集团成员资产进行索赔，特别是集团成员破产财产对其债权人的清偿率存有高低之分时，"合并破产"将导致原本清偿率较高的债权人分配所得减少，最终，以维护全体债权人公平受偿的"合并破产"反而导致了新的不公平，包括使规模更大且更具影响力的债权人得以利用原本不应提供给他们的资产。④ 不仅如此，法院还将面临实体法上的挑战，例如，"合并破产"对法定担保的确定性与可预见性构成的显著影响：其一，如果说集团成员间债权及其担保权益因彼此人格混同应被消灭具有合理性与正当性，那么，当集团成员把其享有的内部债权向第三人设定质权时，此项质权是否应随担保标的消灭而消灭？⑤ 其二，重整情形下，债权人针对集团某个成员的担保债权是延至集团其他成员资产上还是仅应将该担保权益限于有担保债权人最初与之达成交易的资产上？⑥ 不过，在支持者们看来，"合并破产"不

---

① See Janis Sarra, Oversight and Financing of Cross-Border Business Enterprise Group Insolvency Proceedings, 44 Tex. Int'l L. J. 547, 550-551 (2009)；解正山：《跨国破产立法及司法适用研究——美国及欧洲的视角》，法律出版社 2011 年版，第 157~158 页。

② See Companies and Securities Advisory Committee (CASAC, Australia), Corporate Groups Final Report, May 2000, paragraph 1.46；解正山：《跨国破产立法及司法适用研究——美国及欧洲的视角》，法律出版社 2011 年版，第 155 页。

③ See UNCITRAL Treatment of Enterprise Groups in Insolvency, UNCITRAL Document, A/CN.9/WG.V/WP.82/Add.3, Report of the Working Group V (Insolvency Law), 35th Session, Nov., 2008, Para 14.

④ 参见解正山：《跨国破产立法及司法适用研究——美国及欧洲的视角》，法律出版社 2011 年版，第 160~161 页；贺丹：《破产实体合并司法裁判标准反思——一个比较的视角》，《中国政法大学学报》2017 年第 3 期，第 72 页。

⑤ 美国法院认为，外部债权人如果没有证据证明其是基于正当信赖而与破产集团成员达成此前的交易，那么，因"合并破产"而导致债权消灭、间接造成担保标的随之消灭并无不当。See In re Food Fair Inc., 10 B.R. 123, 127 (Bankr. S.D.N.Y. 1981).

⑥ See UNCITRAL Treatment of Enterprise Groups in Insolvency, UNCITRAL Document, Report of the Working Group V (Insolvency Law), A/CN.9/WG.V/WP.82/Add.3, Nov. 2008, Paras. 18-19；解正山：《跨国破产立法及司法适用研究——美国及欧洲的视角》，法律出版社 2011 年版，第 160 页。

仅是"破产例外主义"的体现，①更是"公司重整中最重要的理论"，其可以适用于大多数企业集团破产之中。②亦因如此，支持者极力反对法院对"合并破产"采严格的审查标准。③所有这些无不表明，裁定是否适用"合并破产"时，法院无疑需要进行艰难的利益衡量。

二、"合并破产"的历史演化及实践争议

就其源流而言，最早的"合并破产"判例可追溯至 1941 年的 Sampsell v. Imperial Paper v. Color Corp.案④。其后，Chemical Bank New York Trust Co. v. Kheel 案(1966)⑤、Vecco Construction Industries, Inc. 案(1980)⑥、Drabkin v. Midland-Ross Corp.案(1987)⑦、Augie/Restivo 案(1988)⑧、First Nat'l Bank of Barnesville v. Rafoth 案(1992)⑨、In re Bonham 案(1998)⑩以及 Owens Corning 案(2005)⑪等一系列典型案例则进一步适用并发展了这一破产救济规则。最初，美国联邦最高法院只是在 Sampsell 案中"间接乃至不经意地"批准了"合并破产"(法院使用"合并多个破产财产"的概念)，⑫其所

① See JonathanC. Lipson, Debt and Democracy: Towards a Constitutional Theory of Bankruptcy, 83 Notre Dame L. Rev.605, 638-639 (2007).

② See William H. Widen, Corporate Form and Substantive Consolidation, 75 GEO. Wash. L. Rev. 237, 238-239(2007).

③ See William H. Widen, Corporate Form and Substantive Consolidation, 75 GEO. Wash. L. Rev. 237(2007); Seth D. Amera & Alan Kolod, Substantive Consolidation: Getting Back to Basics, 14 Am. Bankr. Inst.L. Rev. 1, 35 (2006).

④ 该案基本案情：自然人唐尼此前不当地将其财产转移给受其控制的公司，这一行为在破产审理中被认为构成破产欺诈，故唐尼的破产管理人要求返还该笔财产以支付其个人的破产债务；鉴于唐尼等出资设立的公司事实上只是其傀儡，且该公司此时的财产也所剩无几，因而被判令与唐尼一并破产——两者的资产和债务合并，唐尼不当转移财产的行为被撤销，同时，因债权人事前知晓这一欺诈行为，所以其请求优先受偿的权利也被法院拒绝。See Sampsell v. Imperial Paper & Color Corp., 313 U.S. 215, 85 L. Ed. 1293, 61 S. Ct. 904 (1941).

⑤ See Chemical Bank New York Trust Co. v. Kheel (In re Seatrade Corp.), 369 F. 2d 845 (2d Cir. 1966).

⑥ See In re Vecco Construction Industries, Inc. 4 B.R. 407 (Bankr. E. D.Va. 1980).

⑦ See Drabkin v. Midland-Ross Corp. (In re Auto-Train Corp.), 258 U.S. App. D.C. 151, 810 F. 2d 270 (D.C. Cir. 1987).

⑧ See In re Augie/Restivo Baking Co., 860 F.2d 515 (2d Cir. 1988).

⑨ See First Nat'l Bank of Barnesville v. Rafoth (In re Baker & Getty Fin. Servs., Inc.), 974 F.2d 712 (6th Cir. 1992).

⑩ See In re Bonham, 226 B.R. (Bankr. D. Alaska 1998).

⑪ See In Re Owens Corning, 419 F.3d 195(3rd Cir. 2005).

⑫ See In Re Owens Corning, 419 F.3d 195, 206 (3rd Cir. 2005).

依据的只是普通法上的欺诈交易规制规则而非破产规则。[①] Chemical Bank New York Trust Co. v. Kheel 案最终改变了这一局面并将"合并破产"确立为破产法上的一项基本的公平救济制度。[②] 正如此案二审法院——美国联邦第二巡回法院——指出的：大多数情形下，债权人会信赖与其进行交易的公司的独立性，而"合并破产"则会对这种信赖构成损害，因此，应严格适用这一救济。然而，"当集团成员彼此之间的界限完全模糊，以至于要花费大量的时间及金钱才能区隔它们，这将危及资产变现进而损害债权人利益，此时，公平救济——将集团各成员视为一个实体——可最大限度地实现正义"。[③]

值得注意的是，自 Vecco Construction Industries 案开始，美国判例法上的"合并破产"适用条件逐渐转向宽松，不少法院将甄别和确定各公司资产和负债的难易程度以及集团每个成员财务报表是否存在合并情形、资产和营业是否混同、是否存在互相担保等 7 项要素作为"合并破产"适用标准，其中，"甄别和确定各公司资产和负债的难易程度"更是"基于破产法效率理念和保护债权人的要求所发展起来的独立认定标准"，已超越刺破公司面纱制度中的人格混同判定标准。[④] 对此，Vecco Construction Industries 案审理法院特别提出：虽然用于判断"合并破产"的许多因素同样适用于判断是否应尊重公司身份，但这并非必然的结果。用于判断"合并破产"的标准——集团成员间的界限被完全模糊，将它们彼此区隔的任何努力都将花费大量时间与金钱成本，这将损及可用于公平清偿所有债权人的净资产的变现。此种情形下，即无需再考虑任何刺破公司面纱的问题了。[⑤] 总体而言，美国法院多在对一些适宜合并的若干因素进行评估后即作出合并之裁令，如共同所有权或控制权、相同或重叠的董事或公司高管、合并纳税申报或财务报表、资本不足、资产或业务的混同、罔顾公司形式、不公平地

---

① 本案虽在债权优先受偿问题上存在争议，但美国地区法院、联邦巡回法院乃至联邦最高法院对依据普通法上的欺诈交易规制规则裁定实质合并一事却高度一致。参见徐阳光：《论关联企业实质合并破产》，《中外法学》2017 年第 3 期，第 821 页。

② See Douglas G. Baird, Substantive Consolidation Today, 47 B. C. L. Rev. 5, 16 (2005-2006).

③ See Chemical Bank New York Trust Co. v. Kheel (In re Seatrade Corp.), 369 F. 2d 845, 847 (2d Cir. 1966).

④ 参见徐阳光：《论关联企业实质合并破产》，《中外法学》2017 年第 3 期，第 822~823 页。

⑤ See Matter of Wm. Gluckin Company, Ltd., 457 F. Supp. 379, 384 (S.D.N.Y. 1978); In re Vecco Construction Industries, Inc. 4 B.R. 407 (Bankr. E. D.Va. 1980).

利用附属机构、分割资产与界定债务的困难程度等因素。① 同样，如上文所表明的，我国破产实务中，法院亦多通过对破产债务人的资产、财务、人员、业务、经营决策等方面的混同程度以及债权债务清理难度等因素进行审查评估后作出是否适用"合并破产"的裁令。

不过，自 Augie/Restivo 案（1988）开始，美国法院对"合并破产"的适用又渐趋保守，②转而提高证明标准：一是审查各实体于破产前是否罔顾其自身独立性以至于债权人将它们视作"单一实体/企业"且与之进行交易时并未依赖它们的独立性；二是于破产后审查各实体事务是否高度交织以至于难以进行分割或虽能分割但将让所有债权人承担高昂成本。③ 申请人若能证明其中一点，法院即可考虑颁布合并令。否则，当事人"合并破产"的申请将被驳回。④ 尤其在 Owens Corning 案中，美国联邦第三巡回法院强调：（1）尊重公司独立身份、限制责任的蔓延仍是一项根本原则；（2）"合并破产"要弥补的损害多是债务人及其控制的实体无视它们的独立性所造成的；（3）仅仅是破产程序管理便利之考虑，不足以成为实质合并的理由；（4）鉴于实质合并系极端且不够严密的破产救济，因此，这种"粗放的正义"救济应尽可能少用，且仅应作为"最后手段"，即在考虑并穷尽了其他救济后仍不能保障债权人公平受偿时适用；（5）"合并破产"可作为债务人身份交织而致损害的防御性救济手段，不应唐突适用。⑤ Owens Corning 案关于"合并破产"的裁判原则及标准虽一度受到赞誉，⑥但理论与实务争议并未就此消弭。⑦

其实，鉴于"合并破产"对债权人权利的重大影响，证明债权人获得的利益来自"合并破产"节约的成本，而非偏惠性财产转移——即不能以牺牲部分债权人利益为代价而让另一组债权人获益——显得尤为重要。破产实

---

① See Nesbit v. Gears Unlimited, 347 F.3d 72, 86-88 (3d Cir.2003); Judith Elkin, Lifting the Veil and Finding the Pot of Gold; Piercing the Corporate Veil and Substantive Consolidation in the United States, 45 Tex. J. Bus. L. 241, 249-253 (2013).

② See J. Maxwell Tucker, Substantive Consolidation; the Cacophony Continues, 18 Am. Bankr. Inst. L. Rev. 89, 94 (2010).

③ See In re Augie/Restivo Baking Co., 860 F.2d 515, 518-519 (2d Cir. 1988); Fed. Deposit Ins. Corp. v. Colonial Realty Co., 966 F.2d 57, 61 (2d Cir. 1992); In re Bonham, 226 B.R., 76 (Bankr. D. Alaska 1998); In Re Owens Corning, 419 F.3d 195, 211(3rd Cir. 2005).

④ See Spradlin v. Beads & Steeds Inns, LLC (In re Howland), 62 Bankr. Ct. Dec. 197 (2016).

⑤ See In Re Owens Corning, 419 F.3d 195, 211 (3rd Cir. 2005).

⑥ See Sabin Willett, Doctrine of Robin Hood - A Note on Substantive Consolidation, 4 DePaul Bus. & Comm. L.J. 87, 104 (2005).

⑦ See J. Maxwell Tucker, Substantive Consolidation; The Cacophony Continues, 18 Am. Bankr. Inst. L. Rev. 89, 90-91 (2010).

务中，为避免以公平之名导致新的不公平结果，美国法院几乎都要求申请人证明不采用"合并破产"所产生的损害要大于"合并破产"导致的损害，[①]或者合并的结果能增加普通债权人净收益。[②] 类似地，我国法院也要求申请人证明债权人利益因集团成员人格高度混同而受损害，但对"合并破产"所产生损害的司法审查尚不充分。例如，破产实务中，一些法院及研究者认为，[③]"合并破产"是债权人自治的范畴，其属于我国《企业破产法》第61条第1款规定的"法院认为应当由债权人会议行使的其他职权"，因此，应将其交给各个债务人的债权人会议先行表决，[④]债权人会议以简单多数表决通过后法院即可裁定批准。[⑤] 不可否认，这在一定程度上满足了债权人的意思自治。然而，本质上，"合并破产"并非全是程序性事项，相反，它已突破单一债务人之债权人内部事务自治的边界。因此，是否应进行"合并破产"应当由法院进行审查，不应把债权人会议表决通过作为是否进行"合并破产"的先决条件。这并非谨慎适用"合并破产"的应有之义。因为是否适用"合并破产"，审查要点主要包括以下三个方面：其一，集团成员是否本质同一；其二，"合并破产"对于避免债权人损害或增加其收益是否是必要的；其三，如果债权人反对并能证明他们此前的进行交易是基于集团成员独立信用且"合并破产"对其造成实质损害，那么此时，"合并破产"所能增加的益处是否比它对持反对意见的债权人造成的损害更重要？所有这些只有法院才是最适当的审查者，若交由债权人等破产当事人进行评

---

① See In re Donut Queen, Ltd., 41 B.R. 706, 709 (Bankr. E.D.N.Y. 1984).

② See Woburn Assocs. v. Kahn (In re HemingwayTransp., Inc.), 954 F.2d 1, 11-12 (1st Cir. 1992).

③ 参见朱黎：《论实质合并破产规则的统一适用——兼对最高人民法院司法解释征求意见稿的思考》，《政治与法律》2014年第3期，第161页；曹文兵：《供给侧改革背景下实质合并破产制度的构建与完善——以16件关联企业实质合并案件为分析样本》，《理论月刊》2019年第7期，第110页；史和新、张帆：《纵横集团"1+5"公司合并破产重整案——关联公司合并破产重整法律问题》，载最高人民法院中国应用法学研究所编：《人民法院案例选》，人民法院出版社2014年版，第6~7页。

④ 根据《企业破产法》第64条第1款规定，债权人会议的决议只要"由出席会议的有表决权的债权人过半数通过，并且其所代表的债权额占无财产担保债权总额的二分之一以上"即可。

⑤ 如无锡市奥特钢管有限公司与其关联企业合并破产清算案，参见江苏省无锡市中级人民法院(2010)锡破字第3号、第3-1号、第4号民事裁定书；浙江纵横集团有限公司及其关联企业破产重整案，参见浙江省绍兴市中级人民法院(2009)浙绍商破字第1号、第2号、第3号、第4号、第5号、第6号民事裁定书；温州市中级人民法院审理的温州海鹤药业有限公司与温州市兴瓯医药有限公司破产重整案以及温州瓯海区法院审理的浙江信泰集团有限公司及其关联企业合并重整案都是将合并破产动议交给集团各成员债权人会议进行表决。

估，将有违"合并破产"谨慎适用原则。因此，未来我国法院在适用"合并破产"这一破产救济时应对此问题给予足够重视。

更具争议的问题是，法院是否有权将集团内未达破产界限的成员与破产成员进行"合并"。这也是"合并破产"实务中一直未能取得共识的一个理论焦点。域外实务中，部分法院反对将破产债务人与其未达破产界限的关联成员"合并破产"，①但当未达破产界限的成员是债务人子公司或已成其"化身"时，也有法院签发了"合并"命令。② 在我国，如上文所述，最高人民法院对这一问题曾态度反复。如果说将所有破产成员进行"合并破产"已有一定理论共识，那么，如何对待集团内未达破产界限的成员则存在明显分歧。一方面，因不符合破产程序启动标准，将该类成员与集团内破产成员进行"合并破产"有违正当程序要求；但另一方面，当集团内未达破产界限的成员因与集团破产成员人格高度混同或本系虚假实体以至其实际上已届破产界限时，不允许法院把"合并"范围扩大至这些成员，恐怕又有违公平原则。显然，这要求法院在程序正义、破产管理效率以及实质公平之间进行权衡。但无论如何，法院首先应尊重破产当事人的意思自治，即应在破产当事人申请"合并破产"的基础上进行司法审查，而不能依职权主动为之。

总之，尊重公司/企业独立身份、限制责任蔓延仍然应是公司法与破产法中的基本原则。③ 不可否认，"如果关联企业因为实际控制人滥用关联关系导致各成员在法人人格上高度混同，发生的各项破产费用可能显著增长，而且许多债权债务以及财产调查追收因高度混同而难以推进。此时，如果仍然坚守分别破产原则不仅将严重损害全体债权人利益，而且破产程序的进度甚至可能无限期延长，而实质合并则可以比较妥当地解决关联企业破产的效率问题"，包括节约破产成本、提高重整成功率等。④ 同

---

① See In re Ark-La-Tex Timber Co., 482 F.3d 319, 327(5th Cir 2007); In re Pearlman, 484 B. R. 241(Bankr. M.D. Fla. 2012).

② See Alexander v. Compton (In re Bonham), 229 F.3d 750, 771 (9th Cir. 2000); In re S & G Fin. Servs. of S. Fla., Inc., 2011 WL 96741 (Bankr. S.D. Fla. Jan. 11, 2011); Butler v. Candlewood Rd. Partners, LLC (In re Raymond), 529 B.R. 455, 490 (2015).

③ 公司法层面上，最高人民法院强调："公司人格独立和股东有限责任是公司法的基本原则。否认公司独立人格，由滥用公司法人独立地位和股东有限责任的股东对公司债务承担连带责任，是股东有限责任的例外情形，旨在矫正有限责任制度在特定法律事实发生时对债权人保护的失衡现象。"参见《最高人民法院关于印发〈全国法院民商事审判工作会议纪要〉的通知》(法发〔2019〕254 号)。

④ 参见王静：《实质合并破产法律制度构造研究》，法律出版社 2021 年版，第 55~59 页。

时，"在财产混同、分离成本巨大甚至不能分离的情形下，实质合并既是债权平等的必然要求，同时也符合债权人整体利益最大化的立法宗旨，契合破产法实质公平的价值追求"。[①] 然而，对破产管理效率之考虑不应成为适用"合并破产"的唯一理由，尤其因"合并破产"对债权人权利构成重大影响以及其含糊不清的一面，故应审慎适用或将其作为最后的救济手段。

第三节　"合并破产"司法经验的立法表达

一、"合并破产"司法经验总体评价

我国的破产实务表明，对本质同一的企业集团成员采"合并破产"方式处置益处良多。首先，它有利于实现破产法所追求的公平清偿这一政策目标。一般认为，破产法的首要政策目标是公平保护债权人。因此，当集团成员只在形式上具有独立的法人人格、但实质上已成为一个高度混同的经营实体时，它们很大程度上就已丧失了独立承担责任的人格基础，此时，若分别清理各成员的债权债务，不仅会因成员间债权债务难以清理、资产归属难以划分等因素造成效率低下与程序延宕，更重要的是，债权人的公平受偿权利将受到损害。[②] 唯有涤除集团成员间的债权债务关系、"合并"计算集团各成员的资产与负债才能有效保护外部债权人的正当权益。例如，闽发证券有限责任公司及其关联企业破产案因采"合并破产"方式处置，从而使普通债权清偿率从预期的 15%～20% 上升至 63%；[③]"南方证券系"企业集团破产清算中，普通债权清偿比例则高达 64%。其次，"合并破产"有利于把企业集团作为一个整体加以拯救，从而有助于提高破产企业集团再生的机会。例如，"纵横系"企业集团"合并重整"案[④]、"嘉粤系"企

---

① 参见王静：《实质合并破产法律制度构造研究》，法律出版社 2021 年版，第 75 页。

② 参见浙江省绍兴市中级人民法院(2012)浙绍破字第 1-1 号民事裁定书、绍兴市中级人民法院(2013)浙绍商终字第 1143 号民事判决书、广东省湛江市中级人民法院(2012)湛中法民破字第 3 号、第 4 号、第 5 号……第 36 号民事裁定书等。

③ 参见闽发证券有限责任与北京辰达科技投资有限公司、上海元盛投资管理有限公司等 4 家关联公司合并破产清算案，网址：http://shlx.chinalawinfo.com/newlaw2002/slc/slc.asp? db=fnl&gid=119239249，最后访问日期：2017 年 11 月 20 日。

④ 参见浙江省绍兴市中级人民法院(2009)浙绍商破字第 1 号、第 2 号、第 3 号、第 4 号、第 5 号、第 6 号民事裁定书。

业集团"合并重整"案①、"一百系"企业集团"合并重整"案②、"怡华系"企业集团"合并重整"案③最终都成功地使债务人重生，并取得了良好的法律与社会效果。

整体而言，我国法院以"审判创新"方式成功解决了一些企业集团"合并破产"问题，积累了较丰富的审判经验。首先，规则层面上，已归纳出一些有利于"合并破产"的关键考虑因素，如通过对企业集团成员财产、业务、财务、人员等方面的混同程度以及该混同情形对债权人影响程度的司法审查以决定是否适用"合并破产"等，并基本确立"分别立案、合并重整/清算"模式。同时，法院多次申明了谨慎适用"合并破产"的司法态度，原则上仍应尊重企业集团每个成员独立地位以限制责任蔓延。其次，司法理念与政策层面上，法院从最初反对到逐步接受直至把"合并破产"机制上升为保护私营经济、促进供给侧结构性改革的政策高度，使"合并破产"成为问题企业集团有序退出市场的一把"利刃"。更重要的是，那些符合国家产业政策且具有营业价值的企业集团因"合并重整"而得以重返市场，彰显了破产保护这一重要的破产理念。不过，正如上文所言，仍有一些重要问题须予解决：

第一，法院在裁定是否适用"合并破产"时，仍"偏重于集团成员是否本质同一的司法审查，对'合并破产'避免损害或增加收益的必要性，尤其对'合并破产'带来的增益是否大于它对部分债权人构成的实质性损害的司法审查尚待加强"。④

第二，在裁判依据上，法院要么依靠"审判创新"，要么参酌各地高级人民法院或最高人民法院发布的破产审理指引性文件或指导性案例。所有这些既非司法解释，亦非正式立法，缺乏法律规则应有的确定性，破产实务也表明了这点。例如，在申请问题上，法院虽大多采申请主义，但亦有采职权主义；在决定"合并破产"问题上，大部分法院虽自行审查、裁定"合并破产"，但也有法院将该事项交债权人会议或债权人委员会议决；管

---

① 参见广东省湛江市中级人民法院(2012)湛中法民破字第3号、第4号、第5号……第36号民事裁定书、湛江市中级人民法院(2012)湛中法民破字第3-36号之四民事裁定书。

② 参见最高人民法院：《最高人民法院发布十起依法平等保护非公有制经济典型案例》(司法解释性文件)2016年4月8日。

③ 参见江苏省高级人民法院：《江苏法院2011-2015年企业破产审判十大案例》(司法案例·典型案例)，网址：http://www.jsfy.gov.cn/spxx2014/sfal/dxal/2016/08/12103255234.html，最后访问日期：2017年10月24日。

④ 参见解正山：《企业集团"合并破产"实证研究》，《现代经济探讨》2020年第2期，第110页。

辖问题上，囿于破产法上属地管辖之限制，对于成员位于不同行政区划的企业集团破产案件，唯有通过指定管辖才能确定管辖法院，欠缺明确的管辖权确定标准(最高人民法院2018年公布的《会议纪要》虽提及"核心控制企业所在地"或"关联企业主要财产所在地"这一管辖权确定标准，但《会议纪要》的效力值得商榷)。对于"合并破产"法律后果及其对担保债权的影响等诸多实体问题，破产法及司法解释也未设定任何规范，法院多以学理进行裁判。

二、对我国"合并破产"立法完善的建议

鉴于上述，笔者认为，可以着重从几个方面对"合并破产"法律制度进行建构：

第一，关于"合并破产"的一般原则。学理上，我国大多数学者认为应谨慎适用"合并破产"，其只是一种例外性、终极性的破产救济手段，[①]应是"在穷尽其他救济方式之后的最后选择"，[②]而不应以简化程序及提高所谓司法效率等为目的而采用。[③] 司法政策上，无论是最高人民法院，还是地方各级人民法院，基本都已坚持谨慎适用"合并破产"这一司法立场，即以尊重集团成员各自的独立人格、适用单独破产为基本原则，但当集团成员人格高度混同、财产分割成本过高、严重损及公平清偿目标时，可例外适用"合并破产"。[④] 破产实务中，不少法院虽接受了谨慎适用"合并破产"的司法政策，但鉴于这些司法政策几乎都是指引性文件，不具有破产立法或司法解释所具备的强制力，"合并破产"滥用的风险由此而生。比较法上，联合国国际贸易法委员会《破产法立法指南》第219～220条"立法建议"规定：破产立法应尊重集团成员独立身份，仅可在有限情形下针对集团破产成员进行实质合并。未来，我国破产法改革可结合现有实践，确立例外适用"合并破产"这一基本原则，通过综合性裁判标准提高"合并破产"适用

① 参见王欣新、周薇：《关联企业的合并破产重整启动研究》，《政法论坛》2011年第6期，第75页；曹文兵：《供给侧改革背景下实质合并破产制度的构建与完善——以16件关联企业实质合并破产案件为分析样本》，《理论月刊》2019年第7期，第108页；解正山：《企业集团"合并破产"实证研究》，《现代经济探讨》2020年第1期，第108页。

② 参见王静：《实质合并破产法律制度构造研究》，法律出版社2021年版，第156页。

③ 参见郁琳：《关联企业破产整体重整的规制》，《人民司法》2016年第28期，第12页。

④ 参见《最高人民法院关于印发〈全国法院破产审判工作会议纪要〉的通知》(法〔2018〕53号)第32条；《深圳市中级人民法院审理企业重整案件的工作指引(试行)》(2019)第51条；《南京市中级人民法院关于规范重整程序适用 提升企业挽救效能的审判指引》(宁中法审委〔2020〕1号)第33条；《山东省高级人民法院企业破产案件审理规范指引(试行)》(鲁高法〔2019〕50号)第199条。

的门槛。同时，还应通过破产撤销、破产无效、关联债权处置等相关规则以及集团成员平行破产程序的协调机制的完善为无法适用"合并破产"时提供更多的替代选择。

第二，关于"合并破产"的裁判标准。实务中，我国不少法院采法人人格高度混同这一形式标准来审查是否应"合并破产"。这种单一标准在实践中容易引发争议。① 学理上，大多数学者也都认为不应采用单一的法人人格高度混同作为"合并破产"的裁判标准，只不过，对于所应采用的综合性标准的内涵及各自权重却众说纷纭。② 本质上，"合并破产"的制度价值在于：通过对集团成员间关系的特殊处理，避免了对集团成员高度交织的资产与负债进行分割，如此，既节省了高昂的清理成本，也提升了司法效率和经济效率，更重要的是，可最大限度地保护债权人的公平清偿利益甚或信赖利益。这也决定了集团成员法人人格高度混同只应是"合并破产"的形式判断标准，③更实质的判断因素还应包括资产分割难度或分割成本以及债权人公平清偿利益保护等，但司法效率的提高不宜作为实质性判断因素。区分成本是否过高，一般认为可通过以下情形进行认定：一是集团各成员的财务管理是否混乱，债权债务记录尤其是内部债权债务关系是否清晰；④二是集团成员财产混同程度是否导致管理人履职费用高昂；三是区分资产所需花费是否将导致能用于清偿债权人尤其是无担保债权人的资产消耗殆尽；四是关联交易尤其是关联担保甚为复杂且规模过大，以至于难以通过破产撤销与破产无效制度或法人人格否认等制度手段进行区分，或者需要耗费大量时间与资源进行区分等。⑤ 原则上，"在债权公平受偿问题上，应采取是否有利于整体债权人公平清偿的标准，而非适用是否有利于单个公司债权清偿的标准"。⑥ 实务中，不少法院也都认为，当集团成员的资产与负债高度混同，财务记录无法真实、客观地反映它们的资产

---

①　参见贺丹：《破产实体合并司法裁判标准反思——一个比较的视角》，《中国政法大学学报》2017 年第 3 期，第 86 页。

②　参见朱黎：《论实质合并破产规则的统一适用——兼对最高人民法院司法解释征求意见稿的思考》，《政治与法律》2014 年第 3 期，第 158~160 页；王欣新：《关联企业实质合并破产标准研究》，《法律适用》2017 年第 8 期，第 8~15 页；徐阳光：《论关联企业实质合并破产》，《中外法学》2017 年第 3 期，第 834~836 页；贺丹：《企业集团破产——问题、规则与选择》，中国法制出版社 2019 年版，第 135 页。

③　参见徐阳光：《论关联企业实质合并破产》，《中外法学》2017 年第 3 期，第 832 页。

④　参见四川省攀枝花市中级人民法院(2021)川 04 破 3 号民事裁定书。

⑤　参见王静：《实质合并破产法律制度构造研究》，法律出版社 2021 年版，第 165~166 页；北京市第一中级人民法院(2020)京 01 破申 530 号民事裁定书。

⑥　参见四川省攀枝花市中级人民法院(2021)川 04 破 3 号民事裁定书。

与负债,且集团成员的资产负债分布不均时,即不应按单独破产方式由集团成员各自清偿债务,否则,将对部分债权人造成明显不公;相反,若进行"合并破产",则有利于从实质上公平保护集团成员债权人的整体清偿利益。①

综上,我国破产法改革时,一方面可将现有法人人格高度混同这一形式判断标准写入法律;另一方面,还应进一步考虑集团成员资产与负债分割难度或者分割成本、债权人公平清偿利益保护等更实质的裁断要素,即当企业集团成员本质同一以至于难以分割或高昂的清理成本损及债权人利益时,②或者"合并合并"有利于增加重整价值或清偿利益并可使全体债权人受益时,法院可经利害关系人申请而采"合并破产"审理机制。但无论如何,若要获得法院"合并破产"裁令,申请人应使法院确信不合并对债权人造成的损害将大于因合并可能导致的损害。

第三,关于"合并破产"的申请。原则上,"合并破产"应采申请主义。立法上,根据《企业破产法》第7条规定,债务人或其债权人、清算义务人均可向法院提出破产申请;另外,根据《企业破产法》第70条规定,债权人申请破产清算时,债务人或出资占债务人注册资本10%以上的股东可在法院宣告破产前申请重整。根据这些规定,管理人、债务人或其债权人提出"合并破产"申请应无争议,集团破产实务也表明了这点。但清算义务人与出资占一定比例的股东是否可提出"合并破产"申请,法院的做法并不一致。例如,北京市高级人民法院与山东省高级人民法院均认为,债务人或其债权人、管理人、清算义务人可提出"合并破产"申请;③深圳市中级人民法院与南京市中级人民法院则将"合并破产"的申请人扩展至关联成员的出资人。④ 此外,河北省高级人民法院规定,债务人(集团破产成员)或其债权人、清算义务人以及出资人虽可以申请"合并破产",但应向管理人提

---

① 参见北京市第一中级人民法院(2020)京01破申530号民事裁定书,湖北省武汉市中级人民法院(2021)鄂01破申35号民事裁定书,江苏省南京市中级人民法院(2021)苏01破20号之一至44号之一民事裁定书。

② See UNCITRAL Legislative Guide on Insolvency Law, Part Three: Treatment of Enterprise Groups in Insolvency, 2012, Sales No.: E.12.V.16, Recommendations 219-220;《最高人民法院关于印发〈全国法院破产审判工作会议纪要〉的通知》(法〔2018〕53号)第32条。

③ 参见《北京市高级人民法院企业破产案件审理规程》(2013)第7条,《山东省高级人民法院企业破产案件审理规范指引(试行)》(鲁高法〔2019〕50号)第19条。

④ 参见《深圳市中级人民法院审理企业重整案件的工作指引(试行)》(2019)第45条第1款;《南京市中级人民法院关于规范重整程序适用 提升企业挽救效能的审判指引》(宁中法审委〔2020〕1号)第32条。

出这一申请,后者核实后再向法院提出"合并破产"的申请。① 未来破产法改革时,可借鉴现有实务经验,规定债务人或其债权人、管理人、出资人等利害关系人均可向法院提出"合并破产"的申请。随之而来的问题是申请事项的证明与审查。

从证明责任分配的角度看,在申请主义模式之下,法人人格是否高度混同的证明责任一般由申请人承担。鉴于此,一旦申请人提交的证据不足以证明集团成员法人人格高度混同,那么,"合并破产"申请就会被法院驳回。温州华能汽车集团有限公司及其关联企业破产案、浙江阿凡特精密设备制造有限公司及其关联企业破产案便是如此。② 那么,申请人如何证明集团成员法人人格高度混同?现有破产实务表明,最终以"合并破产"方式处置的集团破产案件中,法院所能接受的法人人格高度混同证明标准是集团成员间至少有两项表征它们独立人格的要素——包括财产、业务、财务、人员等——存在高度混同。一份可资佐证的裁判文书即强调:"人格混同是两个或两个以上公司表征人格的因素或特征高度混同的一种公司存在状态,通常表现在公司经营人员混同、业务混同、财务混同……混同的结果是使交易相对人难以区分准确的交易对象。"③破产实务还表明,管理人作为申请人提出"合并破产"申请时,通常会聘请会计师事务所等专业中介机构出具审计报告,就表征公司人格的各要素混同情形发表意见,这有助于提高证据的可靠性与可信度。④ 不过,当债权人作为"合并破产"申请人时,一般认为,其只需对法人人格混同、损害债权人公平受偿利益提供具有合理怀疑的证据即可,债务人或其管理人若有异议,则应提供相反的证明(即举证责任倒置)。⑤ 总体上,要求申请人承担证明责任已是实务中的惯常做法。但仅仅证明人格高度混同并不充分。作为谨慎适用"合并破产"的内在要求,申请人还应进一步证明因集团成员人格高度混同而导致的资产分割难度或成本以及相关的利害关系人利益受损之情形。具体而言,未来破产法改革时,可要求管理人、债务人等申请人对"合并破产"要

①　参见《河北省高级人民法院破产案件审理规程(试行)》(冀高法〔2019〕95号)第11条。

②　参见浙江省温州市中级人民法院(2014)浙温破(预)终字第1号民事裁定书,杭州市中级人民法院(2015)浙杭破(预)终字第1号民事裁定书。

③　参见江苏省南通市通州区人民法院(2015)通商初字第00450号民事裁定书。

④　参见江苏省无锡市中级人民法院(2010)锡破字第3号、第3-1号、第4号民事裁定书,四川省乐山市中级人民法院(2015)乐民破(预)字第6-1号民事裁定书。

⑤　参见王欣新:《关联企业的实质合并破产程序》,《人民司法·应用》2016年第28期,第8页。

件事实进行证明，包括对人格混同情形、资产分割成本以及债权人利益受损与否等方面进行初步证明；若是债权人申请，则可要求其提供能证明存在合理理由信赖其交易对象非单个集团成员以及单独破产将损害其公平受偿利益的初步证据。① 更重要的是，以上证明事项应由法院负责最终的审查与认定。

　　第四，"合并破产"管辖标准的确定。关于"合并破产"管辖法院的确定，现有的司法经验是："合并破产"案件主要由企业集团的控制成员所在地法院管辖；控制成员不明时，则由企业集团主要财产所在地法院管辖；多个法院因管辖权发生争议时，则报请它们共同的上级法院指定管辖。② 一般认为，集团控制成员往往集中了整个集团的主要资产，且是集团决策控制中心，由其住所地法院管辖集团破产"有利于确保案件的审理效率、减少程序费用"。③ 未来破产法改革时可借鉴这些经验，明确规定"合并破产"管辖权的确定标准，即除非有相反的证据表明其他法院行使管辖权更为便利，否则，应根据集团母公司或具有控制地位的其他集团成员住所地，或根据企业集团主要财产所在地确定"合并破产"的管辖法院。作为例外，当在先申请破产的集团成员并非集团控制成员，基于管辖恒定、程序稳定以及效率等考虑，可由在先受理之法院继续管辖集团的"合并破产"，无须移送集团控制成员或主要财产所在地法院管辖。④ 对于管辖权争议，破产法改革时可将现有经验入法，即报请共同的上级法院指定"合并破产"的管辖法院。

---

① 要求申请人承担证明责任已是实务中惯常做法。例如《深圳市中级人民法院审理企业重整案件的工作指引（试行）》（2019）第 48 条规定："申请人应当对实质合并重整的要件事实承担举证责任。债务人、管理人、出资人申请实质合并重整的，应当提供能够证明关联企业不当利用关联关系，导致关联企业成员之间法人人格高度混同，损害债权人公平受偿利益的初步证据。债权人申请合并重整，应当提供能够证明存在合理信赖其交易对象并非单个关系企业成员、单独破产损害其公平受偿利益的证据。"类似地，《南京市中级人民法院关于规范重整程序适用 提升企业挽救效能的审判指引》（宁中法审委〔2020〕1 号）第 33 条第 1 款规定："申请人提出关联企业实质合并重整申请的，应当提供能够证明各企业存在法人人格高度混同且难以区分，损害债权人公平受偿利益的初步证据。"

② 参见《最高人民法院关于印发〈全国法院破产审判工作会议纪要〉的通知》（法〔2018〕53 号）第 35 条，《河北省高级人民法院破产案件审理规程（试行）》（冀高法〔2019〕95 号）第 3 条，《云南省高级人民法院破产案件审判指引（试行）》（2019）第 36 条，《广东省高级人民法院关于审理企业破产案件若干问题的指引》（粤高法发〔2019〕6 号）第 2 条第 1 款。

③ 参见郁琳：《关联企业破产制度的规范与完善——〈全国法院破产审判工作会议纪要〉解读（四）》，《人民法院报》2018 年 4 月 11 日，第 7 版。

④ 参见王静：《实质合并破产法律制度构造研究》，法律出版社 2021 年版，第 217~218 页。

　　第五，"合并破产"程序性权利保障。鉴于"合并破产"对企业集团不同成员以及它们的债权人造成重大影响，因此，破产实务中，我国多数法院已尝试在程序上保障债权人等利害关系人对"合并破产"的知情权、选择权与异议权（异议人可向上一级人民法院就"合并破产"之裁定申请复议）。① 例如，最高人民法院第 165 号指导案例"裁判要旨"提出：法院收到"合并破产"申请后，应及时组织申请人、被申请人以及债权人代表等利害关系人进行听证。而在最高人民法院第 163 号指导案例中，法院组织了债权人、债务人以及管理人等当事人进行听证，同时，还通过"预表决"方式征求债权人对"现金+债转股"偿债方案的意见，从而较好地保障了债权人的知情权与选择权。② 总之，有效通知是满足当事人知情权的重要保障之一，因此，有必要对"合并破产"申请事宜以公告等适当方式及时告知受"合并破产"影响的破产债务人及其债权人等利害关系人；通知后及时组织举行听证同样重要，其不仅关乎利害关系人异议权的行使，③更是谨慎适用"合并破产"的内在要求与重要体现。整体上，这些以"会议纪要"或指导案例形式存在的程序保障性权利已具有显著的规范意义，未来破产法改革时可将其入法。此外，破产法改革时还应考虑赋予异议人（债权人）利益补偿权，这有利于争取持有异议的当事人对"合并破产"的支持，从而真正实现各方利益的协调。④

　　第六，"合并破产"的法律效果。破产法应明确规定"合并破产"的法律效果：一方面，对集团破产成员而言，它们的"公司面纱"应被刺破，且资产与负债归为一体，彼此间的债权债务关系消灭包括重复债权的排除；另一方面，对外部债权人而言，所有债权则指向归集后的单一破产财团。⑤ 我国破产实务中，法院也认为，破产企业集团进行"合并破产"时，集团成员之间的债权债务归于消灭，各成员财产作为"统一的破产财产"，集团破

---

① 参见《最高人民法院关于印发〈全国法院破产审判工作会议纪要〉的通知》（法〔2018〕53号）第 34 条。
② 参见《最高人民法院关于发布第 29 批指导性案例的通知》（法〔2021〕228 号）。
③ 例如《深圳市中级人民法院审理企业重整案件的工作指引（试行）》（2019）第 47 条第 1 款规定："申请人提出实质合并重整申请的，合议庭应当自收到申请之日起五日内通知已知利害关系人，并将申请事项予以公告，公告期不少于十日"；第 47 条第 2 款规定："关联企业成员及其出资人、债权人、管理人等利害关系人对申请有异议的，应当在公告期届满前以书面方式提出。利害关系人提出异议的，合议庭应当组织听证调查"。
④ 参见徐阳光：《论关联企业实质合并破产》，《中外法学》2017 年第 3 期，第 838 页。
⑤ See UNCITRAL Legislative Guide on Insolvency Law, Part Three: Treatment of Enterprise Groups in Insolvency, 2012, Sales No.: E.12.V.16, Recommendations 224.

产成员的债权人作为一个整体在同一程序中按照法定清偿顺位公平受偿。① 若采"合并重整",破产法应要求制定统一的重整计划(重整计划草案应制定统一的债权分类、债权调整和受偿方案等)②、召开统一的债权人会议,并对重整计划进行分组表决。尤应注意的是法定担保的承认与保护问题。对此,可根据以下情形区别对待:(1)基于法定担保的确定性与可预见性,应继续承认并保护外部债权人原有的担保债权,但其范围仅及于最初设定担保的财产之上;存在担保不足情形时,担保不足的债权人可就不足部分向"单一破产财团"主张其债权,但若因欺诈等不正当手段获得或设定的担保,③则应根据《企业破产法》第31条规定予以撤销;(2)集团成员之间的担保应因它们的本质同一而归于消灭,这也是"合并破产"的应有之义,只是,当企业集团成员将其享有的内部债权又向第三方设定担保时,则应进一步审查第三方获得该担保权益的合法性或正当性,如果第三方无法证明是因正当信赖而与该破产成员进行担保交易,那么,一旦关联债权因"合并破产"而消灭时,该担保标的也就一并归于消灭了。④ 对于集团成员"合并"后的地位问题,原则上应"合并为一个企业",但债权人会议表决决定且经法院审查认可,集团成员仍可存续。⑤ 程序上,被合并的集团成员仍应履行注销登记等手续,从而最终消灭。

---

① 最高人民法院第163号指导案例,参见《最高人民法院关于发布第29批指导性案例的通知》(法〔2021〕228号)。

② 要求制定统一的重整计划已是我国破产实务的惯常做法。参见《最高人民法院关于印发〈全国法院破产审判工作会议纪要〉的通知》(法〔2018〕53号)第36条、《山东省高级人民法院企业破产案件审理规范指引(试行)》(鲁高法〔2019〕50号)第201条、《深圳市中级人民法院审理企业重整的工作指引(试行)》(2019)第53条第2款、《南京市中级人民法院关于规范重整程序适用 提升企业挽救效能的审判指引》(宁中法审委〔2020〕1号)第39条。

③ See UNCITRAL Legislative Guide on Insolvency Law, Part Three: Treatment of Enterprise Groups in Insolvency, 2012, Sales No.: E.12.V.16, Recommendation 225.

④ 参见解正山:《企业集团"合并破产"实证研究》,《现代经济探讨》2020年第2期,第110~111页。

⑤ 最高人民法院第163号指导案例,参见《最高人民法院关于发布第29批指导性案例的通知》(法〔2021〕228号)。

第三章　企业集团破产平行程序协调机理

总体来看，当前的理论研究与破产实务更多关注法人人格高度混同的企业集团破产案件，越来越丰富的"合并破产"司法经验为破产法改革时引入这一公平救济制度提供了素材。然而，集团结构之下关联成员人格高度混同毕竟不是常态，市场经济快速发展正在催生越来越多的多元化经营结构的经济组织体，它们的内部关系越发复杂、多样。因此，若以"合并破产"应对所有类型的破产企业集团肯定捉襟见肘，那些法人人格未发生混同但在生产经营以及融资与管理等方面存在密切关联的企业集团成员就无法适用"合并破产"。那么，集团成员彼此独立但又同时或先后破产之情形如何处置？是遵循"一企一案"，还是兼顾集团经营结构这一经济现实而采一种能为单个债务人乃至整个集团带来最佳实效的破产管理机制？无论是理论研究还是对法院而言，这是继"合并破产"之后又一个亟待解决的法律难题。

第一节　平行程序协调实践的类型化分析

目前，我国破产实务中，已有部分法院以"审判创新"方式对企业集团不同破产成员的平行程序进行协同管理，形成了具有一定规范意义的协调机制，也取得了一定成效。

一、"同一法院、同一管理人"模式

"同一法院、同一管理人"模式的典型案例当属深信泰丰(集团)股份有限公司及其关联企业(下称"深泰系")破产重整案。深信泰丰(集团)股份有限公司(证券简称"ST深泰"，下称"深泰集团")系一家在深圳证券交易所上市的企业，其下辖9家企业(集团本身并不开展生产经营及销售活动，而是通过控制和管理关联企业在通讯电子、饲料生产、养殖、房地产

开发、物业管理、通讯产品销售等领域开展经营），员工超过千人。2002年始，整个集团陷入巨亏；2008年底，亏损高达18.53亿元。2009年11月10日，深圳市中级人民法院裁定受理深泰集团破产重整申请；同年11月20日，深圳市中级人民法院裁定深泰集团破产重整并指定北京市金杜律师事务所深圳分所担任管理人。① 2010年1月15日，深圳市中级人民法院分别裁定深泰集团四家子公司深圳市宝安华宝实业有限公司（以下简称"华宝实业"）、深圳市华宝（集团）饲料有限公司（以下简称"华宝饲料"）、深圳市泰丰科技有限公司（以下简称"泰丰科技"）、深圳市深信西部房地产有限公司（以下简称"深信房产"）进行破产重整并由金杜律师事务所深圳分所担任管理人。②

法院审查发现，泰丰科技、深信房产、华宝饲料、华宝实业等深泰集团的子公司均按照上市公司财务制度规定列入深泰集团的合并财务报表。经对深泰集团各个子公司的资产状况及经营状况进行考察，发现这些子公司的主营业务仍可继续开展，部分"问题业务"仍有可能脱困，故审理法院决定采用"再建型重整"模式，裁定华宝饲料、华宝实业、泰丰科技、深信房产四家主要子公司破产重整，并将这些子公司的重整与母公司深泰集团的破产重整紧密结合起来，形成集团公司整体重整"1+4"模式（即根据集团整体重整目标，保留主要子公司主体资格及其经营性资产，确保上市公司的持续经营能力，为此，深圳市中级人民法院创建了"1+4"重整机制，即主要子公司的重整计划草案与深泰集团的重整计划草案有机结合，形成整体结合又各自独立的重整计划草案，依法利用深泰集团重整程序可以无偿获得出资人让渡的权益这一宝贵资源，作为保全四家子公司经营性资产的替代物让渡给主要子公司，并作为主要子公司的资产清偿给各自的债权人），据此形成的深泰集团及其四家子公司整体重整计划草案，不仅获得债权人、出资人的普遍支持，而且得到了中国证监会及其他监管部门的支持。③ 效果上，深泰集团的整体清偿率从清算状态下的0.46%提升至20.

---

① 参见深圳市中级人民法院（2009）深中法民七重整字第1-2号民事裁定书、（2009）深中法民七重整字第1-1号指定管理人决定书；"深圳市深信泰丰（集团）股份有限公司管理人破产重整进展公告"，网址：http://finance.sina.com.cn/stock/t/20091124/01413122189.shtml？from＝wap，访问日期：2022年9月30日。

② 参见深圳市中级人民法院（2010）深中法民七重整字第1-1号、第2-1号、第3-1号、第4-2号民事裁定书。

③ 参见池伟宏：《开拓创新勇于探索：创建上市公司重整案件审理新模式——深圳市深信泰丰（集团）股份有限公司重整案解析》，载最高人民法院民事审判第二庭：《商事审判指导》，人民法院出版社，2011年第2辑。

33%；华宝饲料的清偿率从 4.27% 提高到 26.64%；泰丰科技从 4.81% 提高到 20.45%；华宝实业从 1.32% 提高到 48.38%；深信房产从 13.50% 提高到 18.1%，更重要的是，成功的协同重整不仅保全了这些仍有经营价值的公司，而且也"实现了很好的社会效益"。①

综上，"深泰"系企业集团破产重整采用了"同一法院、同一管理人"，且每个破产程序又保持独立的破产审理模式，法院在充分尊重集团各个破产子公司身份独立的前提下，召开债权人会议与出资人组会议分别就各自的重整计划进行表决，最终形成子公司重整计划与母公司/控股公司重整计划彼此独立但又整体结合的协调管理模式，既保证了整个集团的成功重整，也为协调规则的制定提供了实践样本。

二、"同一法院、多个管理人"模式

有别于"深泰系"企业集团破产重整案，申达集团有限公司及其关联企业(以下简称"申达系"或"申达系"企业集团)破产重整采用了"同一个法院、多个管理人"模式。

"申达系"呈三级股权架构，该企业集团由母公司申达集团有限公司(以下简称"申达集团")、四家主要子公司[上市公司江苏中达新材料集团股份有限公司("中达股份"，股票代码 600074)、江苏瀛寰实业集团有限公司(以下简称"瀛寰实业")、江苏申达置业投资有限公司(以下简称"申达置业")和江苏申龙创业集团有限公司(以下简称"申龙创业")]以及上述子公司再次投资设立的其他 20 余家关联成员组成。因软塑行业受 2008年全球金融危机影响而产能过剩、竞争加剧，加之整个集团负担近 50 亿元银团贷款，"申达系"企业集团无力进行产品的升级换代，生产经营活动陷入困境、濒临破产。2012 年底，债权人以不能清偿到期债务并且明显缺乏清偿能力为由，针对"申达系"企业集团破产成员提出了破产申请。②

2013 年 4 月，经中达股份提交重整预案、江阴市人民政府出具企业维稳预案、江苏省人民政府通报拟重整情况并经最高人民法院和中国证券监督管理委员会批准，无锡市中级人民法院受理了债权人(江阴金中达新材

---

① 参见王春超、曹阳、张小立：《集团上市公司整体破产重整模式研究》，《经济纵横》2011 年第 4 期，第 94 页。

② 参见江苏省高级人民法院：《江苏法院 2011-2015 年企业破产审判十大案例》(司法案例·典型案例)，网址：http://www.jsfy.gov.cn/spxx2014/sfal/dxal/2016/08/12103255234. html，最后访问日期：2016 年 10 月 24 日；"江苏中达新材料集团股份有限公司破产重整案"，《无锡中院金融庭四大举措与十大破产案例》，网址：http://www.ebra.org.cn/news/detail/4836_3.html，最后访问日期：2018 年 6 月 11 日。

料有限公司、常州钟恒新材料有限公司)对中达股份、瀛寰实业、申达置业、申龙创业四家子公司的重整申请。受理后,无锡市中级人民法院为四家破产债务人分别指定了管理人,并由中达股份的破产管理人整体统筹,瀛寰实业、申达置业、申龙创业破产管理人分别清理,通过各个破产管理人对各债务人下属公司行使股权、启动重组等多种方式,协调推进"申达系"企业集团的整体重整(值得注意的是,鉴于部分集团部分成员在成都、南京、常州、靖江等地,无锡市中级人民法院对这些集团成员不具备破产管辖权,因此,审理法院决定对其享有管辖权的四家子公司进行"程序内重整",通过管理人带动其他集团成员进行"程序外重组");同时,审理法院指定债务人自己担任重整人并在管理人监督下自行管理财产与营业事务以及制作重整计划草案。①

通过集中管辖以及准确选择重整对象(即把作为主债务企业的中达股份等四家子公司作为破产债务人),进而在这些相对独立的重整程序中统筹安排整个企业集团的资产清理、债务清偿和经营调整,从而使整个集团摆脱了债务危机和经营困境,尤其是通过资本公积金转增股份之方式实现出资人权益调整及债权清偿(调整方式:以总股本为基数,每10股转增3.55股,且转增股本不再分配给原股东,转增股份变现所得用于债务人后续经营以及改善其债务结构),顺利实现了集团核心成员——中达股份的成功重整,最终使"申达系"企业集团在较短的重整期间内成功结清近50亿元银行债权(重整方江阴市金凤凰投资有限公司为债务人安排清偿资金,债务人按照偿债资金总额负担对重整方的相应债务),切实维护了经济秩序和金融安全。②这是一起典型的通过"同一个法院、多个管理人、程序相对独立"模式处理的集团破产案,审理法院在充分尊重集团成员独立地位的基础上,积极通过破产管理人之间的合作与协调,尤其是通过管理人对未进入破产程序的其他集团成员进行"程序外重组"实现了集团整体重建。

---

① 参见江苏省高级人民法院:《江苏法院 2011-2015 年企业破产审判十大案例》(司法案例·典型案例),网址:http://www.jsfy.gov.cn/spxx2014/sfal/dxal/2016/08/12103255234.html,最后访问日期:2016 年 10 月 24 日;"江苏中达新材料集团股份有限公司破产重整案",《无锡中院金融庭四大举措与十大破产案例》,网址:http://www.ebra.org.cn/news/detail/4836_3.html,最后访问日期:2018 年 6 月 11 日。
② 参见江苏省高级人民法院:《江苏法院 2011-2015 年企业破产审判十大案例》(司法案例·典型案例),网址:http://www.jsfy.gov.cn/spxx2014/sfal/dxal/2016/08/12103255234.html,最后访问日期:2016 年 10 月 24 日;《江苏中达新材料集团股份有限公司关于出资人权益调整方案说明的公告》,公告编号:临 2013-046,2013-10-11。

三、"联合管理人、部分程序合并"模式

浙江南方石化工业有限公司及其关联企业(以下简称"南方石化系")破产清算则采用了"联合管理人、部分程序合并"模式。浙江南方石化工业有限公司(以下简称"南方石化")、浙江中波实业股份有限公司(以下简称"中波实业")、浙江南方控股集团有限公司(以下简称"南方控股")系由同一实际控制人控制的企业集团。因受行业周期性低谷及相互担保安排的影响,上述公司于 2016 年相继出现债务困境并因此陷入破产危机。2016 年11 月 1 日,绍兴市柯桥区人民法院分别裁定受理三家关联企业的破产清算申请,且通过竞争方式指定浙江点金律师事务所、江苏百年东吴律师事务所、诸暨天宇会计师事务所有限公司组成联合管理人。[①]

鉴于南方石化、南方控股、中波实业三家机构各具特色和优势,具备联合、分工基础,因此,审理法院通过"府院"联席会议、管理人会议、信息披露(管理人披露案件情况报告)等措施,推进管理人工作,协调解决管理人履职中的障碍。同时,考虑到上述三家公司高度关联、主要债权人高度重合但资产相对独立等实际情况,法院指导联合管理人在充分保护债权人权利的前提下,拓展了债权人会议的职能。尤其是,南方石化、南方控股、中波实业虽由同一实际控制人控制,但尚未构成法人人格高度混同之情形(管理、资产、人员等都相对独立),因此,审理法院决定以集约化程序而非"合并破产"之方式审理这些关联成员的破产清算,即采取"联合管理模式",并对部分程序性事项尤其是债权人会议进行合并("合并开会、分别表决"),从而显著地降低了破产成本,提高了破产审判效率(2017 年1 月 14 日,审理法院召开南方石化、中波实业、南方控股三家企业第一次债权人会议,高票通过了各项相应的破产解决方案;2017 年 2 月 23 日,法院宣告上述三家债务人破产;2017 年 3 月 10 日,破产财产进行网络司法拍卖。最终,法院仅历时 54 天便完成了从破产宣告到破产财产拍卖的工作,从立法受理到完成财产分配仅用时 10 个半月,更重要的是,职工/劳动债权在分配中获得了全额清偿,普通债权清偿率达 14.7%,绝大多数企

---

① 参见"浙江南方石化工业有限公司等三家公司破产清算案",最高人民法院:《全国法院审理破产典型案例》,《人民法院报》2018 年 3 月 8 日,第 2 版;浙江省高级人民法院:《2017 年度浙江法院破产审判十大案例》,网址:http://www.zjcourt.cn/art/2018/4/16/art_133_13512.html,最后访问日期:2018 年 5 月 10 日。

业员工得到安置)。①

四、"分步式重整"模式

与以上三种模式不同,"云煤系"企业集团则采用集团成员"分布式"重整模式。

云南煤化工集团有限公司(下称"云煤集团")系云南省国资委全资设立的大型集团企业,关联企业数量高达近百家,其中包括上市公司——云南云维股份有限公司(下称"云维股份")以及云南云维集团有限公司(下称"云维集团")、云南大为制焦有限公司(下称"云南大为")、曲靖大为焦化制供气有限公司(下称"曲靖大为")等四家核心关联成员。"云煤系"企业集团核心关联成员的股权结构:集团母公司云煤集团由云南省国资委全资控股,云煤集团分别持有云维集团、云维股份48.23%、16.55%的股份,云维股份又分别持有云南大为、曲靖大为两家公司90.91%、54.80%的股权,另外,云维集团持有云维股份27.18%的股份。②

2012年至2015年,云煤集团亏损合计超过100亿元人民币,债权人多达1000余家,集团债务约650亿元人民币,上市公司云维股份因财务问题面临被终止上市的窘境。2016年,经云南省国有资本运营有限公司申请,云煤集团及其核心关联成员分别进入破产重整程序。因云煤集团与其核心关联成员之间不存在人格混同之情形,故经云南省高级人民法院指定,报最高人民法院批准,昆明市中级人民法院最终裁定受理了申请人的重整申请,对五家关联成员的破产程序实施"集中管辖"。③

审理发现,集团破产成员呈四级股权结构,债权结构复杂、偿债资源分布不均。为最大程度保护集团各破产成员的债权人以及各关联成员的利益,由法院主导采用了"自下而上"的重整顺序。具体步骤:首先,分别对两家位于底层的子公司云南大为、曲靖大为进行重整(两家公司出资人权益未进行调整,因大额债权人得到可在后续上层关联成员重整中得到补偿

① 参"浙江南方石化工业有限公司等三家公司破产清算案",最高人民法院:《全国法院审理破产典型案例》,《人民法院报》2018年3月8日,第2版;浙江省高级人民法院:《2017年度浙江法院破产审判十大案例》,网址:http://www.zjcourt.cn/art/2018/4/16/art_133_13512.html,最后访问日期:2018年5月10日。

② 参见李少颖、乃菲莎:《"破事"2017——图解十大破产典型案例》,网址:http://www.xue63.com/toutiaojy/20180322B163G800.html,最后访问日期:2018年6月9日。

③ 参见《云南云维股份有限公司关于法院裁定受理公司重整的公告》,公告编号:临2016-053,网址:http://finance.sina.com.cn/roll/2016-08-24/doc-ifxvcnrv0728185.shtml,访问日期:2022年9月30日;云南省昆明市中级人民法院(2016)云01民破6号民事裁定书。

之承诺,故两家公司分别以 15%、20% 的较低清偿率通过了清偿方案。云南大为、曲靖大为的成功重整为云维股份后续重整赢得了喘息时间并积累了相应的偿债资源);其次,通过出资人权益调整以及"债转股"方案(以云维股份现有总股本为基数,每 10 股转增 10 股之比例实施资本公积金转增,同时,现有股东同比例无偿让渡本次转增股份的 30%,用于清偿债权人,包括"债权股"之清偿方式、或由管理人将剩余部分变现用于债务人后续经营),法院主导对云维股份进行重整,确保该上市公司保壳成功,这不仅化解了云维股份本身的债务危机,且剩余的转增股份为其股东云维集团和云煤集团的重整注入了偿债资源;最后,通过资本公积金转增股票的方式向云煤集团与云维集团两公司提供股票,且通过债务关系、担保关系实现债务清偿,从而使云煤集团与云维集团能够制定较合理的重整计划,最终使绝大部分金融债权获得 100% 兜底清偿。[1]

结果表明,统一协调、系统处理和整体推进的审理模式提升了破产管理的效率且减少了破产费用。更重要的是,集团各成员的重整方案均获得债权人会议表决通过,重整计划得以顺利执行。与"云煤系"企业集团破产处置类似,吉林昊融集团股份有限公司及其两家子公司——吉林吉恩镍业股份有限公司和吉林大黑山钼业股份有限公司——也采用了相似的分布式重整,即集团母公司与大黑山钼业先行重整,待吉恩镍业退市后再行重整,三个债务人的重整方案统筹设计。同时,对未纳入重整范围的其他集团子公司实施股权重组,程序内外彼此协调(这一做法又与"申达系"企业集团破产重整类似),最终实现集团整体重生。

五、"同一法院、同一重整计划"模式

2017 年年底,因经营失当、管理失范、投资无序等原因,海航集团有限公司(以下简称"海航集团")及其控制的各家关联企业爆发流动性危机并最终演化为严重的破产危机,近 380 家关联企业接连进入破产程序刷新了国内企业集团破产的新纪录,影响巨大。2021 年 2 月 10 日,海南省高级人民法院分别裁定受理海航集团三个核心业务中心——海航基础设施投

---

[1] 参见李少颖、乃菲莎:《"破事"2017——图解十大破产典型案例》,网址:http://www.xue63.com/toutiaojy/20180322B163G800.html,最后访问日期:2018 年 6 月 9 日;"云南煤化工集团有限公司等五家公司破产重整案",最高人民法院:《全国法院审理破产典型案例》,网址:http://www.court.gov.cn/zixun-xiangqing-83792.html,最后访问日期:2018 年 5 月 6 日;《〈云南云维股份有限公司重整计划(草案)〉之出资人权益调整方案》,2016 年 11 月 16 日。

资集团股份有限公司(以下简称"海航投资")及其 20 家子公司、供销大集团股份有限公司(以下简称"供销大集")及其 24 家核心子公司、海南航空控股有限公司(以下简称"海航控股")及其 10 家子公司——破产重整案,指定海航集团清算组担任管理人,并在其监督下由债务人自行管理。[①]除此之外的其他 321 家海航系关联企业则进行实质合并重整。

经调查,管理人发现海航投资及其关联企业之间关联交易复杂,债权债务规模庞大、相互增信普遍,且多数债权人同时对多家关联企业享有债权或其他权益;同时,海航投资及其 20 家子公司在人员、资产使用、经营管理等方面高度关联(但尚未达到人格混同之程度),若分别进行重整,不仅将减损重整价值、难以引入优质的重整投资人,而且还将导致债权交叉追偿、担保循环追索、债权人权利无法得到充分保障。[②] 鉴于此,根据《全国法院破产审判会议纪要》精神,海南省高级人民法院最终决定对海航投资及其 20 家子公司实施协同重整,主要措施包括:首先,统一引入重整投资人,由该战略投资者以现金购买海航投资股票、获得其控制权,通过海航投资间接控制其 20 家子公司以及海航投资其他未进入破产程序的子公司;其次,将海航投资等债务人经营收入、海航投资资本公积金转增所得股票以及重整投资人的出资等作为整体的偿债资源,用于化解 21 家公司债务;再次,为避免内部关联债权交叉循环追索、挤占外部债权人偿债资源,重整计划将 21 家公司之间的关联债权"搁置",不在重整计划中安排清偿,留待重整完毕后再根据上市公司经营情况进行处理;最后,统一制定重整计划草案并分别由各债务人的担保债权人组、普通债权人组以及出资人组(仅有一家子公司涉及出资人权益调整)分别进行表决,因职工债权和税收债权不作调整,故不参与表决。[③] 同样地,供销大集及其 24 家核心子公司、海航控股及其 10 家子公司也都采用了基本相同的协同重整模式,重整计划均已获得海南高院的批准。与"海航系"破产重整案类似,沈阳机

[①] 参见海南省高级人民法院(2021)琼破 49 号之六民事裁定书,海南省高级人民法院(2021)琼破 38 号之五民事裁定书,海南省高级人民法院(2021)琼破 8 号之六民事裁定书。有研究者指出:"相比于合并模式,分离模式对企业集团内部经济关系的干扰更少,更有利于提高以自行管理为模式的重整效率。"参见赵天书:《企业集团破产程序的选择方案——从价值分歧到利益结构》,《中国政法大学学报》2021 年第 4 期,第 88 页。

[②] 参见《海航基础设施投资集团股份有限公司及其二十家子公司重整计划》,2021 年 10 月,网址:https://pdf.dfcfw.com/pdf/H2_AN202110311526250707_1.pdf? 1635753575000.pdf,最后访问日期:2021 年 11 月 11 日。

[③] 参见《海航基础设施投资集团股份有限公司及其二十家子公司重整计划》,2021 年 10 月,网址:https://pdf.dfcfw.com/pdf/H2_AN202110311526250707_1.pdf? 1635753575000.pdf,最后访问日期:2021 年 11 月 11 日。

床(集团)有限责任公司及其8家子公司也是采用"同一法院、同一重整计划"的典型案例,①取得了良好的经济与社会效果。

综上,针对个案的"审判创新"较好地解决企业集团破产平行程序的协同管理问题,不同法院分别尝试了"同一法院、同一管理人""同一法院、多个管理人""联合管理人、部分程序合并""自下而上"分步式重整及"同一法院、同一重整计划"等多种审理模式,初步探索了集团破产成员平行程序协调管理机制。然而,平行程序协调现有模式尚不成熟,集团不同破产成员管辖法院的确定以及不同法院之间、不同的管理人之间以及法院与管理人之间合作与协调等方面尚难形成较一致的"审判指引"(目前破产实务中,多数企业集团协同重整都在同一法院管辖下进行)。而且,集团重整背景下,集团成员平行破产程序启动后的融资问题,尤其是集团成员向另一已进入破产程序的成员提供重整融资或为其获得融资而在自身资产上设定担保权益或其他保证的情形下,如何向融资提供者以及那些权利可能因启动后融资而受到影响的破产当事人提供适当保护仍是一个待解的难题。此外,如何对集团内部交易进行司法审查并据以判断哪些交易应适用破产法上的撤销权或将这些关联债权予以特别对待也都是亟待破解的法律难题。

第二节　对平行破产程序协调实践的制度回应

一、平行破产程序协调的意义

作为一般原则,破产法应尊重企业集团每个成员的独立地位。因此,只要符合破产程序启动标准(即达到《企业破产法》第2条所规定的破产界限),每个集团成员均可单独地提出破产申请或由其债权人提出破产申请。不过,根据《联合国国际贸易法委员会破产法立法指南·第三部分:破产集团企业对待办法》规定,以下情形可考虑将单一申请延伸至集团其他成员:(1)各利益相关方同意将集团一个或多个成员列入已启动的破产程序内;(2)集团某个成员的破产可能对集团其他成员构成不利影响(集团经营

---

① 参见辽宁省沈阳市中级人民法院(2019)辽01破8-9号、(2019)辽01破9-4号、(2019)辽01破10-3号、(2019)辽01破11-5号、(2019)辽01破126号、(2019)辽01破13-6号、(2019)辽01破14-5号、(2019)辽01破15-4号、(2019)辽01破16-5号民事裁定书;《沈阳机床(集团)有限责任公司及下属八家公司重整计划》,本重整计划是笔者在与破产管理人工作人员学术交流时获得。

结构下，母公司或具有控制地位的集团成员的破产可能会影响到子公司或被控制成员的财务稳定，不具有控制地位的集团成员破产同样可能对集团其他成员偿付能力产生不利影响，从而导致整个集团濒临破产）；(3)申请所涉及的集团成员在经济上高度一体化以致它们的资产、人员、管理等要素等紧密难分；(4)将整个集团视作"单一实体"具有特殊的法律意义，尤其是对重整计划而言。①

如果企业集团两个或两个以上成员同时或先后进入破产程序，那么，随之而来的问题是，针对集团成员启动的两个或两个以上破产程序（以下简称"平行破产程序"）究竟应该像单一债务人破产程序那样分别、独立地进行，还是允许法院考虑集团结构这一经济现实从而对平行程序进行协调管理？学理上，"程序协调"又被称为"联合管理"或"管理合并"等，②意指"协同进行和管理针对企业集团两个或多个成员启动的、可能涉及不止一个法院的多个破产程序……程序协调所涉企业集团成员的资产和负债虽协同管理，但仍各自分开，相互独立，因而集团成员的完整性和独立性以及债权人的实质权利得以保全"。③ 不难看出，程序协调充分尊重了集团破产成员的独立地位，其影响仅限于程序管理方面。④ 进一步而言，平行破产程序协调审理时，一是集团破产成员的债权人仍以该债务人财产为限依法受偿，二是集团成员之间的债权债务关系原则上仍得保留，但若系不当利用关联关系而形成，这些债权则可能被视为劣后债权。我国破产实务中，有将关联债权"搁置"、延后处理，⑤也有将关联债权依法劣后不予清偿，⑥以免

---

① See UNCITRAL Legislative Guide on Insolvency Law, Part Three：Treatment of Enterprise Groups in Insolvency, 2012, Sales No.：E.12.V.16, pp.20-21.

② See Irit Mevorach, Insolvency within Multinational Enterprise Groups, Oxford（etc.）：Oxford University Press 2009, p. 159；Michele Reumers, What is in a Name：Group Coordination or Consolidation Plan-What is Allowed Under the EIR Recast, Int'l Insolv. Rev., vol. 25, 2016, pp. 225-240.

③ See UNCITRAL Legislative Guide on Insolvency Law, Part Three：Treatment of Enterprise Groups in Insolvency, 2012, Sales No.：E.12.V.16, p.27.

④ See UNCITRAL Legislative Guide on Insolvency Law, Part Three：Treatment of Enterprise Groups in Insolvency, 2012, Sales No.：E.12.V.16, p.27.

⑤ 参见《海航基础设施投资集团股份有限公司及其二十家子公司重整计划》，2021 年 10 月，网址：https://pdf.dfcfw.com/pdf/H2_AN202110311526250707_1.pdf？1635753575000.pdf，最后访问日期：2021 年 11 月 11 日；《供销大集集团股份有限公司及其二十四家子公司重整计划》，2021 年 10 月，网址：https://pdf.dfcfw.com/pdf/H2_AN202110311526257873_1.pdf？1635753575000.pdf，最后访问日期：2021 年 11 月 11 日。

⑥ 参见《吉林昊融集团股份有限公司重整计划》，本重整计划是在与破产管理人工作人员学术交流时获得。

占用偿债资源。

一般认为，因集团不同破产成员平行程序能否顺利进行与集团成员之间的相互依存度以及交易状况密切关联，所以平行破产程序之间的有效协调将有助于提升破产管理效率和程序经济。[①]具体而言，协同管理平行破产程序通常具有如下益处：(1)推动信息共享以便全面地评估各个债务人的情况；(2)有利于协调变现和变卖资产；(3)方便指派单一或同一破产管理人负责破产程序或确保在多名破产管理人之间进行协调；(4)涉及多个管辖法院时，程序协调可促使法院之间进行有效合作，包括联合审理以及共享和披露信息，或由单一法院对平行程序实施"合并"审理。[②]通过程序协同，也有利于将企业集团作为一个整体进行重整。相反，若将集团成员分别单独破产，一是可能减损重整价值，二是可能导致关联债权交叉循环追索，[③]三是因法院裁判间的矛盾而徒增破产审理难度、增加程序运行成本。[④]

二、平行破产程序协调机制的制度化

原则上，协调平行破产程序意不在打破原有法律原则与权利秩序，而是通过程序间的合作与协调来提升破产管理的效率。正因如此，平行破产程序协调机制已有成文法规定且已成为国际破产法改革的一项重要议程。例如，联合国国际贸易法委员会已颁布企业集团平行破产程序的协调规范；另外，在德国，因认为有违法人独立性和财产区分原则以及破产法上债权人平等原则，故德国立法者明确反对"合并破产"机制，[⑤]并提出了他们认为更合适的解决方案：维持集团不同成员破产程序的独立，通过法院、管理人、债权人间的合作以对多个平行程序进行协调管理。而在我

---

① 参见王志诚：《企业集团破产法制比较——解构与建构》，《政大法学评论》2014年第139期，第194页。

② See UNCITRAL Legislative Guide on Insolvency Law, Part Three: Treatment of Enterprise Groups in Insolvency, 2012, Sales No.: E.12.V.16, pp.27-28.

③ 参见《海航基础设施投资集团股份有限公司及其二十家子公司重整计划》，2021年10月，网址：https://pdf.dfcfw.com/pdf/H2_AN202110311526250707_1.pdf? 1635753575000.pdf，最后访问日期：2021年11月11日；《供销大集团股份有限公司及其二十四家子公司重整计划》，2021年10月，网址：https://pdf.dfcfw.com/pdf/H2_AN202110311526257873_1.pdf? 1635753575000.pdf，最后访问日期：2021年11月11日。

④ 参见葛平亮：《德国关联企业破产规制的最新发展及其启示》，《月旦财经法杂志》2016年第1期。

⑤ 参见葛平亮：《德国关联企业破产规制的最新发展及其启示》，《月旦财经法杂志》2016年第1期。

国，破产法尚无明文规定。不过，破产实务中，已有部分法院利用协同管理这一创新机制初步解决了多个平行程序的协调问题。未来破产法改革时，可结合现有司法经验，同时借鉴联合国国际贸易法委员会制定的集团破产成员平行程序协调机制的示范法，可考虑建立我国企业集团破产平行破产程序的协调制度。

（一）联合申请/程序协调

根据破产法一般原理，企业集团破产情形下，除非集团成员满足法定的破产界限，① 否则，不得针对它们启动相应的破产程序。这也意味着，如果符合破产启动标准，那么集团成员应分别提出破产申请，这也是债务人人格或身份独立的根本体现。

一般认为，允许达到破产界限的企业集团成员提出启动破产程序的联合申请，有助于提高效率和降低成本，方便法院协调审理这些申请，同时又不影响集团每个成员的独立身份，也未消除每个成员分别符合适用的启动标准的必要性。② 因此，在尊重集团成员独立地位的原则之下，破产法可考虑规定：当事人可联合申请启动针对企业集团数个已达破产界限成员的破产程序。③ 应予指出的是，联合申请并非程序协调的先决条件，但其有助于法院就程序协调作出判断，从而有助于协调针对集团不同破产成员启动的平行程序。此外，根据联合国国际贸易法委员会《破产法立法指南》"立法建议"第 200 条规定，提出联合申请的当事人主要包括：企业集团中已达破产界限的两个或多个成员或其债权人。

至于程序协调，联合国国际贸易法委员会《破产法立法指南》"立法建议"第 202 条规定：破产法可具体规定对企业集团多个成员平行破产程序进行协调管理。管辖法院可自行下令或在以下当事人申请下进行程序协调（程序协调的申请即可在申请启动破产程序时，亦可在其后的任何时间提

---

① 我国《企业破产法》第 2 条第 1 款规定，当债务人不能清偿到期债务且资产不足清偿全部债务或其明显缺乏清偿能力或明显丧失清偿能力时，可依法针对其启动相应的破产程序。比较法上关于破产界限的规定与我国略有不同，例如联合国国际贸易法委员会《破产法立法指南》"立法建议"第 15 条、第 16 条分别从债务人与债权人申请启动破产程序的角度制定了破产界限，即债务人目前或将来全然无力偿还到期债务或债务人的负债超过其资产的价值。

② See UNCITRAL Legislative Guide on Insolvency Law, Part Three：Treatment of Enterprise Groups in Insolvency, 2012, Sales No.：E.12.V.16, p.21.

③ See UNCITRAL Legislative Guide on Insolvency Law, Part Three：Treatment of Enterprise Groups in Insolvency, 2012, Sales No.：E.12.V.16, Recommendation 199.

出)：(1)集团成员的破产管理人；(2)程序启动申请所针对的集团成员或已进入破产程序的集团成员；(3)程序启动申请所针对的集团成员的债权人或已进入破产程序的集团某一成员的债权人。① 对于协调申请，管辖法院可以采取协同程序、协同审理以及共享与披露信息等适当步骤，从而与集团其他破产成员管辖法院协同审议；程序协调的范围和程度一般应由法院具体决定，内容包括：(1)指定单一或相同破产管理人；(2)法院之间的合作；(3)破产管理人之间的合作；(4)联合发送通知；(5)对债权申报和确认程序进行协调；(6)协调撤销诉讼程序等。② 德国破产法第 269 条已明确规定了管辖法院进行合作的义务，各方应在保全措施、程序启动、管理人任命、决定破产财产范围、制定与提交破产计划以及终止破产程序等领域展开合作。

　　无论是联合申请还是程序协调，都存在由单一法院审理的特殊情形。此种情形下，最应考虑的是哪个法院最合适处理这类申请或协调事项。比较法上，不少国家破产法均有关于企业集团集中管辖的规定。例如，法国《商法典》第 L662-8 条规定：集团某个成员破产程序的管辖法院也有权管辖随后启动的集团其他成员破产程序(但如果母公司破产事宜正由专门的商事法院处理，那么，集团其他被控制成员的破产程序启动则应提交给该法院管辖)，且有权为各个破产程序指定联合管理人。与法国法不同，德国破产法没有规定母公司管辖法院具有优先管辖权，而是一般性适用申请在先原则。根据德国破产法第 3a 条规定，集团成员申请破产时，受理(管辖)法院应宣布其对集团其他破产成员具有管辖权，集团其他成员的管辖法院可以将其管辖的破产程序移交给集团管辖法院；当集团多个成员同时提起破产申请，或在多个申请中无法判断哪一个申请在先，那么，上一个财年内拥有最多雇员的集团破产成员的申请应被视为申请在先；若无任何一个破产成员能满足下文所述"15%规则"的要求，有权管辖上个财年内拥有最多雇员的破产债务人的法院可作为整个集团的管辖法院。为防止申请在先原则被滥用，德国法作了相应的限制：一是要求破产债务人明显不属于集团中无足轻重的成员(上一个财年内，债务人全年的员工平均数、资产总额、营业总额超过整个集团相应总量的15%即不应认定其为无关紧要的成员，相反，低于15%，则可视为无足轻重的角色)；二是若债权人对程

---

① See UNCITRAL Legislative Guide on Insolvency Law, Part Three: Treatment of Enterprise Groups in Insolvency, 2012, Sales No.: E.12.V.16, Recommendation 203.

② See UNCITRAL Legislative Guide on Insolvency Law, Part Three: Treatment of Enterprise Groups in Insolvency, 2012, Sales No.: E.12.V.16, Recommendations 204, 207.

序集中提出异议且理由正当,所涉法院可以拒绝集中管辖的申请。[1] 目前,我国破产实务中主要由单一法院审理居多。对此,最高人民法院的态度是:法院可根据破产债务人或其债权人等当事人的申请对多个平行程序进行协调审理,同时,可根据程序协调需要,并在综合考虑程序启动先后顺序、集团成员负债规模大小、集团控制成员住所地以及审理效率等因素的基础上,由涉及管辖争议法院的共同上级法院指定某一法院集中管辖。[2] 部分省区的高级人民法院也采取这一标准确定管辖法院。[3] 这些司法经验已具有显著的规范意义,且与德国破产法上集中管辖规则具有一定的相似性,未来可将其写入法律。

(二)管理人指定及其合作义务

虽然负责管理破产程序的当事方之称谓不尽相同(各国破产法上有破产管理人、接管人、清算人、受托人、司法管理人等相异的名称,本书采"破产管理人"之称谓),但他们在破产管理中发挥至关重要的作用却是各方共识,其对债务人及其资产享有某些特定权力,且有义务向债务人资产以及债权人和雇员的权益等提供保护。[4] 一般认为,集团破产背景下,可将破产管理人的一般义务,例如保密、防范利益冲突、保全破产财产等,延伸适用于以下情形:(1)信息共享和披露;(2)破产管理人权力分工和职责分配协议的核准与实施;(3)资产使用和处分、协同重整计划商定、撤销权行使、获得启动后融资以及审定债权与向债权人清偿等方面的合作。[5] 同时,在破产管理人指定、利益冲突以及管理人之间的合作方面还需特别考虑以下问题。

首先,基于对集团性质尤其是集团成员一体化程度及其业务机构等因素的考虑,从而决定是否应指定单一或同一破产管理人。[6] 指定单一或同一破产管理人有利于协调集团多个破产成员已经启动的平行程序,

---

① See Eberhard Braun, Germany Insolvency Law: Article-by-Article Commentary, Verlag C. H. Beck oHG, Second edition 2019, pp.28-34.

② 参见《最高人民法院关于印发〈全国法院破产审判工作会议纪要〉的通知》(法〔2018〕53号)第38条。

③ 参见《山东省高级人民法院企业破产案件审理规范指引(试行)》(鲁高法〔2019〕50号)第203条。

④ See UNCITRAL Legislative Guide on Insolvency Law, 2005, Sales No.E.05.V.10, p.174.

⑤ See UNCITRAL Legislative Guide on Insolvency Law, Part Three: Treatment of Enterprise Groups in Insolvency, 2012, Sales No.: E.12.V.16, p.75.

⑥ See UNCITRAL Legislative Guide on Insolvency Law, Part Three: Treatment of Enterprise Groups in Insolvency, 2012, Sales No.: E.12.V.16, p.77.

便于收集整个企业集团的财务和业务信息，有助于提高管理效率、降低破产管理成本。① 德国破产法以及欧盟最近修订的《破产程序条例》等立法已规定法院可为企业集团不同成员破产程序指定同一破产管理人。例如，德国破产法第 56b 条规定：基于债权人利益考虑且在确保必要的独立性及避免利益冲突的情形下，管辖法院可为集团不同成员破产程序指定同一破产管理人。在我国破产实务中，法院也对指定同一破产管理人进行了有益探索且取得了一定实效，上文述及的"深泰系"企业集团破产重整案即为此例。

其次，指定单一或同一破产管理人还需防范由此带来的利益冲突问题。通常，集团成员间的交叉担保与债权债务关系以及启动后融资等方面均可能产生利益冲突。为防范这些利益冲突，破产法应列明指定单一或同一破产管理人时的利益冲突防范措施，包括指定一名或多名额外的破产管理人、要求破产管理人披露潜在或现有利益冲突以及作出保证、服从某项行业规则或寻求法院提供指导等。② 相反，若为集团多个破产成员平行程序指定了不同的破产管理人，破产法则应考虑规定这些管理人应最大限度地进行合作与协调，包括共享和披露已进入破产程序的集团成员信息、核准或执行破产管理人责任分配协议，并在集团破产成员事务管理与监督、启动后融资、破产保全、使用和处分资产、债权申报和认定、对债权人进行分配以及商定重整计划等方面展开协调。③ 德国破产法已向破产管理人课以信息交换与合作的义务，即在非独任破产管理人情形下，不同程序的破产管理人负有信息交换、进行合作的义务，即在不至于对各方权益造成不利影响的前提下，任一程序的破产管理人应在其他程序破产管理人请求时，及时向其提供后一程序所需的重要信息。④

值得注意的是，德国破产法以及欧盟新修订的《破产程序条例》比联合国国际贸易法委员会"立法建议"更进一步，引入了"程序协调人"这一特别的破产参与人，其独立于破产管理人但又应与破产管理人进行合作，具有显著的借鉴意义。根据德国破产法第 269e-f 条规定，经集团破产成员或债权人委员会申请，相应的管辖法院作为协调法院可在破产程序申请启动

---

① See UNCITRAL Legislative Guide on Insolvency Law, Part Three: Treatment of Enterprise Groups in Insolvency, 2012, Sales No.: E.12.V.16, p.76.

② See UNCITRAL Legislative Guide on Insolvency Law, Part Three: Treatment of Enterprise Groups in Insolvency, 2012, Sales No.: E.12.V.16, p.77, Recommendations 233.

③ See UNCITRAL Legislative Guide on Insolvency Law, Part Three: Treatment of Enterprise Groups in Insolvency, 2012, Sales No.: E.12.V.16, Recommendations 234-236.

④ See Eberhard Braun, Germany Insolvency Law: Article-by-Article Commentary, Verlag C. H. Beck oHG, Second edition 2019, pp.701-704.

时或在破产程序进行之际启动协调程序，①协调法院应任命独立于破产管理人、债务人及其债权人的程序协调人，其主要职责是协调处理集团不同成员的破产程序、制定并提交协调计划并负责向各个债权人会议解释该计划以及与各个破产管理人进行合作。另外，根据德国破产法第 269h 条规定，程序协调人还可向协调法院提交一项协调计划，当程序协调人未及选任时，集团破产成员的管理人也可联合向协调法院提交协调计划。

（三）破产财产保全

普遍认为，建立良好的财产保护机制进而确保破产财产不因当事人单独行动而缩减是有效破产制度的关键目标之一。正因如此，几乎所有国家的破产立法都规定了这一保护破产财产最大化的机制。该机制不仅在于防止债权人在重整或清算进程中通过单独的法律程序以实现其债权，还在于中止针对债务人的各项独立的法律程序。② 例如，根据我国《企业破产法》第 16 条、第 19 条、第 20 条规定，法院受理当事人破产申请后，不得再针对单个债权人进行清偿，同时，针对债务人财产的保全措施应予解除，其他针对债务人的诉讼、执行等程序一并停止。美国破产法第 362 条"自动停止"的范围则更为广泛，即任何实现债权行为——针对债务人自身及其财产的诉讼以及针对财团财产的诉讼——均应停止，包括针对债务人实施或继续实施司法上的或行政上的行为、针对债务人或债务人特定财产实施的任何强制执行行为以及任何实现破产案件之前产生的债权的行为等。如此规定，既可为债务人赢得喘息机会，也有利于破产财产价值最大化并确保公平对待所有债权人。

一般情形下，破产法上适用于单一债务人的破产保全机制也同样适用于企业集团多个成员的破产程序。只是，特殊之处在于：破产保全机制是否可延伸适用于企业集团未达破产界限或未进入破产程序的成员。通常，如果集团成员未达到破产界限，那么，将中止或其他与破产有关的救济适用于该成员将存在法律障碍。然而，鉴于集团业务的关联性，该问题的解

---

① 为避免企业集团作为"单一经济实体"的价值减损，德国破产法第 269d 条借鉴欧盟《破产程序条例》引入了"协调程序"，即经集团破产成员或其债务人委员会等当事人申请，对集团其他破产成员同样享有管辖权的法院（"协调法院"）可确立协调程序，以协调集团成员的平行破产程序，避免采用实质合并或联合管理的审理方式。See Eberhard Braun, Germany Insolvency Law: Article-by-Article Commentary, Verlag C. H. Beck oHG, Second edition 2019, p.714. 欧盟《破产程序条例》中的程序协调机制将在本书第五章第三节中进行具体分析。

② See UNCITRAL Legislative Guide on Insolvency Law, 2005, Sales No.E.05.V.10, p.83.

决对企业集团具有特殊意义。例如,当以交叉担保等方式为集团安排融资时,向某一成员提供的资金或将影响另一成员的负债;影响集团未破产成员资产的行为,也可能对已提出破产申请或已启动破产程序的集团成员的资产与负债或继续营业的能力产生影响。① 因此,在以下情形下,法院可考虑延伸适用中止措施,以便将集团非破产成员包括在内:(1)集团内部担保依赖于集团非破产成员的资产;(2)针对集团未破产成员的强制执行对集团另一破产成员的负债产生影响;(3)阻止为集团非破产成员掌控且对集团业务具有至关重要影响的资产被强制执行。②

(四)破产程序启动后融资及其优先性安排

破产程序启动后债务人继续经营不仅对重整取得成功至关重要,即便在清算程序中将企业作为经营中企业予以出售而言也同样重要。因此,为维持破产债务人的经营活动,其须能获得新的融资,从而继续支付关键货物和服务的费用。③ 然而,鉴于向破产债务人提供融资的风险极为显著,因此,投资者一般并不乐意提供信贷支持。为吸引投资者向破产程序中的债务人提供融资,多数国家破产法规定需向新融资人提供担保或给予优先保护,以解决他们的后顾之忧。④ 破产法赋予程序启动后新的资金提供人以优先权有其必要性:除非确信程序启动后提供的融资能获得特殊优待,否则,投资者一般不愿向破产债务人提供资金。赋予新融资人优先权的正当性在于:新的融资用于维持债务人继续经营,这有利于增加企业整体价值,且利益归于破产程序中的债权人等多方主体。⑤ 对于破产程序启动后的融资担保或优先权问题,我国《企业破产法》已有相应规定,但尚须优化。

根据《企业破产法》第 42 条第 1 款第 4 项规定,为债务人继续营业而支付的劳动报酬与社会保险等费用以及由此产生的其他债务均为共益债务。根据文义解释,同时结合《最高人民法院关于适用〈企业破产法〉若干

---

① See UNCITRAL Legislative Guide on Insolvency Law, Part Three: Treatment of Enterprise Groups in Insolvency, 2012, Sales No.: E.12.V.16, p.35.

② See UNCITRAL Legislative Guide on Insolvency Law, Part Three: Treatment of Enterprise Groups in Insolvency, 2012, Sales No.: E.12.V.16, p.35.

③ See UNCITRAL Legislative Guide on Insolvency Law, Part Three: Treatment of Enterprise Groups in Insolvency, 2012, Sales No.: E.12.V.16, p.39.

④ 不过,提供担保或给予优先权也应兼顾现有普通债权人以及享有优先权的债权人的利益。进一步分析可参见 UNCITRAL Legislative Guide on Insolvency Law, 2005, Sales No.E. 05.V.10, p.115.

⑤ 参见丁燕:《破产重整企业债权融资的异化及其解决》,《华东政法大学学报》2019 年第 4 期,第 172 页。

问题的规定(三)》第 2 条第 1 款规定,①该项中与"债务人继续营业"有关的"其他债务"理应包含向他人借贷。破产实务已确认了这点。如在"深圳市亿商通进出口有限公司与东莞市清溪金卧牛实业有限公司借贷纠纷案"中,一审法院基于对《企业破产法》第 42 条第 1 款第 4 项的狭义理解,拒绝将重整期间所借款项归为"其他债务",从而否定其共益债务的属性。不过,二审法院认为,东莞金卧牛公司向深圳亿商通借款系发生于重整期间,且属于"东莞金卧牛公司破产重整期间继续营业而应支付的劳动报酬、水电费用、安保费用和社会保险费用以及由此产生的其他费用"之范畴,是为维护所有利益相关者和破产财产的利益而发生,因而属于《企业破产法》第 42 条第 1 款第 4 项规定之情形,应当认定为债务人"共益债务"。②根据《企业破产法》第 43 条规定,"共益债务"由债务人财产"随时清偿"。另根据《最高人民法院关于适用〈企业破产法〉若干问题的规定(三)》第 2 条第 1 款规定,破产程序启动后融资这种"共益债务"(管理人或自行管理的债务人为债务人继续营业而形成的新的借款债权),原则上应优先于普通债权清偿,但应劣后于担保债权。

不过,根据我国《企业破产法》第 75 条第 2 款规定,破产重整期间,债务人或其管理人为继续营业而借款时,可以为该债务设定担保。《最高人民法院关于适用〈企业破产法〉若干问题的规定(三)》第 2 条进一步规定了新的融资担保与既存担保债权的优先劣后顺序,即新借款上设定的抵押担保可根据我国《民法典》第 414 条(原《物权法》第 199 条)规定的"数个抵押权的清偿顺序"之规则享受相应的清偿顺序利益。③ 比较法中,存在例外情形下的"超级优先权"模式。例如,联合国国际贸易法委员会《破产法立法指南》规定:除非征得现有担保债权人同意,否则,为启动后融资设定的担保权益并不优先于既存的担保权益;不过,法院可在以下条件满足时批准设定优先于现存担保的担保权益:(1)现有担保债权人获得了向法院陈述的机会;

---

① 《最高人民法院关于适用〈企业破产法〉若干问题的规定(三)》第 2 条第 1 款规定:"破产申请受理后,经债权人会议决议通过,或者第一次债权人会议召开前经人民法院许可,管理人或者自行管理的债务人可以为债务人继续营业而借款。提供借款的债权人主张参照企业破产法第四十二条第四项的规定优先于普通破产债权清偿的,人民法院应予支持,但其主张优先于此前已就债务人特定财产享有担保的债权清偿的,人民法院不予支持。"

② 参见广东省高级人民法院(2014)粤高法民二破终字第 2 号民事判决书。

③ 《中华人民共和国民法典》第 414 条规定:"同一财产向两个以上债权人抵押的,拍卖、变卖抵押财产所得价款依照下列规定清偿:(一)抵押权已登记的,按照登记的先后顺序清偿;(二)抵押权已登记的先于未登记的受偿;(三)抵押权未登记的,按照债权比例清偿。"

(2)破产债务人能够证明已无法以其他方式获得融资;(3)现有担保债权人利益将得到充分保护。① 此外,根据美国破产法规定,应根据启动后融资的难易程度赋予新贷款人不同层级的优先权,每一层级的贷款优先权都具有明确的适用条件。② 未来是否引入"超级优先权"模式,需对破产法促进债务人重生之政策目标与物权法基本原则进行权衡,若为促进债务人重生而引入"超级优先权",则应设定严格的适用条件。

值得注意的是,为新贷款设定的担保或优先权在重整转清算时是否继续有效,除《企业破产法》第93条第2款规定之外,③尚无其他可适用的规则。比较法上,有立法例规定,为新贷款设定的担保或优先权可在程序转换时予以撤销;④但美国破产法与我国台湾地区"公司法"则认为程序转换不对债务人重整融资债权之上设定的担保或享有的优先权产生影响。⑤ 联合国国际贸易法委员会《破产法立法指南》"立法建议"第68条规定:应在清算中继续承认重整中给予新融资人的任何优先权。承认重整中新融资人的担保权利或优先权有利于吸引投资者向债务人提供信贷,进而提高债务人的资产价值乃至重整的成功率。未来破产立法改革时,可考虑增设破产程序启动后融资债权优先性不受程序转换影响的条款。

综上,我国破产法规定了单一债务人破产程序启动后融资债权优先性及担保问题,但与多数国家破产法一样,均未具体涉及企业集团破产这一特殊情形。一般而言,现有针对单个债务人破产程序启动后融资规则可一般性适用于企业集团破产情形,但其不充分性是显而易见的。毕竟,企业集团背景下可能产生的一系列问题明显不同于单个债务人,其中包括:(1)企业集团单个成员利益与企业集团作为整体重整之利益的衡量;(2)集团非破产成员提供融资或以其资产为外部融资提供担保的情形下,该集团成员是否享有优先权以及该类交易产生的债权是否会因关联交易而被特殊对待或在该非破产成员进入破产程序时而被视为特惠交易从而应予撤销;(3)提供融资的当事人是另一进入破产程序的集团成员的特殊情形,

---

① See UNCITRAL Legislative Guide on Insolvency Law, 2005, Sales No. E. 05. V. 10, Recommendations 66-67.

② 参见丁燕:《论破产重整融资中债权的优先性》,《法学论坛》2019年第3期,第113~114页。

③ 《中华人民共和国企业破产法》第93条第2款规定:"有本条第一款规定情形的,为重整计划的执行提供的担保继续有效。"

④ See UNCITRAL Legislative Guide on Insolvency Law, 2005, Sales No.E.05.V.10, p.118.

⑤ 参见丁燕:《破产重整企业债权融资的异化及其解决》,《华东政法大学学报》2019年第4期,第174页。

当把集团利益作为整体加以考虑时，由集团破产成员提供融资不仅可能，而且可取，只是，当该安排对这两个集团成员现有担保债权人和普通债权人产生影响时，则不仅应使这种影响与通过继续经营从而保全经营中企业的价值并最终使这些债权人受益的前景相互平衡，而且还应在为了集团其他成员利益而牺牲集团另一成员利益和为所有集团成员取得更好的结果之间达到平衡；①（4）当集团高度一体化时，集团成员间融资债权的优先级别如何设定（对此，一种观点认为，程序启动后融资债权的优先权设定可向资金提供者提供适当激励，同时也向资金提供者的债权人提供了保护；另一种观点认为，因这种融资涉及集团关联成员，因而宜赋予排序较低的优先权，以保护所有债权人利益，并在资金提供者的债权人和获得融资的集团成员债权人的利益之间取得平衡）。②

为解决企业集团背景下破产程序启动后融资的法律难题，联合国国际贸易法委员会《破产法立法指南》确立了相应规则。首先，《破产法立法指南》"立法建议"第 211 条规定：破产法应允许进入破产程序的集团成员向其他破产成员提供融资，或在其资产上设置担保以便为其他进入破产程序的集团成员提供启动后融资作保或其他保证。作为限制，《破产法立法指南》"立法建议"第 212 条进一步规定：在以下情形中，提供融资或担保的集团破产成员的管理人可决定向另一破产成员提供融资：（1）为后一破产成员的继续经营或生存所必需，或为保全该成员资产或增加其价值所需；（2）提供融资的集团成员的债权人导致的任何损害可从提供融资、设置担保权益、提供担保或其他保证中获得的利益中冲抵。其次，《破产法立法指南》"立法建议"第 63 条以及"立法建议"第 214 条规定：若拟接受融资的集团破产成员的管理人认为，获得融资关乎该成员的继续经营或生存，或为保全、增加其资产价值所必需，那么，该成员可以获得另一破产成员提供的融资，破产法可要求法院授权或债权人同意该破产成员获得该类融资。尽管存在争议，但为保护重整投资人，破产法仍应规定上述融资享有相应的优先权。③ 以上"立法建议"对完善我国集团破产程序启动后融资及其优先性安排的制度建设具有一定的借鉴意义。

---

① See UNCITRAL Legislative Guide on Insolvency Law, Part Three: Treatment of Enterprise Groups in Insolvency, 2012, Sales No.: E.12.V.16, pp.39-42.

② See UNCITRAL Legislative Guide on Insolvency Law, Part Three: Treatment of Enterprise Groups in Insolvency, 2012, Sales No.: E.12.V.16, pp.44-45.

③ See UNCITRAL Legislative Guide on Insolvency Law, Part Three: Treatment of Enterprise Groups in Insolvency, 2012, Sales No.: E.12.V.16, Recommendation 215.

（五）集团破产成员协同重整

理论上，制定集团多个破产成员的单一重整计划或制定针对每个成员的协调一致的重整计划——在平行破产程序中针对不同破产成员制定和核准相同或类似的重整计划——有利于减少整个集团破产程序的费用，并能确保以协调一致的方式化解集团财务危机并实现破产财产价值的最大化。① 我国破产实务中，海航投资及其 20 家子公司、供销大集及其 24 家子公司、海航控股及其 10 家子公司以及沈阳机床（集团）有限责任公司及其 8 家子公司都采用了单一重整计划。此外，破产法不仅可考虑允许在企业集团两个或多个成员的破产程序中提出协调一致的重整计划，还可考虑规定：企业集团中没有进入破产程序的成员可自愿加入已进入破产程序的一个或多个集团成员提出的重整计划，以促进谈判和提出协同重整计划，从而保护就业并在适当情况下保护投资。② 当然，单一或协调一致的重整计划应考虑不同组别债权人的利益，包括：（1）某些特定情形下向集团不同成员的债权人提供不同回报率的可能性；（2）在集团单个成员债权人之间和集团不同成员债权人之间取得有利平衡；（3）考虑债权分类和债权人等级，尤其是集团成员互为债权人并可被视为"关联方"的情形（"关联方"包括当前处于或一直处于对债务人享有控制地位的人或债务人的母公司、子公司或附属公司）；（4）若有集团成员反对协同重整计划，无论是以核准单一债务人重整计划所适用的规定为依据，还是基于集团重整计划核准之需要而专门设定不同的多数决要求，均应有相应的保障措施，确保重整计划在集团不同成员的债权人之间保持公平。③

不过，也有国家破产立法明确排除单一重整计划甚或协调一致的重整计划。例如，德国破产法第 269h 条只是规定了"协调计划"（内容上，协调计划可包括协调处理平行程序所需的各项措施，包括恢复集团单个成员以及整个企业集团的财务状况、集团成员间的争议解决以及破产管理人间的协议等方面的提议；协调计划经协调法院审查确认并应获得集团债权人委员会同意，当与协调计划内容、程序处理事项等相关的规定未得到遵守以

---

① See UNCITRAL Legislative Guide on Insolvency Law, Part Three: Treatment of Enterprise Groups in Insolvency, 2012, Sales No.: E.12.V.16, p. 80.

② See UNCITRAL Legislative Guide on Insolvency Law, Part Three: Treatment of Enterprise Groups in Insolvency, 2012, Sales No.: E.12.V.16, Recommendations 237-238.

③ See UNCITRAL Legislative Guide on Insolvency Law, Part Three: Treatment of Enterprise Groups in Insolvency, 2012, Sales No.: E.12.V.16, pp. 80-81.

及计划提出方未能或没有在法院确定的合理期限内更正这些缺陷，法院应当依职权拒绝这一计划），且该协调计划并非集团意义上的整体重整或清算计划，其并不改变任何的债权债务关系，也不构成后续措施的某种法律基础，目的仅在于增强彼此独立的集团成员破产程序管理方面的协调。① 对集团成员破产程序而言，"协调计划"虽无直接的约束力，但有显著的间接约束力。例如，程序协调人应在债权人会议上解释并促进经提议或确认过的"协调计划"，集团破产成员的管理人也有义务在债权人会议上就该计划作出解释，债权人会议则可指令破产管理人根据"协调计划"制定破产计划。② 这些规定有助于增加集团破产成员乃至整个企业集团成功重整的机会。③

第三节　程序启动后关联债权处置原理及规则

企业集团破产时，除非集团成员因法人人格高度混同从而"合并破产"，否则，集团每个破产成员即应单独进行破产程序，且可根据需要进行平行破产程序的协调管理。此时，如何处置集团成员间的关联债权就成为程序启动后一项颇具挑战的法律难题。理论上，应从严审查集团成员间关联债权的有效性，因为这事关外部债权人的公平受偿。实务中，可根据具体情形，将破产撤销、衡平居次以及"债权重新定性"（即"股东债权转股权"）等适用于集团破产背景下的关联债权处置。

一、企业集团背景下的破产撤销

（一）破产撤销的一般理论

破产法上一项公认原则是，集体行动在扩大债权人可获得的财产方面要比允许债权人"单干"更有效率，而且要求所有地位相同的债权人应受到同等对待。破产撤销正是实现这些关键目标的有效手段之一，撤销债务人于

---

① See Eberhard Braun, Germany Insolvency Law: Article-by-Article Commentary, Verlag C. H. Beck oHG, Second edition 2019, pp.724-725.

② See Eberhard Braun, Germany Insolvency Law: Article-by-Article Commentary, Verlag C. H. Beck oHG, Second edition 2019, p.725.

③ See Andreas Dimmling & Sandra Krepler, German Insolvency Law Has Become More Creditor Friendly but the Federal Tax Court Puts Restructurings at Risk, 11 Insolvency & Restructuring Int'l 30, 32 (2017).

破产前实施的不公平、不正当交易，如为债务人未来利益考虑而隐匿资产、为使债务人董事等高级雇员获益而进行交易以及不顾其他债权人利益而向某些特定的债权人进行偏惠性清偿等，这不仅有助于最大限度地降低破产固有成本并使破产财产最大化，也有助于公平对待所有利益相关者、确保他们按既定的清偿顺序获得公平分配。① 总之，破产撤销不仅体现破产具有防止不诚信债务人逃避债务、确保破产财产最大化的重要功能，也有助于"建立一套公正的商业行为准则，成为治理商业实体适当标准的一部分"。② 因此，许多国家破产立法都引入了破产撤销规则，除一些细枝末节上的差异外，这些破产撤销规则具有一些共同的公共政策基础且有显著相似之处。③

　　一般而言，破产撤销旨在实现以下政策目标：第一，破产法的一项重要原则是债务人财产应公平合理地分配给债权人，破产撤销恰能促进债权人的集体主义与公平受偿目标的实现，通过否定债务人破产前实施的不正当或不公平财产处分行为，从而矫正破产财产的分配扭曲现象；第二，阻止债务人财产于临近破产时被肢解或严重缩减有助于提高债务人继续营业的机会，增加其重整成功的可能性；第三，潜在的交易当事人因确定的撤销规则的威慑而不再订立事后可被撤销的交易（不过，该目标能否实现存在争议，因为即便当事人订立了这样的合同，破产管理人也可能因多种原因而放弃行使撤销权，例如，缺乏相应的资金或证据支持；而且，当事人还可能认为，即便启动撤销程序并且也取得了成功，它们也不会因为此前的行为而受到惩罚，最坏的结果也就是丧失了从不当交易中获得的好处而已）。④

　　效力上，破产撤销具有溯及力，即原本根据一般法律有效且不易受到挑战的交易或将因债务人破产事件而被撤销。不过，制定破产撤销规则时，通常需要在相互竞争的利益之间寻求平衡，一方面有必要赋予管理人充分而强有力的权力，使其能为全体债权人利益而采取有效措施实现破产

① See UNCITRAL Legislative Guide on Insolvency Law, 2005, Sales No.E.05.V.10, p.136; Irit Mevorach, Transaction Avoidance in Bankruptcy of Corporate Groups, 8 ECFR 235, 236 (2011).

② See UNCITRAL Legislative Guide on Insolvency Law, 2005, Sales No.E.05.V.10, p.136.

③ See Jay.L. Westbrook, Locating the Eye of the Financial Storm, 32 Brook. J Int'l L. 1019, 1021 (2007); Jay. L. Westbrook, Avoidance of Pre-Bankruptcy Transactions in Multinational Bankruptcy Cases, 42 Tex. Int'l. L. J. 899, 901-902 (2007); Irit Mevorach, Transaction Avoidance in Bankruptcy of Corporate Groups, 8 ECFR 235, 239 (2011).

④ See Andrew Keay, Harmonization of Avoidance Rules in European Union Insolvencies: The Critical Elements in Formulation a Scheme, 69 N. Ir. Legal Q. 85, 90-92 (2018).

财产价值最大化,对债务人达成的交易进行审查以确定这些交易是否对其他债权人构成损害,从而决定是否需要撤销这些交易;另一方面,又要避免行使撤销权对合同的可预测性和确定性造成损害,正因如此,可予撤销的交易类别以及撤销权行使均应遵守明确标准,以将破产撤销对合同可预见性和确定性产生的消极影响降至最低。①

比较观之,破产撤销标准大致有客观标准与主观标准之分。客观标准依赖一般化的标准判断交易是否可被撤销,例如,判断交易是否发生在债务人破产前的某段特定嫌疑期,若是,则交易可被撤销,或者以是否有证据证明存在某些法定情形,如债务人资产交易价值或承担的债务是否适当、债务是否已届清偿期或当事人之间存在特定关系等,从而判断交易可否被撤销。主观标准则通过对当事人交易意图、债务人进行交易时的财务状况以及交易对债务人资产的财务影响等因素的鉴别从而决定是否需要撤销,如债务人故意隐匿资产、进行交易时债务人是否已临近破产或因该交易而陷入破产、实施的交易对某些债权人不公,以及相对方是否知晓债务人进行交易时已经破产或因该交易而陷入破产等。② 简言之,主观标准主要考察当事人的主观状态,而客观标准侧重于客观事实,无需顾及交易当事人的意图。值得注意的是,上述标准各有不足,其中,主观标准的主要缺陷在于:第一,证明某个人的主观状态实乃难事,更不用说证明公司债务人的意图了;第二,可能导致大量诉讼进而增加破产成本,尤其是判断主观标准是否满足时耗时费力且结果不明。③ 客观标准的主要不足在于:假如当事人对其交易相对方财务状况不甚了解或在债务人无意偏惠其交易相对人时,可能导致当事人难以确定其交易是否会在今后某一时点被撤销,如此一来,若以破产前特定时段为撤销标准,极有可能造成撤销期内本质公平的交易被撤销而撤销期外的欺诈或特惠交易却受到保护。④ 鉴于上述两种标准各有缺陷,因此,折中做法是将两种标准相结合使用,如规定破产启动前特定时段内的特惠交易、压价贱卖等交易可予撤销且相对方不享有撤销抗辩权,而对旨在挫败、阻止或拖延债权人的交易,如无偿赠与财产、为现有债务设定担保以及相对方明知债务人交易时已经破产等,

---

① See UNCITRAL Legislative Guide on Insolvency Law, 2005, Sales No.E.05.V.10, p.137.

② See UNCITRAL Legislative Guide on Insolvency Law, 2005, Sales No.E.05.V.10, pp.137-138.

③ See Andrew Keay, Harmonization of Avoidance Rules in European Union Insolvencies: The Critical Elements in Formulation a Scheme, 69 N. Ir. Legal Q. 85, 97 (2018).

④ See UNCITRAL Legislative Guide on Insolvency Law, 2005, Sales No.E.05.V.10, pp.137-138; R J de Weijs, Towards an Objective European Rule on Transaction Avoidance in Insolvencies, 20 Int. Insolv. Rev. 219, 223 (2011).

则重点考察债务人和第三方的意图以确定是否需要撤销交易。① 多数国家制定撤销规则时采用了主观与客观相结合的标准,但也有少许国家,例如荷兰,则仅采用主观标准。②

比较法上,有立法例具体列明了可被撤销的交易类型:一是交易的目的在于挫败、拖延或阻碍债权人收回债权,交易效果是使债权人或潜在债权人得不到资产或损害他们的利益(这些交易因需证明债务人意图,故一般不应根据客观标准自动撤销,而应根据以下因素判断:交易当事人之间的特定关系、达成交易前后债务人的财务状况、债务人陷入财务困境时或受债权人诉讼威胁后转让部分或全部资产、债务人隐瞒交易尤其是隐瞒非正常经营状态下的交易或虚构交易、债务人潜逃等);二是债务人破产前进行的低价贱卖等不当交易,在此类交易中,债务人往往是为换取名义价值或所获价值明显不足;三是偏惠交易,包括偿付或抵销未到期债务、实施债务人无义务履行的行为、为无担保债权设定担保、以非正常支付方式偿付到期债务等;四是不当的担保交易。③ 我国《企业破产法》第 31 条与第 32 条规定了与此大致相同的可予撤销的交易类型。联合国国际贸易法委员会《破产法立法指南》还进一步规定了破产撤销及其抗辩的要件、交易撤销后相对方的责任等内容。④

(二)集团背景下的破产撤销

如前文所言,企业集团经营结构具有多种益处,其中,就包括为集团内部交易带来的某种便利性。类型上,集团内部交易具有不同的表现形式,主要包括:(1)集团成员之间的交易;(2)集团某一成员的利润上缴给集团的控制成员;(3)集团成员间的互相贷款;(4)集团成员间的资产转移与交叉担保;(4)集团某一成员向其关联成员的债权人付款;(5)集团某一成员为支持外部出借人向集团另一成员提供贷款从而向其提供担保或抵押

① See UNCITRAL Legislative Guide on Insolvency Law, 2005, Sales No.E.05.V.10, pp.137-139.

② See R D. Vriesendorp and F D. van Koppen, Transactional Avoidance in the Netherlands, 9 Int. Insolv. Rev. 47, 51-54 (2000); Andrew Keay, Harmonization of Avoidance Rules in European Union Insolvencies: The Critical Elements in Formulation a Scheme, 69 N. Ir. Legal Q. 85, 97 (2018).

③ See UNCITRAL Legislative Guide on Insolvency Law, 2005, Sales No. E. 05. V. 10, Recommendations 87-88, pp.142-144.

④ See UNCITRAL Legislative Guide on Insolvency Law, 2005, Sales No. E. 05. V. 10, Recommendations 97-98.

等。① 很多时候，在集团经营结构之下，可能需要为了集团整体利益而非集团某个或某些成员利益，从而将集团内可资使用的现金和资产用于商业用途。就此而言，集团结构势必增加破产程序中关联交易是否应撤销的判断难度。较之于单一债务人与外部当事人之间的交易，集团内交易有时具有符合集团整体利益的一面，但也有可能损及集团部分成员乃至侵害外部债权人利益的情形：一方面，鉴于集团结构可能导致集团成员之间的交易不同于它们与外部当事人之间的交易，如部分交易表面上似属于偏惠交易或价值被低估的交易，但在集团背景下，它们的利弊以及是否公平的判断就需考虑更广泛的因素，这些交易所涉条款和条件可能有别于不具有关联关系的当事人根据一般商业惯例而订立的类似合同，同样，若根据一般的商业理由及标准衡量，集团成员之间某些合法交易在集团范围以外就可能不具备商业上的可行性;②另一方面，较之于外部当事人，集团内部当事人占有信息优势，它们往往最先知悉集团特定成员的财务状况并有机会利用这一信息，如把面临财务危机的集团成员的资产转移给其他关联成员，继续使用这些资产并避免其成为破产财产，而且很多情形下，集团成员拥有共同的股东与董事，它们要么控制着集团成员间的交易，要么有能力确定它们的业务和财务决策，③所有这些对外部债权人而言难言公平。

随之而来的问题是，上述关于破产撤销的一般规定如何在企业集团场景中适用？可否不顾集团经营结构之现实，从而把集团成员间的交易单独对待？或者，某种程度上，可否基于集团结构而不顾公司独立性，从而决定支持此类交易？

通常，破产撤销的一般规定也可适用于企业集团成员之间的交易。然而，鉴于集团内交易复杂多样且集团成员之间的特定关系，这些一般性适用的破产撤销规定并不足以应对集团背景下的不当交易。④ 集团经营结构增加了集团成员间欺诈及可疑交易的识别难度，很多情形中，成员间看似不公的交易在集团背景下考察就具备商业上合理性与正当性，因此，考虑这些关联交易是否应予撤销时，除非交易具备了明显撤销事由，如欺诈

---

① See UNCITRAL Legislative Guide on Insolvency Law, Part Three: Treatment of Enterprise Groups in Insolvency, 2012, Sales No.: E.12.V.16, p.48.

② See UNCITRAL Legislative Guide on Insolvency Law, Part Three: Treatment of Enterprise Groups in Insolvency, 2012, Sales No.: E.12.V.16, p.48.

③ See UNCITRAL Legislative Guide on Insolvency Law, Part Three: Treatment of Enterprise Groups in Insolvency, 2012, Sales No.: E.12.V.16, p.49.

④ See Irit Mevorach, Transaction Avoidance in Bankruptcy of Corporate Groups, 8 ECFR 235, 238 (2011).

等,否则,法院也应将集团结构以及发生交易时的具体情形纳入其间予以考虑。联合国国际贸易法委员会示范立法详细列举了应予考虑的因素,主要包括:交易当事人之间的关系、作为交易当事人的集团成员间的一体化程度、交易目的、交易是否有利于集团整体运营以及交易是否给集团成员或其他相关人带来了利益且此种利益处在不相关当事人之间通常不会彼此给予等因素。① 这些因素旨在促使法院基于集团视角审查集团成员间的交易。一定程度上,这也意味着,一旦法院站在集团立场看待此类交易,多半会支持而非撤销它们。不过,联合国国际贸易法委员会制定的示范法并未表明可以不顾公司形式直至把集团成员视为"单一实体"的一部分。② 值得注意的是,也有一些国家破产法采用了严格标准。例如,德国破产法规定:董事或持有公司已发行有表决权之股份10%以上的股东,滥用公司法上的资讯优势而对公司享有债权,则公司提出破产申请前一年内偿还予股东的债务皆得撤销。③ 此外,如果考虑跨境破产的情形,那么,集团破产中的撤销问题更趋复杂,其将面临各国破产法在管辖、法律适用等诸多事项上不统一带来的困扰。④

二、衡平居次的一般法理及适用

一般认为,关联债权排序居次既不涉及揭开公司"面纱",也无关债权的有效性或合法性,它只是根据法院命令或法律规定将集团成员全部或部分破产债权受偿次序置于外部债权人之后,以保护后者不受内部债权人不当行为之侵害。⑤ 本质上,排序居次既不会对公司法律人格、股东有限责任原则产生影响,也非否定居于控制地位的集团成员对被控制成员的债权的效力。类型上,排序居次有衡平居次(Equitable Subordination)与自动居

---

① See UNCITRAL Legislative Guide on Insolvency Law, Part Three: Treatment of Enterprise Groups in Insolvency, 2012, Sales No.: E.12.V.16, Recommendation 217.

② See Irit Mevorach, Transaction Avoidance in Bankruptcy of Corporate Groups, 8 ECFR 235, 250 (2011).

③ 参见靳羽:《衡平居次原则在我国台湾地区的司法适用——以2012年度台上字第1454号判决为例》,《财经法学》2015年第5期,第115~116页。

④ See Oriana Casasola, The Transaction Avoidance Regime in the Recast European Insolvency Regulation: Limits and Prospects, 28 Int. Insolv. Rev.163, 165-176(2019).

⑤ See Judith Elkin, Lifting the Veil and Finding the Pot of Gold: Piercing the Corporate Veil and Substantive Consolidation in the United States, 45-FALL Tex. J. Bus. L. 241, 246 (2013); 联合国国际贸易法委员会《破产法立法指南·第三部分:破产集团企业对待办法》(贸易法委员会第五工作组(破产法)第38届会议文件·中文版),"处理企业集团破产问题:国内问题", A/CN.9/WG.V/WP.92, 2010年4月,第83段。

次之分。衡平居次是英美判例法上一项公平救济规则，肇始于 Taylor et al. v. Standard Gas & Elec. Co. et al. 案，[①]并在 Benjamin v. Diamond 案中初步成型，[②]直至 1978 年被写入美国破产法，成为适用最广泛、最持久的衡平法规则，并对不少国家立法构成显著影响(《美国破产法典》第 510(C)条规定，法院有权将由不公平行为获得的债权置后清偿，即经通知与听证后，法院可采取以下措施：(1)将一项被认可债权的全部或部分降级至另一项被认可债权的全部或部分之后，或者将一项被认可利益的全部或部分降级到另一项被认可利益的全部或部分之后；(2)将被降级债权的担保归入破产财团)。[③]

　　破产实务中，美国法院主要通过评估以下因素从而决定是否适用衡平居次规则：(1)居于控制地位的集团成员是否实施了不公平行为，例如，资本显著不足、不当经营、违反信义义务或滥用受托人地位等(值得注意的是，美国破产法院多认为，资本不足仅是"不公平行为"的表征，唯有此点不足以将关联债权劣后受偿，若公司缺乏足够资本是由控制公司滥用公司制度所致，那么，在本质上就属控制公司违反信义义务，可将其纳入违反受托人义务之列；"不当经营"也应借助控制公司是否善尽受托人义务准则予以判定。总之，"不公平行为"的真正意义是控制公司违反信义义务或滥用其受托人地位的行为，即违反公平对待义务而与附属公司进行交易，并且造成附属公司其他股东及债权人利益受损，即可认定存在不公平行为)；(2)上述不公平行为是否导致其他债权人受损或使行为人获得不公平利益；(3)适用结果是否违反破产法有关条款的规定，主要在于劣后债权仍是有效债权、法院仅得调整债权清偿顺序而非取消劣后债权的清偿、

---

① See Taylor et al. v. Standard Gas & Elec. Co. et al., 306 U.S. 307 (1939). 在该案中，美国联邦最高法院首次对母公司针对子公司的破产债权作出了有别于"揭开公司面纱"与"工具理论"等公平救济方式的处理。破产债务人(深石公司)的股票几乎全部由其母公司(即标准石油与电气公司)持有；同时，标准石油与电气公司又是深石公司的债权人。破产程序中，深石公司的优先股股东(Taylor 等人)对标准石油与电气公司的债权提出了质疑，寻求法院将其债权置于优先股股东对深石公司之债权之后受偿。美国联邦最高法院基于如下事实与理由，认定标准石油与电气公司之债权劣后于优先股股东之权利：(1)标准石油与电气公司向深石公司的出资严重不足；(2)深石公司日常经营受控于标准气电公司，且母公司不适当地与深石公司缔结了一系列对其自身有益却使深石公司受损的合同；(3)标准石油与电气公司促使深石公司向优先股股东支付不当股利，以阻止后者参与公司管理。See Taylor et al. v. Standard Gas & Elec. Co. et al., 306 U.S. 307 (1939).

② See Benjamin v. Diamond(In re Mobil Steel Co.), 563 F. 2d 692, 700 (1977).

③ 关于美国破产法衡平居次条款的进一步分析可参见[美]大卫·G. 爱泼斯坦等：《美国破产法》，韩长印等译，中国政法大学出版社 2003 年版，第 440~443 页。

破产债务人尚有财产进行分配等。① 我国台湾地区研究者认为，美国判例法上不公平行为在"性质上为不确定法律概念"，其真正内涵及表现形式仍需法院在个案中厘清。②

事实上，美国破产实务对"不公平行为"的裁断时有争议。③ 不过，基本共识是：衡平居次不应具备惩罚性，其仅仅是为填补债权人或其他股东所受损害并在必要范围内适用，即劣后受偿的债权范围须限于债权人因不公平行为所遭受的损害限度之内，一旦损害得到足额补偿，不得继续劣后处理经不公平行为获得的债权；同时，适用对象上，衡平居次原则已不限于母子公司关系，而是扩展至非母子公司关系的关联企业债权，④甚至外部债权人的某些特定债权也可能被劣后受偿。例如，Official Committee of Unsecured Creditors V. Credit Suisse 案中，被告瑞士信贷并非破产债务人的内部债权人，因法院认为其向债务人发放的贷款享有优先担保具有"掠夺性"，且导致其对该贷款"漠不关心"，故判定被告对债务人享有的债权劣后于其他债权人受偿。⑤ 另外，In re Colin 案中，债权人享有的惩罚性赔偿债权亦被劣后清偿，因为在法院看来，惩罚性赔偿与无担保债权在同等条

① See Benjamin v. Diamond(Inre Mobil Steel Co.), 563 F. 2d 692, 700 (1977); United States v. Noland, 517 U.S. 535, 538-39 (1996); In re Le Cafe Creme, Ltd., 244 B.R. 221 (Bankr. S. D.N.Y. 2000). "不公平行为"的相关分析还可参见李丽萍:《美国衡平居次原则的演变及其启示》,《金融法苑》2017 年总第 94 辑第 1 期, 第 176~185 页。

② 参见王志诚:《企业集团破产法制比较——解构与建构》,《政大法学评论》2014 年总第139 期, 第 207 页。

③ 衡平居次救济与惩罚属性在 Comstock v. Group of International Investors 案中表现为"不公平行为"(救济)与"绝对公平行为"(惩罚)之争:持"不公平行为"论的一派认为, "控制"行为本身并不意味着母公司债权应被劣后清偿, 仅当其利用控制地位并从事欺诈与违反信义义务等具有一定恶意的不公平行为时, 才应将控制公司的债权人劣后清偿。这意味着除非行为达到不公平程度(如资本不实、控制公司违反信义义务或无视从属公司独立人格、利益输送等), 否则不应将控制公司债权劣后受偿, 强调衡平居次原则救济之属性。这一属性决定了仅应在必要范围内采取居次措施:一是仅针对"不公平行为"产生的债权而作"居次"处理;二是"居次"结果以足额填补外部债权人所遭受的损害为必要限度。然而, "绝对公平行为"论者认为, 公平应是全方位、绝对的, 鉴于母公司对子公司的控制, 保护子公司债权人利益的难度将显著增加, 因此, 应适用绝对的公平原则对母公司行为进行检视, 即便母公司只是因疏忽或管理不当等尚不算"不公平"的行为, 但若造成子公司债权人受损的也应接受债权被居次的"惩罚"("惩罚"意味着内部债权将被不分缘由地全部劣后受偿, 更不会考虑内部债权人被劣后清偿的代价是否高于其之前从事不公平行为带来的不当收益)。参见李丽萍:《美国衡平居次原则的演变及其启示》,《金融法苑》2017 年总第 94 辑第 1 期, 第 176~179 页。

④ See In re Chase & Sanborn Corp., 904 F. 2d 588 (1990).

⑤ See Official Committee of Unsecured Creditors V. Credit Suisse, 299 B.R. 732 (2003); 李丽萍:《美国衡平居次原则的演变及其启示》,《金融法苑》2017 年总第 94 辑第 1 期, 第 186页。

件下受偿无异于强迫那些无辜债权人为破产企业的错误行为买单，这显然是不公平的。①

值得注意的是，我国破产实务中也有将非关联的惩罚性赔偿债权劣后于普通破产债权清偿的做法。王某某诉北京泰丰房地产开发有限公司破产债权确认案中，②被告恶意隐瞒所售卖房屋被法院查封并被裁定强制执行的事实而与原告签订房屋买卖合同，被告收取首付款后未能按合同约定交房，导致原告提起诉讼，其中，原告请求法院确认其对被告享有应返还的购房款与利益以及被告因欺诈而应给付的购房款一倍的赔偿金等债权。因被告进入破产程序，故原告申报相应债权，但破产管理人拒绝将原告申报的债权列入破产债权。对此，法院认为，被告在不具有商品房预售许可证明的情况下与原告签订房屋买卖合同，属于《最高人民法院关于审理商品房买卖合同纠纷案件适用法律若干问题的解释》（法释〔2003〕7 号）第 9 条第 1 项规定的欺诈行为。据此，原告有权要求被告返还已经支付的购房款及利息并赔偿损失，同时，可请求被告承担不超过已付购房款一倍的赔偿责任。因此，原告对被告享有的破产债权金额应包括一倍赔偿款 220 万元。该案二审时，法院特别强调：性质上，案涉赔偿款属于民事惩罚性债权，鉴于被告已进入破产程序，为保证被告所有债权人的债权得到公平受偿，因此，上述惩罚性赔偿债权应当劣后于普通债权清偿，即待破产程序中所有普通债权人债权完全受偿后且仍有剩余破产财产可供清偿时，再行清偿原告应获得的赔偿款。③

与判例上的衡平居次不同，德国破产法第 39 条第 1 款采用自动居次模式，即公司破产时，股东对公司的一切借贷或与其类似的其他债权均劣后于普通债权人受偿，为确保此类债权实现而设立于债务人财产之上的担保物权则一并丧失其破产别除权的法律地位。④ 可见，在破产财产受偿顺序上，德国法以股东债权自动居次为一般原则，至于股东是否为控制股东、是否实施不公平行为在所不问，⑤以限制股东规避出资义务损害公司

---

① See In re Colin, 44 Bankr. 806, 810 (Bankr. S. D. N. Y. 1984)；李丽萍：《美国衡平居次原则的演变及其启示》，《金融法苑》2017 年总第 94 辑第 1 期，第 184 页。

② 参见北京市第二中级人民法院(2015)二中民(商)初字第 11024 号民事判决书，北京市高级人民法院(2016)京民终 129 号民事判决书。

③ 参见北京市高级人民法院(2016)京民终 129 号民事判决书。

④ 参见许德风：《公司融资语境下股与债的界分》，《法学研究》2019 年第 2 期，第 87 页。

⑤ 参见靳羽：《衡平居次原则在我国台湾地区的司法适用——以 2012 年度台上字第 1454 号判决为例》，《财经法学》2015 年第 5 期，第 116 页。

和债权人利益的方式，使外部债权人"获得简单、明了、易于举证的保护"。① 不过，德国法上的自动居次并非绝对。为鼓励股东积极救助濒临破产的公司，德国破产法第 39 条第 4 款规定：若借款人于公司濒临破产，为化解公司危机而买入股份，那么该借款人向公司提供的新借款不再适用替代资本的股东借贷规则；此外，德国破产法第 39 条第 5 款还规定：非重要股东，如持有 10% 或 10% 以下股份的非业务执行人股东，也不适用自动居次规则。② 这些例外规定缓和了股东债权于公司破产时自动居次的严厉性。

比较观之，"德国法较之衡平居次原则对从属公司债权人的保护力度更强，但却不无约束股东过苛之嫌，如果说衡平居次原则所追求的实质公平理念体现出浓厚的理想主义色彩的话，那么，德国法富于可操作性的制度设计就是现实主义的结晶"。③ 与德国法类似，我国台湾地区"公司法"规定：如果控制公司直接或间接使从属公司为不合营业常规或其他不利益之经营行为，则其对从属公司享有的债权不论是否有别除权或优先权，均应劣后其他债权受偿。④ 我国大陆地区对于是否引入以及引入何种类型排序居次规则一度在理论上存在争议，⑤但实务中已有法院借鉴衡平居次原理将股东债权或其他特定债权置于外部债权之后受偿，⑥且得到了最高人民法院首肯并将其列为"典型案例"予以示范（最高人民法院认为美国法上的衡平居次"具有一定的借鉴意义"，同时指出："允许出资不实的问题股东就其对公司的债权与外部债权人处于同等受偿地位，既会导致对公司外部债权人不公平的结果，也与公司法对于出资不实股东课以的法律责任相悖"；相反，否定出资不实股东的同等受偿权则具有显著的社会效果）。⑦

---

① 参见党海娟：《我国破产法引入衡平居次规则必要性和可行性的反思》，《河北法学》2016 年第 3 期，第 75 页。

② 参见许德风：《公司融资语境下股与债的界分》，《法学研究》2019 年第 2 期，第 87 页。

③ 参见靳羽：《衡平居次原则在我国台湾地区的司法适用——以 2012 年度台上字第 1454 号判决为例》，《财经法学》2015 年第 5 期，第 116 页。

④ 参见王志诚：《从比较法观点论企业集团之重整法制》，《东吴法律学报》2013 年第 24 卷第 3 期，第 54 页。

⑤ 参见孙向齐：《我国破产法引入衡平居次原则的思考》，《政治与法律》2008 年第 9 期；曲冬梅：《企业破产中关联债权的困境与衡平居次原则的引入》，《东岳论丛》2011 年第 7 期；党海娟：《我国破产法引入衡平居次规则必要性和可行性的反思》，《河北法学》2016 年第 3 期。

⑥ "沙港公司诉开天公司执行分配方案异议案"，参见上海市松江区人民法院（2012）松民二初字（商）第 1436 号民事判决书、上海市松江区人民法院（2012）松民三初字（民）第 2084 号民事判决书。

⑦ 参见《最高人民法院发布的四起典型案例》，《人民法院报》2015 年 4 月 1 日，第 3 版。

不过，鉴于这一个案并未对股东债权"居次"原理详加论证，因此，不应过于强调该裁判结果的规范意义。相反，该案在以下方面尚存在不足：一是将出资不实作为劣后受偿的正当理由可能导致补偿性的出资不实责任体系内部冲突；二是将出资不实作为股东债权劣后受偿是对衡平居次原则的误解；三是社会效果方面可能产生反向抑制，即股东向公司提供信贷的积极性将因盲目扩张劣后受偿范围而受到抑制。[1]

比较而言，最高人民法院最近关于股东关联债权处置的司法政策更具确立规则的效果，而且也比较符合衡平居次原则的本意——基于破产法公平清偿之政策目标考虑，得对股东实施的且对外部债权人造成损害或为自身带来不当优势的不公平行为予以事后矫正，即将股东因不当行为获得的债权劣后于外部债权受偿。在该司法政策中，最高人民法院指出：集团成员"不当利用关联关系形成的债权，应当劣后于其他普通债权顺序清偿，且该劣后债权人不得就其他关联企业成员提供的特定财产优先受偿"。[2]至于何谓"不当利用关联关系"，最高人民法院未作进一步说明。不过，美国判例法上关于不公平行为的判定标准可资参考，例如，公司资本显著不足、股东滥用控制地位从而与公司进行显失公平的交易或使公司为其债权提供担保以及其他违反信义义务等情形。最高人民法院印发的《全国法院民商事审判工作会议纪要》关于"资本显著不足"与"过度支配与控制"的内涵界定，[3]对法院识别"不公平行为"或"不当利用关联关系"同样具有借鉴意义。

三、"债权重新定性"理论内涵

不同于排序居次，法院还可根据"债权重新定性"（Debt Recharacterization）之公平救济方式将关联债权（股东贷款）认定为股权，从而将其置于其他债权人之后受偿，此即美国破产实务中所称的"债转股"（Debt-to-Equity Recharacterization）。对此，美国法院确立了相应的区分标准，且从单一认定标准发展到多因素测试以及真实意图说等更加多元且灵活的判定标准，具有一定的启发意义。

---

[1]　参见潘林：《论出资不实股东债权的受偿顺位——对最高人民法院典型案例"沙港案"的反思》，《法商研究》2018年第4期，第150页。

[2]　参见《最高人民法院关于印发〈全国法院破产审判工作会议纪要〉的通知》（法〔2018〕53号）第39条。

[3]　参见《最高人民法院关于印发〈全国法院民商事审判工作会议纪要〉的通知》（法发〔2019〕254号）第11~12条。

　　起初，美国法院对股东贷款的审查较严格。Estesv. N & D. Properties, Inc.案中，美国联邦第十一巡回法院认为，股东贷款在以下任一情形下可被认为是出资：(1)破产债务人初始资本被证明不足；(2)股东贷款是在没有其他理性的第三方出借人愿意放贷情形下做出的。① 因这一认定标准过于严厉，投资者或将因此承担过重的法律风险，故并未得到其他破产法院采纳。相反，美国联邦第六、第十等巡回法院提出了更灵活的"债权重新定性"认定标准。

　　其中，RothSteel Tube Co. v. Commissioner of Internal Revenue 案中，美国联邦第六巡回法院认为，股东债权是否需要重新定性可根据以下要素进行判定：(1)法律文书名称是否表明是债务(若法律文书明确表明为债务关系，那么，股东贷款应被视为债权，若无此等法律文书，则应将其视为股权投资)；(2)是否存在固定的到期日和偿还计划(若存在到期日和偿还计划，则应视为债权，相反，则应视为股权投资)；(3)是否存在固定利率及相应利息；(4)债务清偿来源(若债务清偿仅是依赖借款人经营上的成功，那么，即应视为股权投资)；(5)资本充足与否(若借款人资本不足，即应视为股权投资)；(6)债权人与股东之间利益的一致性(若股东贷款与其股权成比例，股东贷款即应视为股权投资)；(7)是否为贷款提供担保；(8)公司从第三方获得融资的能力或机会(若理性的第三方机构不会向债务人出借资金，那么，股东贷款即应视为股权投资)；(9)贷款后于外部债权人债权受偿的程度(如果股东贷款在其他所有债权人之后受偿，那么，即应将其视为股权投资)；(10)股东贷款被用于收购资本的程度(若股东贷款用于债务人日常经营需要而非资产收购，即可视为债权，反之即应视为股权投资)；(11)是否存在偿债基金(如无偿债基金，视为股权投资，反之，即应视为债权)。② 与第六巡回法院稍有不同，美国联邦第十巡回法院采用了 13 项认定"债转股"的标准。③ 尽管标准有所相同，但它们的实质基础一致。最终，上述多因素判定标准被其他法院普遍采纳。

　　总体上，裁定"债权重新定性"时最常见的考虑因素是股东债权系非常规或难以被证明是债权。而且，多因素判定标准着眼于交易的实质而非当事人意图。此外，在每一个具体案例中，各个要素无须全部达成，它们没

---

① See Estes v. N & D Props., Inc., 799 F.2d 726 (11ᵗʰ Cir. 1986).

② See Roth Steel Tube Co. v. Comm'r of Internal Revenue, 800 F.2d 625, 630 (6ᵗʰ Cir. 1986)；王欣新、郭丁铭：《论股东贷款在破产程序中的处理——以美、德立法比较为视角》，《法学杂志》2011 年第 5 期，第 29 页。

③ See Redmond v. Jenkins (In re Alternate Fuels, Inc.), 789 F.3d 1139 (10ᵗʰ Cir. 2015).

有轻重之分且每一项因素均不具有决定性。[1] 当破产法没有明定股与债的区分规则时，"灵活的综合判断标准反而可以更好地处理股与债的认定问题。性质上，这些标准与民法上进行意思表示解释时的考量因素相近，虽不及刚性规则清晰易用，却可以更好地适用于区分股与债的复杂判断"；效果上，"作为一种将名义上的债定性为实质意义上的股的做法……更有助于保护公司的其他债权人"。[2] 美国法院还通过"真实意图说"来判定股东债权是否需要转为股权。Cohen v. KB Mezzanine Fund II, LP 案中，[3]美国联邦第三巡回法院着眼于以下两项判定标准：其一，交易是否是关联企业之间按照双方相互独立完成的；其二，交易双方的意图是否是创设一项债务。[4] 不难看出，法院意在通过确定股东债权人的真实意图——到底是借款还是出资——从而判定其到底是债权人还是股东，至于股东是否涉及不公平行为在所不问。[5]

总体而言，在美国破产实务中，"债权重新定性"并不如衡平居次规则那般被普遍适用。尽管如此，仍有不少法院认为"债权重新定性"与衡平居次可以为外部债权人提供两种相互独立的破产救济。[6] 而且，多数美国法院也认为，源于破产法上的衡平权力赋予了破产法院对特定债权重新进行定性的权力，这些法院把《美国破产法》第 105 条 A 款视为"债权重新定性"的法律依据。[7] 不过，也有少数法院对"债权重新定性"之破产救济持反对立场，它们认为破产法院的衡平权力仅限于执行破产法上的明确规定，根据所谓的衡平权力将股东债权重新定性为股权是错误的。[8] 一个有

---

[1] See Bayer Corp. v. MascoTech, Inc. (In re Auto Style Plastics, Inc.), 269 F.3d 726, 750 (6th Cir. 2001).

[2] 参见许德风：《公司融资语境下股与债的界分》，《法学研究》2019 年第 2 期，第 88～89 页。

[3] See Cohen v. KB Mezzanine Fund II, LP (In re SubMicron Sys. Corp.), 432 F.3d 448 (3d Cir. 2006); Curtis Wheaton, Clearing a Minefield of Insolvency Law: toward Debt Recharacterization as a Supplement to the Bankruptcy Code, 55 Santa Clara L. Rev. 769, 783 (2015).

[4] See Cohen v. KB Mezzanine Fund II, LP (In re SubMicron Sys. Corp.), 432 F.3d 448 (3d Cir. 2006).

[5] See In re SubMicron Sys. v. KB Mezzanine Fund II, LP, 432 F.3d 448 (3dCir. 2006); Curtis Wheaton, Clearing a Minefield of Insolvency Law: toward Debt Recharacterization as a Supplement to the Bankruptcy Code, 55 Santa Clara L. Rev. 769, 783 (2015).

[6] See Curtis Wheaton, Clearing a Minefield of Insolvency Law: toward Debt Recharacterization as a Supplement to the Bankruptcy Code, 55 Santa Clara L. Rev. 769, 788 (2015).

[7] See Paul Wallace, Simplifying the Muddled Doctrine of Debt Recharacterization, 86 Miss. L.J. 183, 188 (2017).

[8] See In re Pacific Express, Inc. v. Pioneer Commercial Funding Corp., Inc., 69 B.R. 112 (B.A.P. 9th Cir. 1986); In re Airadigm Commc'ns, Inc., 376 B.R.903 (Bankr. W.D. Wis. 2007).

趣的变化是，美国联邦第九巡回法院最初认为，法院无权将股东贷款债权重新定性为股权，美国破产法并未允许破产法院将股东债权重新定性为出资。① 但最近的一项破产判决表明，美国联邦第九巡回法院已改变此前立场，转而认可"债权重新定性"的合法性并接受了"多因素测试"的判定标准。②

目的上，"债权重新定性"通过"债转股"从而纠正虚假的贷款债权（着眼于交易本质的审查——"透过形式看本质"，关联债权人是否从事了不公平或错误行为则在所不问），而衡平居次规则意在矫正债权人的不公平行为。③ 从结果上看，尽管均将内部债权人债权劣后于其他债权人，但"债权重新定性"适用结果是"债转股"，衡平居次适用结果并不改变债权的有效性与法律属性。或因如此，美国法上的"债权重新定性"将面临以下挑战：第一，各个法院倚重的因素并不一致，鉴于每项测试标准均非决定性的，因此法院的裁判无法向市场提供一个可预测的框架，这与美国宪法中的破产条款所要求的一致性相悖；第二，法院对待"债权重新定性"的立场完全相反，部分法院拒绝承认"债权重新定性"的合法性，因此，美国学者建议将"债权重新定性"法典化，解决判例法不一致的问题；④第三，鉴于"债权重新定性"无须证明行为的不公平，因此，其将让投资者"一头雾水"，出于对贷款债权被重新定性为出资的担忧，股东向其投资的公司融资的意愿将大幅降低，这或将导致依赖内部人融资的债务人陷入更严重的困境（事实上，一旦公司陷入困境，往往只有其股东才愿意向其提供必要的资金援助）。⑤ 虽然存在不少问题和挑战，但"债权重新定性"仍被认为是不可或缺的。⑥

需要指出的是，美国判例法上的"债权重新定性"虽然在结果上也是债与股的转换，但与我国理论界广泛讨论并在破产实务中多有适用的"债转股"完全不同：首先，适用对象上，前者着眼于股东关联债权，后者通常指

① See In re Pacific Express, Inc. v. Pioneer Commercial Funding Corp., Inc., 69 B.R. 112 (B.A. P. 9th Cir. 1986).

② See In re Fitness Holdings Int'l, Inc., 714 F.3d 1141(9th Cir. 2013).

③ See Diasonics Inc. v. Ingalls, 121 B.R. 626 (Bankr. N.D. Fla. 1990); Bayer Corp. v. MascoTech, Inc. (In re AutoStyle Plastics, Inc.), 269 F.3d 726, 748(6th Cir. 2001).

④ See Curtis Wheaton, Clearing a Minefield of Insolvency Law: toward Debt Recharacterization as a Supplement to the bankruptcy Code, 55 Santa Clara L. Rev. 769, 790, 796-797 (2015).

⑤ See Matthew Nozemack, Making Sense Out of Bankruptcy Courts' Recharacterization of Claims: Why Not Use 510(c) Equitable Subordination?, 56 Wash. & Lee L. Rev. 689, 715 (1999).

⑥ See Paul Wallace, Simplifying the Muddled Doctrine of Debt Recharacterization, 86 Miss. L.J. 183, 199 (2017).

非股东债权人的债权；其次，法律效果上，前者将股东名义上的债权复归为股权，从而向外部债权人提供公平救济——股东借款因被认定为股权从而劣后于普通债权受偿，后者则仅仅是一种破产财产分配方式，其以重整后公司的股权抵偿债权人，债权人取得出资人地位，所享债权消灭，这意味着"作为债务清偿行为，在所转股权经过工商登记变更后，该项债务即完成清偿。债务人因重整计划不能执行等原因转入破产清算程序时，已通过转股方式完成清偿的债权不得再恢复为破产债权"；[1]最后，程序要求上，前者需要透过形式看本质，着眼于解决名债实股问题，无需获得股东同意；后者则以实现债权人团体清偿利益最大化为基础，系债权人"团体意思"的反映，[2]而且，鉴于后者在本质上是一种破产财产分配方式，因此，还应将"债转股"方案提交债权人会议根据多数决规则进行表决，以体现债权人自治之原则。[3]

---

[1]　参见王欣新：《再论破产重整程序中的债转股问题——兼对韩长印教授文章的回应》，《法学》2018 年第 12 期，第 119 页。韩长印教授此前的观点是："重整程序转入破产清算程序后，已经转换为股权的债权可以恢复期债权的原有性质"。参见韩长印：《破产法视角下的商业银行债转股问题——兼与王欣新教授商榷》，《法学》2017 年第 11 期，第 52 页。

[2]　参见邹海林：《透视重整程序中的债转股》，《法律适用》2018 年第 19 期，第 87 页。

[3]　一般认为，为尊重债权人自治，法院不应强制要求债权人实施"债转股"，但因此种方案也受团体清偿程序的约束，一旦满足《企业破产法》第 87 条规定的强制批准的条件，法院也可强制批准"债转股"方案，无需每个转股债权人单独同意。参见邹海林：《透视重整程序中的债转股》，《法律适用》2018 年第 19 期，第 87 页。不过，也有观点认为：重整程序中"债转股具有债权出资与债务清偿双重法律性质。债转股是不受重整集体清偿程序限制的权利，是否转股应当由每个债权人个别同意决定，它不属于债权人会议的职权范围，不受债权人会议少数服从多数表决机制的约束，在未经其同意的情况下也不受重整计划以及法院批准包括强制批准重整计划裁定的限制"。参见王欣新：《企业重整中的商业银行债转股》，《中国人民大学学报》2017 年第 2 期，第 2 页。

第四章 企业集团成员临近破产时董事义务特殊问题[*]

破产实务中一个常见问题是，公司临近破产时，[①]债权人一般难以及时主动地参与危机治理，他们虽有权申请破产程序，但因信息不对称等原因，无法把握启动破产程序的时机，即便最后启动了破产程序，也将因错失良机而无法获得理想的赔付；相反，对债务人而言，虽占有信息优势，却因其管理层及股东缺乏申请破产的动力或必要的义务约束，同样会导致程序启动的时机延误或丧失。此时，不仅债权人利益受损，债务人自身也将失去再生机会甚至成为僵尸企业盘桓于市场之中。实证研究也表明了这点。[②] 立法上，我国《企业破产法》第 125 条、第 128 条等条款虽部分回应了董事问责问题（第 125 条旨在确立董事行为导致公司破产时的责任规范，第 128 条则在于解决债务人破产前从事欺诈性交易时董事等主体的问责制），但公司临近破产时董事的行为准则及问责制几乎不在这些规定的范畴之内。这正是破产实务中导致债务人破产程序启动延宕及责任主体问责不明的重要原因之一。

为解决现行立法的不足以及破产实务的实际需求，最高人民法院、国家发展与改革委员会、司法部等13 个中央机构 2019 年共同制定、发布《加快完善市场主体退出制度改革方案》（发改财金〔2019〕1104 号）并在"完善破产法律制度"部分特别提出：应"研究规定企业和企业高级管理人员等相关责任

---

[*] 本章第一节、第二节、第四节部分内容曾作为国家社科基金后期资助项目（项目号：20FFXB057）阶段性研究成果发表在《当代法学》2022 年第 6 期（论文名：《论公司临近破产时的董事义务及问责制——基于公司法与破产法交错视角的思考》）。

[①] 与"临近破产"（Approaching Insolvency）相近的概念包括"濒临破产"（Vicinity of Insolvency）、"破产区段"（Zone of Insolvency）等，它们意在描述公司财务稳定性日益恶化以致破产迫在眉睫或不可避免之情形。See UNCITRAL Legislative Guide on Insolvency Law, Part Four: Directors' Obligations in the period Approaching Insolvency (including in Enterprise Groups), 2020, 2nd edition, United Nations Publication: e-ISBN 978-92-1-004806-4, p.16.

[②] 参见苏喜平、任慧星：《公司临界破产时董事的破产申请义务》，《法治论坛》2020 年第 1 期，第 181~182 页。

主体在企业陷入财务困境时负有申请破产清算或重整义务的必要性和可行性"，要求最高人民法院、国家发展与改革委员会以及司法部等中央部委推动落实。此外，作为先行先试样本，《上海市浦东新区完善市场化法治化企业破产制度若干规定》（2022年1月1日施行）第4条以及《海南自由贸易港企业破产程序条例》（2022年3月1日施行）第6条第4款对公司临近破产时的董事义务作出了初步规定，以期为被列入全国人大常委会立法计划的《企业破产法》修改积累经验。不过，理论上，临近破产公司董事义务是否以及何时转向债权人仍是公司法与破产法中颇具争议性的问题之一。① 鉴于临近破产或事实破产期间单个公司的董事义务配置本就充满了争议，因此，在企业集团情形下，当集团成员临近破产时，董事义务配置及问责问题将变得更加复杂。因此，如何在理论上以及立法上回应这些问题，不仅涉及债权人乃至债务人自身利益的保护，而且还关系到陷入困境的公司的治理成效。

第一节　董事一般义务及其在公司临近破产时的转化

一、公司法上董事的一般义务

一般认为，董事应向公司而非直接向拥有公司的股东履行义务（内容主要包括忠实义务与勤勉义务），其"旨在降低委托人的风险，义务内容则多反映风险的状态"。② 这也是公司法律关系中的核心规则之一。③ 比较法上，董事义务多源于法律的直接规定或一般的法律原则，例如信托原则或代理法。④

---

① See Robert Anderson, A Property Theory of Corporate Law, 2020 Colum. Bus. L. Rev. 1, 95 (2020); Amir N. Licht, My Creditor's Keeper: Escalation of Commitment and Custodial Fiduciary Duties in the Vicinity of Insolvency, 98 Wash. U. L. Rev. 1731-1732 (2021).

② 参见[美]塔玛·弗兰科：《信义法原理》，肖宇译，法律出版社2021年版，第106页。

③ 参见朱慈蕴：《公司法原论》，清华大学出版社2011年版，第283页。

④ 普通法上，信托与代理是两个不同的概念，其中，法律对受托人的要求要高于对代理人的要求，例如，董事不仅是代理人，而且也是受托人，董事对股东的义务就是经营管理公司，以股东对其信任相一致的方式为股东赢得最大利益，虽然董事享有比单个股东更多的权力，但该权力毕竟有限且受制于信任的约束，应基于授予这一权力的目的并以股东设想的方式善意地行使；相反，大陆法国家没有严格地区分信托与代理，而是把诚实信用原则作为合同或商业关系的基础。See Carsten Gerner-Beuerle, Philipp Paech & Edmund Philipp Schuster, Study on Directors' Duties and Liability, LSE Research Online Documents on Economics 50438, London School of Economics and Political Science, 2013, p.42. 相关分析还可参见[美]安德鲁·S·戈尔德、[美]保罗·B.米勒：《信义法的法理基础》，林少伟、赵吟译，法律出版社2020年版，第329~346页。

信义法上，如果一方因另一方的才识从而信任并依赖后者，那么两者之间即可构成信义关系。① 此时，信义关系中强势一方就应以最大注意及忠诚为弱势一方的利益服务。这是因为，当一方对另一方产生特别信任及依赖时，其就将自己或其他受益人置于过高的损害风险之中。② 这是董事向具有独立人格的公司乃至向股东承担信义义务的内在原因。③ 我国公司法于 1993 年与 2005 年先后引入忠实义务与勤勉义务，其目的正如立法者所阐释的，"董事基于股东的信任取得了法律和公司章程赋予的参与公司经营决策的权力，就应当在遵循法律和公司章程的前提下，为公司的最大利益服务"。④ 恰是基于这种"信任"，⑤才能最终实现公司治理中股东所有权与董事经营权的分离。同时，为保护这种"信任"，或者说为防范"信任"背后因双方信息及能力不对称而产生的道德风险，公司立法并未限于双方间的合意，而是另行向信义关系中占有优势地位的一方(主要是董事与高管)课以强制性义务。

通常，勤勉义务与公司董事提供的服务质量和尽职程度有关，侧重董事能力上的要求，其要求董事足够小心、足够勤奋地管理公司事务，具备作出合理商业决定所需的必要技能与经验，并慎重考虑这一决定可能的结果；忠实义务一般与"受托财产和权力有关"，其不仅要求受信人(董事)应为委托人(公司及股东)的利益行事，更重要的在于解决董事与公司利益冲突问题，要求董事负担个人利益与公司利益发生冲突时的不作为义务，包括避免自我交易以及不得篡夺公司机会等。⑥ 本质上，忠实具有显著的道

---

① See Robert A. Kutcher, Breach of Fiduciary Duties, David A. Soley et al., in Business Torts Litigation, American Bar Association, 2005, p.3.

② See Evan J. Criddle, Liberty in Loyalty: A Republican Theory of Fiduciary Law, 95 Tex. L. Rev. 993-994 (2017).

③ 正如域外判例法强调的，"董事负有为股东利益管理公司的法律责任。因此，当他们履行这一职责时，其行为受信义义务约束"。See North American Catholic Educational Programming Foundation Inc. v. Gheewalla, 930 A.2d 92, 101 (Del. 2007).

④ 参见安建主编：《中华人民共和国公司法释义》，法律出版社 2005 年版，第 211 页。虽然在字面上，我国《公司法》第 147 条仅规定董事"对公司负有忠实义务和勤勉义务"，但在解释上，有学者认为：若"将公司视为一个以股东为主、相关主体参加的共同体，则可将公司利益视为一种结构利益，董事所承担的义务不仅及于公司，也及于股东及其他利益相关者"。参见王保树：《公司社会责任对公司法理论的影响》，《法学研究》2010 年第 3 期，第 88 页。

⑤ "信任"问题的最新论述可参见 Eric C. Chaffee, A Theory of the Business Trust, 88 U. Cin. L. Rev. 797 (2020).

⑥ See Carsten Gerner-Beuerle, Philipp Paech & Edmund Philipp Schuster, Study on Directors' Duties and Liability, LSE Research Online Documents on Economics 50438, London School of Economics and Political Science, 2013, p.118; [美]塔玛·弗兰科：《信义法原理》，肖宇译，法律出版社 2021 年版，第 106 页。

德属性，甚至被视作为一种"康德式美德"，是一味"抵御诱惑的良药"。[①]
立法者或裁判者需以这一"严苛的道德意味浓厚的义务"来约束信义关系
两端中占有信息与能力等方面优势的当事人。公司实务中，往往只要存在
利益冲突或自利等事实或行为，一般即可判定董事违反了忠实义务。相对
而言，勤勉义务"是一种基于结果导向的事后追溯评价，存在对受益人或
委托人不利的后果或者没有达到事前的预期效果这一事实"时，才会向义
务主体问责，[②]其标准高于忠实义务，但其内涵不及忠实义务清晰，需在个
案中判断。[③]

　　正常状态下，公司经营管理应主要着眼于维护并促进公司利益从而实
现股东利益，这也是董事信义义务的根本所在。此时，公司风险首先由股
东承担，其次才由债权人承担。更重要的是，从权利视角看，法律赋予股
东的权利与赋予债权人的合同权利存在明显差异：前者因出资而享有分
红、表决、选择管理者等参与公司事务的权利，后者则仅有权以货币的时
间价值获得其债权的偿还。[④] 正因如此，董事行使权力时应致力于实现股
东利益最大化这一终极目标，并向公司乃至股东负担信义义务，而无需向
外部债权人承担这一义务。毕竟，当公司偿付能力正常时，公司与其债权
人或债券持有人之间的关系在本质上只是一种合同关系，[⑤]债权人受到其
与公司缔结的合同的保护，并能以公司违反合同或构成侵权等为由要求公
司予以赔偿，而不得以董事违反信义义务为由从而向其追索（根据公司法
的一般原理，董事违反信义义务时，若公司怠于追索，适格股东方可起诉
董事）。

二、公司临近破产时董事义务转化的理论阐释

　　不同于正常经营状态，当公司无力或即将无力清偿其到期债务时，情
势将产生戏剧性变化。此时，董事应权衡各方利益，进行强有力的危机治

---

① 参见［美］安德鲁·S.戈尔德、［美］保罗·B.米勒：《信义法的法理基础》，林少伟、赵吟
　译，法律出版社 2020 年版，第 141~160 页。
② 参见徐化耿：《信义义务的一般理论及其在中国法上的展开》，《中外法学》2020 年第 6
　期，第 1586~1587 页。
③ 勤勉义务履行与否的判断标准的进一步分析可参见叶金强：《董事违反勤勉义务判断标
　准的具体化》，《比较法研究》2018 年第 6 期。
④ See Gautam Sundaresh, In Whose Interests Should a Company Be Run：Fiduciary Duties of
　Directors during Corporate Failure in India：Looking to the West for Answers, 8 Mich. Bus. &
　Entrepreneurial L. Rev. 291, 293（2019）.
⑤ See Katz v. Oak Industries Inc., 508 A.2d 873, 879（Del. Ch. 1986）；United States v. Jolly,
　102 F.3d 46, 48（2d Cir.1996）.

理，并选择符合公司最佳利益的解决方案，但这对董事而言绝非易事。因为，无论是股东还是董事，一旦意识到无法收回投资或无法偿还债务，他们都有动机在短期内牺牲公司及其他利益相关者的权益从而使自身的回报最大化。① 一方面，对于股东而言，他们常会采取一些损人利己的机会主义行为，例如，要求董事从事高风险行为以挽救公司。他们深知：一旦公司进入破产程序，能够分配给他们的财产微乎其微，但如果成功了，公司将起死回生，他们将受益匪浅；另一方面，高风险行为失败的后果则由公司债权人而非股东承担，因为当公司破产或濒临破产时，股东仅以其出资额为限承担责任或风险，所以股东几乎没有什么可以失去的。② 公司临近破产时更是如此。③ 实证研究表明，这种冒险行为不足为奇，④尤其在董事本身就是公司股东的情形下更甚。⑤ 同样，就董事而言，因受制于业绩评价与考核且为薪酬等自身利益之考虑，即便在公司正常经营状态下，他们也多倾向于追求短期利益，进而催生诸多机会主义行为。当公司面临财务困境时，这种短视行为越发突出。此时，不难预料他们会采取更激进的纾困行动，这将置公司于更危险的境地并将损及债权人等第三方利益。⑥ 破产实务中，上述情形并不鲜见。⑦

　　公司经营状态正常时，坚持股东利益至上并无不妥，但当濒临破产或

---

① See Laura Lin, Shift of Fiduciary Duty Upon Corporate Insolvency: Proper Scope of Directors' Duty to Creditors, 46 Vand. L. Rev. 1485, 1486 (1993).

② See Kristin van Zwieten, Director Liability in Insolvency and Its Vicinity, 38 Oxford J. Legal Stud. 382, 388 (2018).

③ 若临近破产的公司拥有两个机会，即可从事损失风险高但潜在收益也高的交易或从事损失风险低但潜在收益也低的交易，那么此时，对债权人而言，他们自然希望公司采取低风险行为，以便当公司只剩下较少资产时能获得偿付，但对股东而言，他们却更偏好高风险、高回报的交易，因为他们不会因此失去更多。See Jeremy McClane, Reconsidering Creditor Governance in a Time of Financial Alchemy, 2020 Colum. Bus. L. Rev. 192, 209-210 (2020).

④ See Barry E. Adler, A Re-examination of Near-bankruptcy Investment Incentives, 62 U. Chi. L. Rev. 575, 590-598(1995); R de R. Barondes, Fiduciary Duties of Officers and Directors of Distressed Corporations, 7 Geo. Mason L. Rev. 45, 46, 49 (1998).

⑤ 参见张学文：《公司破产边缘董事不当激励的法律规制》，《现代法学》2012年第6期，第97页。

⑥ 参见[美]肯特·格林菲尔德：《公司法的失败：基础缺陷与进步可能》，李诗鸿译，法律出版社2019年版，第72~74页。

⑦ 例如，中澳控股集团有限公司破产案中，在公司出现巨额亏损且无力挽救时，管理层仍隐瞒公司真实财务和经营状况，继续向外大量举债，导致公司经营状况不断恶化并给债权人造成重大损失。参见山东省庆云县人民法院(2017)鲁1423破1-2号民事裁定书；苏喜平、任慧星：《公司临界破产时董事的破产申请义务》，《法治论坛》2020年第1期，第180~181页。

破产不可避免时，若仍固守这一原则，则有失公允。此时，保护股东利益已非最紧要之事，因为公司风险的主要承担者已转变为债权人。换言之，临近破产时，公司利益已在事实上转变为债权人的利益，董事利用的已然是债权人的钱。① 此时，任何进一步的损失都可能使公司陷入真正的破产状态，这也意味着债权人将无法获得足额偿付。由此，债权人自应被视为公司主要的利益攸关方，其结果便是董事负有不得牺牲他们利益的义务，②以防董事在公司发生财务危机时将治理成本外部化。进一步而言，危机来临时，公司财务恶化速度会超过当事人的预料，随着公司财务状况恶化，可用于拯救的选项也会迅速减少。因此，若缺乏必要的义务约束，即便破产立法上增加了公司重组或拯救的选项，董事恐怕也没有采取这些措施的动力，到最后破产清算将成为唯一的选项，其结果不仅是债权人受损，而且还将导致企业彻底退市、就业机会丧失、投资浪费以及经济复苏减缓等不良后果。③ 可见，扩展临近破产公司董事信义义务的边界，要求其采取合理措施避免破产或当破产不可避免时及时申请破产，无论对债权人还是对债务人自身甚至对整个社会都极为重要。④ 正如有立法者强调的，向临近破产公司的董事课以适当的注意义务而非仅仅是清算，对培育商业拯救文化具有重要意义，因为受此约束，董事将更愿尽早采取庭外重组、预防不当行为以及基于债权人利益而避免损失等积极措施。⑤更重要的是，较之于债权人，董事占有信息优势，他们比外部债权人更有

---

① See J C Lipson, Directors' Duties to Creditors: Volition, Cognition, Exit and the Financially Distressed Corporation, 50 UCLA L. Rev. 1189, 1212 (2003).

② See Andrew Keay, The Shifting of Directors' Duties in the Vicinity of Insolvency, 24 Int'l Insolvency Rev. 140, 144-145 (2015).

③ See UNCITRAL, Proposal by INSOL International: Directors' and Officers' Responsibilities in Insolvency and Pre-Insolvency Cases, U.N. Doc. A /CN.9/WG.V/WP.93/Add.3, April 2010.

④ 例如，较之于一般商业公司，大型金融公司临近破产导致的负面影响更甚。这些具有系统性影响的大型金融公司的破产不仅对为数众多的债权人造成损害，甚至危及整个经济体系的稳定与安全。如此一来，更有理由要求将这些经营失败的大型金融公司的董事及高管的信义义务转向债权人并考虑问题金融机构对整个经济体系的影响。See Yair J. Listokin & Inho Andrew Mun, Rethinking Corporate Law during a Financial Crisis, 8 Harv. Bus. L. Rev. 349, 385 (2018).

⑤ See Commission Proposal for a Directive of the European Parliament and of the Council on Preventive Restructuring Frameworks, Second Chance and Measures to Increase the Efficiency of Restructuring, Insolvency and Discharge Procedures and Amending Directive 2012/30/EU, COM (2016) 723 final (Nov. 22, 2016), https://ec.europa.eu/informationsociety/newsroom/image/document/2016-48/proposal_40046.pdf, last visited on November 29, 2020.

能力和条件对公司破产风险进行评估，从而能及时采取适当的危机干预措施。

不难看出，临近破产时，公司决策对债权人债权价值的影响显然大于对股东权利的影响，此时，"公司专门为股东谋利的公司法一般原则可能会被削弱"。① 进一步而言，当财务状况不断恶化时，公司原有信义义务结构所体现的权力分配格局将导致较高的代理成本。为降低这一成本，即需在立法上作出相应的调整——董事义务履行对象应转向公司债权人，且这种转化程度取决于公司财务状况的恶化程度。② 这种将公司财务状况与董事信义义务视为一种动态关系的观点得到了更多学者的支持。Steven L. Schwarcz 就认为：公司资不抵债的程度越深或此种可能性越大，那么，此时就应将更多的董事信义义务转向债权人。③ 此种情形下，"董事的使命应从创业转向监护"，④即董事应实施能使公司恢复常态的保护策略而非为实现利润最大化的冒险策略。通常，债权人的合法诉求多是其债权实现，尤其是临近破产时最大限度地保全其债的价值。这意味着面临危机的公司应立即停止有害的交易或在某些情形下继续进行交易并承担新的债务。这些并非一定与债权人利益相悖，关键是指导公司的策略能否满足他们的利益诉求，谨慎的照管义务恰好能发挥此种功能，因为它着眼于长远利益，同时寻求在此种条件约束下实现其价值最大化。⑤ 这一管理策略的转向并非绝对地从非破产情形下的股东至上转变为破产情形下的债权人至上，而是在于强调当破产临近时，除应考虑股东利益外，董事还应考虑债权人利益。⑥ 破产实务中，继对董事责任改变具有广泛影响的 Credit Lyonnais⑦ 案

---

① See Yair J. Listokin & Inho Andrew Mun, Rethinking Corporate Law during a Financial Crisis, 8 Harv. Bus. L. Rev. 349, 384 (2018).

② See Ramesh K. S. Rao et. al., Fiduciary Duty a la Lyonnais: An Economic Perspective on Corporate Governance in a Financially Distressed Firm, 22 J. Corp. L. 53, 75 (1996).

③ See Steven L. Schwarcz, Rethinking a Corporation's Obligations to Creditors, 17 Cardozo L. Rev. 647, 678 (1996).

④ See Amir N. Licht, My Creditor's Keeper: Escalation of Commitment and Custodial Fiduciary Duties in the Vicinity of Insolvency, 98 Wash. U. L. Rev. 1731, 1733 (2021).

⑤ See Amir N. Licht, My Creditor's Keeper: Escalation of Commitment and Custodial Fiduciary Duties in the Vicinity of Insolvency, 98 Wash. U. L. Rev. 1731, 1750 (2021).

⑥ See Philip Gavin, A Rejection of Absolutist Duties as a Barrier to Creditor Protection: Facilitating Directorial Decisiveness Surrounding Insolvency through the Business Judgment Rule, 15 Brook. J. Corp. Fin. & Com. L. 313, 356 (2021).

⑦ See Credit Lyonnais Bank Nederland, N.V. v. Pathe Communications Corp., 1991 WL 277613 (Del. Ch. 1991).

之后，越来越多的法院明确论及公司临近破产或事实破产时董事义务履行对象应延及债权人。① 总之，作为良好公司治理框架的一部分，当公司价值不断减损且恢复变得越来越遥不可及时，向董事课以适当义务势必对公司危机治理成效尤其对债权人保护产生显著而积极的影响。例如，鼓励董事更积极地了解公司财务状况，激励他们在公司危机迫在眉睫时获取专业建议，改善问题公司债权人地位并向他们提供参与危机治理的机会等。

不过，不得不承认，上述基于"风险负担理论"而要求临近破产公司的董事向债权人负担信义义务的观点在理论上并不完美并受到质疑：第一，较之于相对容易定义的"破产"概念，"临近破产"并无普遍接受的定义，它也不同于事实上的破产状态，②其让人难以琢磨，因为，并无可用于定义"正常经营状态"与"临近破产"的神奇分界线，③更何况"因公司管理层总会下一些'大赌注'从而使公司资产处于风险之中，所以，就此而言，几乎所有公司总是处于临近破产状态"；④第二，董事义务延及债权人增加了董事的责任风险，自然，受雇董事很可能把这种成本转嫁给公司；⑤第三，促使公司重生的适当冒险与投机性的过度冒险之间的界限难以判断，更有甚者，因忌惮承担个人责任，董事可能选择尽早关闭一家仍有经营价值的公司，而非努力经营摆脱困境；第四，公司临近破产时，董事本无须向债权人承担义务，因为此时，债权人仍受强有力的契约、资产担保以及其他经商定的合同的保护，而且，善意与公平交易的默示契约，例如欺诈转移法等仍能向债权人提供保护，正因如此，要求董事向公司债权人负担信义义务

---

① 例如，Buckhead America 案中，审理法院就认为公司临近破产时，董事不仅是剩余风险承担者之代理人，同时也应对公司自身包括债权人承担义务。See In re Buckhead America Corp., 178 B. R. 956, 968 (D. Del. 1994). 而在 Brentwood Lexford Partners 案中，审理法院更直截了当地指出：公司临近破产时，董事信义义务将从公司股东转向其债权人。In re Brentwood Lexford Partners, LLC, 292 BR. 255, 272 (Bankr. N.D. Tex. 2003).

② See Gloria Chon, Will the Courts Protect the Boards? Defending the Board of a Michigan Corporation in a "Zone of Insolvency", 53 Wayne L. Rev.1085, 1087 (2007). Quadrant 案中，法院直截了当地表明：法律上并不承认所谓的"临近破产"。同时，法院指出：仅当公司处于事实破产状态，债权人可以董事违反信义义务为由提起诉讼，且该诉讼仅能以派生诉讼方式提出。See Quadrant Structured Prods. Co. v. Vertin, 115 A.3d 535, 545-546 (Del. Ch. 2015).

③ See Production Resources Group L. L. v.NCT Group, Inc. 863A. 2d 772, 790 (Del. Ch.2004).

④ See Frederick Tung, Gap Filling in the Zone of Insolvency, 1 J. Bus. & Tech. L. 607, 623 (2007).

⑤ 参见李小宁：《公司实际破产时董事对一般债权人的义务研究》，《湖南社会科学》2017 年第 4 期，第 96 页。

务显然是在填补本不存在的缝隙;①第五,通常,董事应该为公司利益的最大化服务,这与破产法上要求董事将债权人损失降至最低、提升债权人利益的目标存在冲突,此种立法安排不仅会改变债权人与股东之间的利益平衡,还将使他们之间的关系变得更加不透明与不可预测。② 然而,上述观点未必完全站得住脚:首先,正如下文所表明的,"临近破产"在立法上并非不能定义;其次,认为债权人可利用合同及欺诈转移法等保护自己的观点言过其实,事实上,偏好机会主义的公司管理层很难用合同加以约束;③再次,公司临近破产时,债权人与股东间的利益平衡虽因董事义务结构的重置而被打破,但至少符合分配正义,况且,这种转变并非绝对地要求董事在股东与债权人之间选边站,事实上,董事在公司临近破产时为保护债权人利益而履行谨慎的照管义务最终也将惠及股东;最后,为避免反向激励——董事为避免承担责任而过早申请破产,不少立法例虽然要求临近破产公司的董事还应考虑债权人利益,但同时也为他们提供了相应的责任豁免,这有助于消解董事等潜在责任方对个人责任扩张的担心以及理论上的质疑。

值得注意的是,与临近破产时董事是否须向债权人负担信义义务尚存在明显分歧不同,当公司已处于破产状态或事实破产时,比较一致的观点是:董事首先应向债权人以及公司负担信义义务,股东退居其次。支持这一主张的理论基础是"信托基金理论"。④ 所谓"信托基金理论",一般指处于破产状态的公司的董事是公司资产的受托人,债权人则系该信托财产的受益人,股东虽仍是受益人,但已劣后于债权人。该理论可追溯至 Wood v. Dummer 案。⑤ 审理该案的法院强调,清算中的银行董事会以"信托"方

---

① See Production Resources Group L. L. v.NCT Group, Inc. 863A. 2d 772, 788, 790-791 (Del. Ch.2004); Odelia Minnes & Dov Solomon, Game of Thrones: Corporate Law and Bankruptcy Law in the Arena of Directors' Liability, 27 Colum. J. Eur. L. 1, 15-16 (2021).

② See Odelia Minnes & Dov Solomon, Game of Thrones: Corporate Law and Bankruptcy Law in the Arena of Directors' Liability, 27 Colum. J. Eur. L. 1, 12-16 (2021).

③ See Jared A. Ellias & Robert J. Stark, Bankruptcy Hardball, 108 Calif. L. Rev. 745, 762-787 (2020).

④ 这一古老的衡平法上的原则作为董事向债权人负担信义义务的理论基础尚存争议:第一,该理论具有适用上的局限性;第二,逻辑上,其与信义法的内在逻辑不相吻合;第三,该理论本身并未创设新的信义义务类型。参见陈鸣:《董事信义义务转化的法律构造——以美国判例法为研究中心》,《比较法研究》2017年第5期,第60~61页。

⑤ See Norwood P. Beveridge, Does a Corporation's Board of Directors Owe a Fiduciary Duty to Its Creditors, 25 St. Mary's L.J. 589, 594 (1994).

式为公司债权人执掌公司资产，因为，股东仅在公司偿还了所有债务之后，才有权享有"公司资本的剩余价值"，除此之外，股东并无其他权利可享。这也意味着，"在公司董事所掌握的信托基金（公司资产）之上附着了衡平法上的权利，而债权人正好是其中的受益人，抵抗这种权利则与良知相悖"。① 进一步而言，公司破产时，债权人即成为债务人支离破碎资产的"剩余索取权人"，当债务人继续营业时，他们将因此承担危机经营中的实质性风险，董事决策失误或不当决策都将导致公司剩余资产价值的减损，从而影响债权人在最终清算中的受偿利益。② 正是股东权益的劣后或消失以及债权人面临风险的增加构成了董事向公司债权人承担信义义务的正当理由。据此，不少法院认为，公司事实破产乃至进行破产重整时，董事是债权人的受托人，理应向债权人负担信义义务，须为债权人利益而保全债务人资产价值，若非如此，债权人可以董事违反信义义务为由向董事追责。③ 不过，公司破产情形下，尽管董事信义义务适用对象延至债权人，但信义义务的性质与范围以及公司治理规则并未发生根本改变，董事仍须以谨慎且诚信的方式借债以及履行其他勤勉义务，且不得从事自我交易、不得从事偏惠性资产转让、尽可能地将债权人的损失最小化同时将公司长远利益最大化、不得不当转移、隐匿公司财产或使公司资产面临过度风险等。④

第二节　公司临近破产时董事义务及问责的比较法考察

虽然理论与实务中尚存争议，但越来越多的国家立法已明确规定公司临近破产时董事应负的义务以及相应的问责制，且不少国家最近还对原有规定进行了修订。

---

① See Wood v. Dummer, 30 F. Cas. 435, 439-440 (1824).
② See Production Resources Group L. L. v.NCT Group, Inc. 863A. 2d 772, 791 (Del. Ch.2004).
③ See Richard M. Cieri and Michael J. Riela, Protecting Directors and Officers of Corporations That Are Insolvent or in the Zone or Vicinity of Insolvency: Important Considerations, Practical Solutions, 2 DePaul Bus. & Comm. L. J. 295 (2004); Gautam Sundaresh, In Whose Interests Should a Company Be Run: Fiduciary Duties of Directors during Corporate Failure in India: Looking to the West for Answers, 8 Mich. Bus. & Entrepreneurial L. Rev. 291, 303 (2019).
④ See John A. II Pearce & Ilya A. Lipin, The Duties of Directors and Officers within the Fuzzy Zone of Insolvency, 19 Am. Bankr. Inst. L. Rev. 361, 382-383 (2011).

一、公司临近破产时董事义务配置

(一)欧陆法上董事破产申请义务及其发展

　　较之英美判例法上对"临近破产"的模糊表述,①德国法将以下三种情形视为"临近破产":一是公司遭遇重大年度亏损,如公司资产损失过半;二是公司支付不能;三是公司过度负债。② 同时,德国破产法第 15a 条第 1 款规定:当债务人支付不能或过度负债时,③法人代表机关的成员或清算人需承担特别义务,即董事等当事方应在公司存在过度负债或支付不能情形后的三周内提出破产申请(相应的,西班牙破产法要求债务人或其董事自知道或应当知道破产之日起两个月内申请启动破产程序;法国法规定的时间则是 45 天)。④ 若董事违反这一义务,那么将构成德国《民法典》第 823 条第 2 款所称之"违反保护性法律"的侵权行为,遭受损失的债权人可据此要求他们承担责任。⑤ 不仅如此,违反义务者甚至还将承担刑事责任。⑥ 德国法如此规定的原因在于:一是因破产立法整体上侧重于债权人保护,故削弱了债务人申请破产的积极性,有时,债务人宁愿苟延残喘也不愿申请破产,向董事等主体课以破产申请义务也是希望解决这一疑难问题;二是破产申请义务是一项公法上的义务,即便股东和债权人同意,申请破产义务本身及时限均不得变更,董事不因此而免责。⑦ 总体上,德国法关于公司临近破产时董事等主体的义务规范更清晰且更具有可预测性。

---

① 英美判例法上,有法院将以下情形视为"临近破产":公司资本已耗损至显著不合理的水平,虽然其尚未达到无力还债境地,但破产已属合理可期。See In re Healthco International, Inc 208 B.R. 288, 302 (Bankr. D. Mass. 1997).

② See Justin Wood, Director Duties and Creditor Protections in the Zone of Insolvency: A Comparison of the United States, Germany, and Japan, 26 Penn St. Int'l L. Rev. 139, 155 (2007).

③ 作为破产界限,支付不能一般指不能清偿到期债务,过度负债一般指资不抵债(债务人仍具有持续经营的实质可能性除外)。参见德国破产法第 17(2)条、第 19(1)条。支付不能及过度负债的进一步解释参见 See Eberhard Braun, German Insolvency Code: Article-by-Article Commentary, Second edition, 2019, Verlag C.H.Beck oHG, pp.79-82, 84-87.

④ See Alessandro Zanardo, Impact of Italian Business Crisis and Insolvency Code on Organizational Structures in MSMEs, 27 U. Miami Int'l & Comp. L. Rev.308, 325-326 (2020).

⑤ 参见许德风:《破产法论——解释与功能比较的视角》,北京大学出版社 2015 年版,第 116 页。

⑥ See Eberhard Braun, German Insolvency Code: Article-by-Article Commentary, Second edition, 2019, Verlag C.H.Beck oHG, p.74, 77.

⑦ 参见郭丁铭:《公司破产与董事对债权人的义务和责任》,《上海财经大学学报》2014 年第 2 期,第 85 页。

相比之下，美国法关于公司临近破产时董事义务问题则显得纷乱。其实，董事的破产申请义务是绝大多数欧陆国家普遍采用的立法模式：除德国外，意大利、法国、西班牙等共计21个其他欧洲国家的破产立法均向董事课以了及时申请破产的义务，同时规定违反这一义务时的赔偿责任；①法国法甚至规定法院可禁止未履行破产申请义务的董事15年内管理或控制任何企业。②

最新的破产立法表明，除向董事课以破产申请义务之外，欧陆国家开始扩张公司破产前董事勤勉义务的边界。例如，意大利《商业危机与破产法》(2020年8月15日生效)即明确规定董事于破产前应采取合理必要措施避免破产：意大利新破产法不仅借鉴法国经验引入了针对问题公司的早期预警工具及相应程序，还特别向企业家及商业实体管理层课以一项特殊的义务——采取适当措施或建立与快速监测财务危机及企业丧失盈利能力有关的且与商业实体规模及类型相适应的组织、管理及财务结构，以避免破产并确保商业实体营业活动的连续性。③ 实际上，意大利新破产法引入的避免破产之义务与欧盟2019年6月20日审议通过的《公司重整与再生促进指令》④第19条的原则性规定是高度一致的(欧盟《公司重整与再生促进指令》第19条规定：当存在破产可能时，成员国立法应要求公司董事考虑债权人利益并采取合理措施避免破产，不得故意或因重大过失而实施损及企业生存机会的行为。该立法的目的在于：向临近破产公司的董事课以必要的注意义务，促使他们尽早采取具有商业可行性的危机干预措施。不过，对于采用何种干预措施，欧盟立法者特意保留了灵活性，成员国可自行选择早期预警工具、寻求专业咨询意见甚或在公司陷入破产或临近破产

---

① See Carsten Gerner-Beuerle, Philipp Paech & Edmund Philipp Schuster, Study on Directors' Duties and Liability, LSE Research Online Documents on Economics 50438, London School of Economics and Political Science, 2013, pp.209-210.

② See Odelia Minnes & Dov Solomon, Game of Thrones: Corporate Law and Bankruptcy Law in the Arena of Directors' Liability, 27 Colum. J. Eur. L. 1, 9 (2021).

③ 意大利新破产法这两项新规定的进一步评论可参见 Alessandro Zanardo, Impact of Italian Business Crisis and Insolvency Code on Organizational Structures in MSMEs, 27 U. Miami Int'l & Comp. L. Rev.308, 310, 313-323 (2020).

④ DIRECTIVE (EU) 2019/1023 OF THE EUROPEAN PARLIAMENT AND OF THE COUNCIL on preventive restructuring frameworks, on discharge of debt and disqualifications, and on measures to increase the efficiency of procedures concerning restructuring, insolvency and discharge of debt, and amending Directive (EU) 2017/1132 (Directive on restructuring and insolvency).

时要求董事向债权人承担信义义务等)。① 不同于意大利，德国法早前就规定了董事于破产前应履行相应的义务，包括董事等主体应于申请破产前的三周内采取能消除破产原因的合理措施，例如，重新融资或与债务人谈判等。② 此外，公司过度负债或支付不能时，管理层还负有限制付款的法定义务，此时任何支付行为须与通常的注意义务相一致，以阻止管理层以分红或股份回购等方式向公司股东转移财产，并确保存在于破产程序之中的支付的优先劣后顺序不受影响；当公司资本损失过半时，管理层负有召集股东大会的义务，以便及时向股东报告公司财务困境，债权人也将因此而获得警示。③这种"监护"式的治理策略对防止公司的危机持续恶化具有重要意义。

(二)英美法上不当交易/破产交易防止义务

与多数欧陆国家不同，英国及澳大利亚等国采用了另外一种规制策略——向董事课以不当交易/破产交易防止义务，即当破产不可避免时，董事有义务停止可能损及债权人利益的交易。

根据英国1986年《破产法》第214条规定，破产程序启动前，若董事(包括"影子董事"，即未获任命却以董事身份行事的人，例如直接介入公司事务的控制股东或母公司)知道或应当知道公司破产已不可避免，除非采取重整或清算等合理措施从而将债权人的潜在损失降至最低，否则，其须对任何的不当交易行为负责，即法院可经清算人请求判令董事对这些不当交易行为造成的损害承担个人责任；公司事实破产时，董事同样须对任何的不当交易行为负责。该立法旨在阻止董事于公司临近破产或已事实破产时从事高风险、高回报的交易。④ 英国1986年《破产法》第213条还特别规定，公司破产时，董事不得从事欺诈性交易，否则，同样应承担相应

① See Alessandro Zanardo, Impact of Italian Business Crisis and Insolvency Code on Organizational Structures in MSMEs, 27 U. Miami Int'l & Comp. L. Rev.308, 310, 328 (2020). 需要指出的是，欧盟"指令"虽不具有直接适用的效力，但作为欧盟的成员国，各国有义务将其转化为国内法加以适用。因此，不难预料，未来会有越来越多的欧盟成员国进行相应的破产立法改革，这将进一步充实临近破产公司董事的义务内容。

② 转引自李小宁：《公司实际破产时董事对一般债权人的义务研究》，《湖南社会科学》2017年第4期，第97页。

③ See Justin Wood, Director Duties and Creditor Protections in the Zone of Insolvency: A Comparison of the United States, Germany, and Japan, 26 Penn St. Int'l L. Rev. 139, 156-157 (2007).

④ See Danilo Scarlino, Zone of Insolvency, Directors' Duties and Creditors' Protection in U.S., 29 Eur. Bus. L. Rev. 1, 30 (2018).

的损害赔偿责任。英国法虽一度受到欧盟委员会公司法高级别专家小组推崇并建议其他成员国采纳，但仍存在明显缺陷：首先，确定董事承担责任的"时点"实非易事；其次，要求董事洞察未来并确定他们任职的公司是否正面临着破产清算危机充满了不确定性；最后，实务中，法院处理公司临近破产期间的董事责任问题时倾向于对他们保持"仁爱之心"。① 这些问题在美国判例法中也都不同程度地存在。比较而言，德国破产法倒是明确地定义了临近破产的情形，并对董事具体义务进行了规定，相反，英国法更强调灵活性，不当交易防止义务通常需要法院进行裁量。此外，德国法把临近破产视为向债权人转移控制权的充分事由，英国法则意在激励董事谨慎决定到底是选择继续进行交易还是申请启动破产程序，而非替他们做出决定。②

　　除 1986 年《破产法》第 214 条外，英国 2006 年《公司法》第 172 条第 1款也是判断公司临近破产或事实破产时董事是否应负担相应义务可得援引的法律依据。根据英国公司法上述条款规定，董事负有"促进公司成功的义务"，即公司董事须善意地为了公司成员（主要为股东）的整体权益而尽其所能地以促进"公司成功"的方式行事；同时，董事还应充分考虑任何决定最终可能的后果、公司雇员利益以及公司与供应商、消费者及其他当事人商业关系之需要、公司经营对社会和环境的影响、维护高标准商业行为的声誉、公司成员之间公平行事需要等多种因素。更重要的是，英国 2006年《公司法》第 172 条第 3 款进一步规定：公司法第 172 条第 1 款规定的"促进公司成功的义务"受限于要求董事在某些情形下考虑或以公司债权人利益而行事的任何制定法或法律规则。临近破产或事实破产正是此款所称的例外情形之一，此时，董事可不再受应为股东利益而促进公司成功义务的约束，转而考虑债权人利益。实务中，英国判例法要求董事应以一个有才智且诚实的勤勉之人的标准审慎评估其行为是否将惠及公司，这一标准同样可适用于董事对债权人的义务，即当董事未能考虑债权人利益且受到债权人问责时，法院审查重点是董事是否以一个有才智且诚实的勤勉之人的标准评估其行为对公司债权人的影响。③

---

① See Andrew Keay, The Shifting of Directors' Duties in the Vicinity of Insolvency, 24 Int'l Insolvency Rev. 140, 143-144 (2015).

② See Paul Davies, Directors' Creditor-Regarding Duties in Respect of Trading Decisions Taken in the Vicinity of Insolvency, 7 EBOR 301, 314-315(2006).

③ See Andrew Keay, The Shifting of Directors' Duties in the Vicinity of Insolvency, 24 Int'l Insolvency Rev. 140, 155 (2015).

受英国法影响，澳大利亚公司法在 1992 年修改时向临近破产公司董事课以了破产交易防止义务，①意在阻止董事用债权人的钱从事高风险交易，同时也为"保护公司破产前那些仍在尽力而为的诚信董事"。② 根据澳大利亚公司法第 588G(1)(2)条以及第 588J(1)条规定，当存在合理理由足可怀疑某项交易发生时公司已处于破产状态或因该交易而致公司陷入破产状态，董事即有义务阻止公司进行交易，否则，其应向债权人承担民事赔偿责任，甚至承担刑事责任。比较观之，澳大利亚公司法上的破产交易防止义务采用了比英国法更严格的标准，且被认为"过于关注对失败公司的惩罚并使其污名化"。③ 本质上，澳大利亚公司法上的破产交易防止义务与英国破产法上的不当交易制度存在几乎相同的缺陷，例如，董事对交易时公司清偿能力的判断都存在很大的不确定性。加之，虽然立法上为董事提供了相应的免责抗辩事由（包括有合理理由认为交易时公司仍具偿付能力、合理信赖适格的专业人士提供的公司仍具偿付能力的信息、因正当理由而未参与相应决策、已采取合理必要措施防止债务发生等），④但实证研究表明这些抗辩事由的实际效果有限，在绝大多数相关判决中，作为被告的董事最终都败诉了。⑤ 因此，为避免承担个人责任或声誉损失，董事多会选择在公司出现危机的早期阶段即启动正式破产程序从而不顾公司仍具长期经营价值的现实，⑥此种责任风险甚至导致早期的天使投资者与专业董事们不愿参与初创企业。⑦ 这些不利影响最终促使澳大利亚公司立法

---

① 另有一些欧洲大陆国家，例如塞浦路斯、丹麦、爱尔兰、荷兰、罗马尼亚等，同样引入了英国式的不当交易防止义务。See Carsten Gerner-Beuerle, Philipp Paech & Edmund Philipp Schuster, Study on Directors' Duties and Liability, LSE Research Online Documents on Economics 50438, London School of Economics and Political Science, 2013, p.209.

② See Helen Anderson, Shelter from the Storm: Phoenix Activity and the Safe Harbour, 41 Melb. U. L. Rev. 999, 1007 (2018).

③ See Productivity Commission, Business Set-up, Transfer and Closure, Inquiry Report No. 75 (2015).

④ 参见澳大利亚公司法第 588H(2)(3)(4)(5)条；金春：《破产企业董事对债权人责任的制度建构》，《法律适用》2020 年第 17 期，第 103 页。

⑤ See Paul James et. al., Insolvent Trading—An Empirical Study, 12 INSOL'Y L. J. 210, 234 (2004); Ian Ramsay and Stacey Steele, Insolvent Trading in Australia: A Study of Court Judgments from 2004 to 2017, 27 INSOL'Y L. J. 156 (2019).

⑥ See Productivity Commission, Business Set-up, Transfer and Closure, Inquiry Report No. 75 (2015).

⑦ See Explanatory Memorandum, Treasury Laws Amendment (2017 Enterprise Incentive No. 2) Bill 2017, https://www.legislation.gov.au/Details/C2017B00100/Explanatory%20Memorandum/Text, last visited on November 29, 2020.

者于 2017 年引入了用于进一步豁免董事责任的"安全港"条款。① 该立法并非要改变破产交易防止义务的内容，而是向董事提供更多可能的豁免，以促进问题公司通过庭外重组等非正式的司法破产手段缓解破产危机，并以此激励董事更密切地监测公司的财务状况、尽早采取合理措施化解公司财务困境，或当这些措施无法化解危机时尽快申请启动正式的破产程序。②

综上，以德国破产法为代表的欧陆国家立法以及以英国法为代表的英美法国家立法的共同点在于：均要求临近破产公司的董事考虑债权人而非仅仅是股东利益，以阻止董事实施那些受股东支持但可能损害债权人利益的高风险行为。不同之处在于：欧陆国家立法例偏向为临近破产公司的董事制定明确的行事规范与问责制，侧重于要求董事应于破产前采取合理措施避免破产以及当破产不可避免时及时申请破产程序，相反，以英国法为代表的英美法国家立法则把如何行事交由临近破产公司的董事自行决定，重点在于对临近破产公司的交易行为进行限制。进一步而言，英美法在确定董事义务何时转移等方面存在一些特殊挑战，但这些挑战在多数欧陆国家立法例中并不明显，后者规定了更具体的注意义务（勤勉义务）。这些义务可促使董事执行"监护方略"，即尽可能采取庭外重组、债务谈判等市场化再生策略保全问题公司资产，无需担心可能会承担英美法上的"不当交易责任"。③ 比较而言，遵循了市场主义的多数欧陆国家董事义务立法为促进适当冒险、激励商业投资、降低问题公司信息不对称等提供了更灵活的框架。④ 不过值得注意的是，澳大利亚公司法最新改革表明，英美法也开始向董事课以避免破产以及当破产不可避免时及时申请破产等注意义务（勤勉义务），强调董事应在公司临近破产时履行积极的作为义务，不再限

---

① 更多关于澳大利亚公司法引入"安全港"条款的背景解析请参见 Firew Tiba, Safe Harbor Carve-out for Directors for Insolvent Trading Liability in Australia and its Implications, 53 U.S.F. L. Rev. 43, 50-53 (2019).

② See Stacey Steele et. al., Insolvency Law Reform in Australia and Singapore: Directors' Liability for Insolvency Trading and Wrongful Trading, 28 Int'l Insolvency Rev. 363, 382 (2019); Explanatory Memorandum, Treasury Laws Amendment (2017 Enterprise Incentive No.2) Bill 2017, paras. 1. 16, https://www. legislation. gov. au/Details/C2017B00100/Explanatory% 20Memorandum/Text, last visited on November 29, 2020.

③ See Andrew Keay, The Shifting of Directors' Duties in the Vicinity of Insolvency, 24 Int'l Insolvency Rev. 140, 150-151(2015); Leon Yehuda Anidjar, Directors' Duty of Care in Times of Financial Distress following the Global Pandemic Crisis, 46 Brook. J. Int'l L. 99, 134 (2020).

④ See Leon Yehuda Anidjar, Directors' Duty of Care in Times of Financial Distress following the Global Pandemic Crisis, 46 Brook. J. Int'l L. 99, 134 (2020).

于不当交易防止等不作为义务。这种转变有助于促进董事采取庭外重组等合理措施避免破产，而非简单地启动破产程序了事。此种立法选择已成为国际破产改革的一项新趋势，联合国国际贸易法委员会最近制定的临近破产期间公司董事义务立法指南就采用了这一模式。① 这些立法具有重要的参考价值。

二、董事违反义务时的问责与豁免

一旦立法上确立董事于公司临近破产时须负担特定义务，那么随之而来的问题是，董事违反这一义务时如何问责？特别是，债权人能以何种方式追究董事责任？

对此，域外判例法作出了初步回应。在美国一些公司立法采"债权人友好型"的州，法院不仅承认临近破产公司的债权人享有针对董事的衍生诉讼原告资格，甚至允许他们在公司事实破产时以董事违反义务为由提起直接诉讼。不过，在特拉华等一些公司立法采"管理层友好型"的州，法院只承认债权人在公司破产时享有针对董事的衍生诉讼原告资格，②更不用说临近破产时债权人针对董事提起直接或衍生诉讼了。更大范围内，诸如英国、加拿大以及澳大利亚等普通法国家的一些法院现在也都认为破产公司的单个债权人无权以董事违反信义义务为由提起直接诉讼。③ 因为，这些法院认为，若承认债权人的直接诉权，将给那些负担信义义务的董事带来难以预料的责任。更重要的是，承认债权人直接追索破产公司董事的全新权利也将导致利益冲突，即董事既要担负使破产公司价值最大化的重任，同时还得直接向债权人负担信义义务。④ 简言之，这些法院认为，仅当公司破产时，债权人才能以衍生诉讼方式追究董事违反信义义务的责

① See UNCITRAL Legislative Guide on Insolvency Law, Part Four: Directors' Obligations in the period Approaching Insolvency (including in Enterprise Groups), 2020, 2nd edition, United Nations Publication: e-ISBN 978-92-1-004806-4.

② Production Resources 案中，特拉华州最高法院指出：公司破产仅仅是使债权人成为一个主要的利益攸关者，董事违反信义义务且导致公司价值减损只是致使他们间接地遭受损害，因此，公司破产情形下，即便董事决策失误导致公司遭受损失且该失误系违反董事信义义务所致，这种损害也只是针对公司本身而非其他当事人，如此一来，当公司破产时，债权人只是具备了提起衍生诉讼的资格，追究董事违反信义义务所获赔偿仍应归属于公司，他们只是间接地受益于这些索赔诉讼。See Production Resources Group L. L. v. NCT Group, Inc. 863A. 2d 772, 791-792 (Del. Ch.2004).

③ See Anil Hargovan & Timothy M. Todd, Financial Twilight Re-Appraisal: Ending the Judicially Created Quagmire of Fiduciary Duties to Creditors, 78 U. PITT. L. Rev. 135, 139 (2016).

④ See North American Catholic Educational Programming Foundation Inc. v. Gheewalla, 930 A.2d 92, 101 (Del. 2007).

任,董事义务的目标及实质并不因此而改变。① 然而,与英美判例法立场不同的是,根据《意大利民法典》第 2394 条规定,该国多数学者及法官认为,董事虽更主要是向公司及其股东负担信义务,但当他们违反了维持公司资产完整性的义务时,即便公司偿付能力正常,债权人也可为保护自身权利而向董事提起直接诉讼,而非为公司利益提起衍生诉讼。② 与之不同,绝大多数其他欧洲国家则规定,董事违反破产申请义务时,唯管理人可向其追索。③ 但一个合理的推论是,若管理人怠于追索,债权人也可提起衍生诉讼。

　　至于董事责任认定,各国规定有所不同:一是根据董事在某项决定或行为中的具体参与度将责任分摊至各个董事,二是要求董事对未履行义务造成的损失承担连带责任。不过,在连带责任模式下,各国之间也存在差异,其中有些立法例规定,法院仍享有裁量权,其可根据具体案情,包括过错程度,在董事之间分配责任,如可命令负有具体义务的董事承担全部责任,或在董事过错程度不尽相同时,要求某个董事承担较多责任份额;另有国家规定,仅当董事故意从事欺诈或不诚信行为时,董事才负连带责任(例如,西班牙破产法规定,除非另有证明,否则,逾期提交破产申请将被视为欺诈,董事或将因此须对公司债务承担全部或部分的责任,即与公司一起向债权人承担连带责任),④而在其他情形下,责任与董事行为在导致公司损失中的"贡献度"成正比;还有立法规定,法院根据过错的严重程度和因果关系的关联度来确定董事是否须向公司进行赔偿,但损害赔偿评估与责任或过错程度不一定成正比。⑤ 不过,鉴于过重的义务或个人责任

① See Larry E. Ribstein & Kelli A. Alces, Directors' Duties in Failing Firms, 1 J. Bus. & Tech. L. 529, 551 (2007).

② See Alessandra Zanardo, Fiduciary Duties of Directors of Insolvent Corporations: A Comparative Perspective, 93 Chi.-Kent L. Rev. 867, 871-872 (2018).

③ See Carsten Gerner-Beuerle, Philipp Paech & Edmund Philipp Schuster, Study on Directors' Duties and Liability, LSE Research Online Documents on Economics 50438, London School of Economics and Political Science, 2013, p.210.

④ See UNCITRAL Legislative Guide on Insolvency Law, Part Four: Directors' Obligations in the period Approaching Insolvency (including in Enterprise Groups), 2020, 2nd edition, United Nations Publication: e-ISBN 978-92-1-004806-4, pp. 21-22; Alessandro Zanardo, Impact of Italian Business Crisis and Insolvency Code on Organizational Structures in MSMEs, 27 U. Miami Int'l & Comp. L. Rev.308, 326 (2020).

⑤ See UNCITRAL Legislative Guide on Insolvency Law, Part Four: Directors' Obligations in the period Approaching Insolvency (including in Enterprise Groups), 2020, 2nd edition, United Nations Publication:e-ISBN 978-92-1-004806-4, p.22; Alessandro Zanardo, Impact of Italian Business Crisis and Insolvency Code on Organizational Structures in MSMEs, 27 U. Miami Int'l & Comp. L. Rev.308, 326 (2020).

或将迫使董事在公司出现危机前兆时即启动破产程序而非尝试采取债务谈判或庭外重组等非正式破产方式化解危机,尤其当有机会通过调整公司经营便可化解危机时,过早申请启动破产程序将不必要地摧毁公司的价值,从而对公司董事、雇员、债权人乃至整个经济都产生不利影响,①因此,非常有必要对董事责任进行限制。

关于免责,一般而言,董事可援引商业判断规则进行抗辩,即董事若以善意且谨慎的方式且在其权限范围内行事的话,那么他们将受到法律保护,无须承担责任。因此,若能证明已根据准确的财务信息和适当的专业意见等作出合理、客观的商业决定,即便事实证明这些决策最终失败了,董事也能依赖这一抗辩而免责。澳大利亚 2017 年修订的公司法第 588GA 条即进一步为董事引入了可用于免责的"安全港"条款——当董事因违反破产交易防止义务而被追索时,下列情形可为其提供额外的免责抗辩:(1)当开始怀疑公司可能处于或已处于无力偿债的状态时,董事即采取一项或多项"具有合理可能且将为公司带来更好结果"的适当措施;②(2)交易所产生的债务系在"特定期间"内因上述措施直接或间接产生。③ 相反,当董事对公司面临的困局持消极观望姿态,或当公司遭遇财务危机时仍允许公司照常进行交易、或其制定的恢复计划完全不切实际,甚至根本就未在合理期限内采取任何措施以及在明知公司面临严重财务危机后的合理期限内未及时申请破产(根据立法解释,"合理期限"需根据公司规模及类型酌定,例如,中小型公司一般为数日,大型复杂公司通常为数周或数月不

---

① See Explanatory Memorandum, Treasury Laws Amendment (2017 Enterprise Incentive No. 2) Bill 2017, paras. 1. 8-1. 10, https://www. legislation. gov. au/Details/C2017B00100/Explanatory%20Memorandum/Text, last visited on November 29, 2020.

② 对"具有合理可能并将为公司带来更好结果"的措施进行衡量时,一般应考虑以下因素并由董事予以证明:(1)是否确切了解公司财务状况;(2)是否采取适当措施防止公司高管或雇员的不当行为对公司偿债能力产生不利影响;(3)是否采取措施确保公司财务记录符合该类公司的一般标准;(4)是否向适格的专业人士提供充分信息并获取其咨询意见;(5)是否为改善公司财务状况而制定及实施重组计划等。参见澳大利亚公司法第 588GA (2)条。另根据立法解释,"合理可能"是指要求取得"更好结果"的机会不是不切实际或遥不可及的,而是"公平的""充分的"或"值得注意的";"更好结果"则是相较于立即为公司任命破产管理人或清算人而言的。See Explanatory Memorandum, Treasury Laws Amendment (2017 Enterprise Incentive No. 2) Bill 2017, paras. 1. 52-53, https://www. legislation. gov. au/Details/C2017B00100/Explanatory% 20Memorandum/Text, last visited on November 29, 2020.

③ "特定期间"的具体规定可参见澳大利亚公司法第 588GA(1)(b)(i)-(iv)条。

等），他们将不再受上述"安全港"条款的保护。① 值得注意的是，为激励董事采取债务谈判或庭外重组等措施化解因新冠肺炎疫情导致的公司经营困境或债务危机，澳大利亚 2020 年 3 月 25 日通过并实施《冠状病毒经济应对一揽子法》，其中增加了一项临时的"安全港"规则，即在该法生效后的 6 个月内，除非是不诚实或欺诈行为所产生的债务，否则，当公司于经营过程中产生必要债务，即便该债务导致公司丧失清偿能力，董事也可不受破产交易防止义务约束或因此而承担个人责任。无独有偶，为应对新冠疫情给经济发展带来的巨大冲击，更多国家采取了类似的法律行动，例如，德国、法国、西班牙等欧洲国家都暂时中止本国立法上的破产申请义务，其他如英国、新西兰等英美法国家也纷纷暂时中止破产法上不当交易防止义务的执行。②

第三节　集团成员临近破产时董事义务立法的复杂化

由上文可知，单一公司临近破产期间的董事义务问题虽得到了部分国家立法的回应，但理论上，这一立法的利弊仍是商法学者们的辩论主题。若考虑企业集团经营结构，董事义务配置及问责问题势必将更复杂。从成员关系角度看，企业集团成员之间可能会高度交织或呈现出高度一体化的经营格局。鉴于这一因素，加上"独立实体论"以及适用于集团单个成员的立法普遍缺乏对集团经营结构这一经济现实的明确承认，因此，势必给集团每个成员公司的董事履职带来特殊挑战。集团成员之间错综复杂的关系，常常导致成员公司的董事无法心无旁骛地为其任职公司负责，尤其在企业集团破产背景下，董事义务问题显然比单一公司破产时复杂。

一、集团结构对董事履职的特殊挑战

通常，应遵守"独立实体"原则要求董事为任职公司利益负责，尊重该

---

① See Explanatory Memorandum, Treasury Laws Amendment（2017 Enterprise Incentive No. 2）Bill 2017, paras. 1. 19, 1. 46, https://www. legislation. gov. au/Details/C2017B00100/Explanatory%20Memorandum/Text, last visited on November 29, 2020.

② See Insol International & World Bank Group, Global Guide: Measures Adopted to Support Distressed Business through the Covid-19 Crisis, April 2020, http://insol-techlibrary. s3. amazonaws. com/a8d909e7-532c-489a-b7fb-3a05cc15377a. pdf? AWSAccessKeyId = AKIAJ A2C2IGD2CIW7KIA&Expires = 1607570289&Signature = 1aNkwY4c2KVEcVMmeWNMlPB IaOo%3D, last visited on November 29, 2020.

公司的独立地位与有限责任，并确保不为整个集团利益而牺牲其任职公司的利益。① 这意味着，实现这一目标时，集团成员公司的董事不必考虑集团利益、其任职公司在集团的地位、集团成员之间的独立程度或一体化程度以及所有权和控制权的存在与否等因素，但当公司业务属于集团组成部分，并至少在某种程度上依赖集团其他成员提供融资、会计核算、法律服务、管理指导以及知识产权等重要的功能支持时，孤立地处理公司事务尤其是财务困境要么是困难的，要么是不可能的。② 进一步而言，若集团某一成员的董事在集团另一或多个成员公司履行同样职能或担任管理层或执行官职务，那么，董事应为其任职公司利益行事这一要求在企业集团情形下将变得复杂。此时，董事恐难划清集团成员各自利益并分别处理。而且，集团某一成员的利益可能因集团其他成员乃至整个集团与之相竞争的经济目标或需求而受到影响。一旦要对集团不同成员受到的短期和长期影响进行评估，尤其是为集团长远利益计，就可能需要接受集团单个成员利益受到损害或广泛影响的现实，这种集团利益与个别成员利益的权衡在以下情形中尤为明显：(1)集团成员为另一成员提供融资或为第三方融资提供担保；(2)以通常情形下不具有商业可行性的条件向集团另一成员转让其业务或资产；(3)集团一成员与其他成员之间相互担保等。③

　　一定程度上，通过协调集团成员的行动或促进集团成员之间交易以及在集团层面上共享资源等方式实现企业集团的一体化将带来一些特别问题，如何平衡集团利益与集团成员的利益就是企业集团治理中一项尤为严峻的挑战，尤其当母公司是上市公司或当上市公司系企业集团重要成员时，都将面临一系列的治理难题。④ 一方面，从母公司或控制公司的角度看，其应在多大程度上对子公司进行监管、制定集团政策或为子公司选举董事？另一方面，站在子公司或被控制公司的立场看，它们应在多大程度上遵从集团的政策与指示？尤其是，当与母公司或控制公司进行交易时，

① See UNCITRAL, Directors' Obligations in the period Approaching Insolvency: Enterprise Groups, A /CN.9/WG.V/WP.153, 2017, p.4.

② See UNCITRAL, Directors' Obligations in the period Approaching Insolvency: Enterprise Groups, A /CN.9/WG.V/WP.153, 2017, p.4.

③ See UNCITRAL, Directors' Obligations in the period Approaching Insolvency: Enterprise Groups, A /CN.9/WG.V/WP.153, 2017, p.4.

④ See Daniel Gergely Szaro& Karsten Ensig Sorensen, Corporate Governance Codes and Groups of Companies: In Search of Best Practices for Group Governance, ECFR, Vol. 15, Issue 4, 2018, pp. 697-731.

如何平衡子公司与整个集团的利益?① 正常情形下, 这些都是公司法应予回答的问题, 包括董事如何处理集团成员间的利益冲突、董事贷款限制如何延至该董事向集团其他成员借款之情形以及对董事购买任职公司股份的限制如何延及购买集团其他成员股份的情形等, 但当企业集团整体陷入破产境地时, 这些问题就将转化为破产法的挑战, 包括临近破产期间集团成员董事义务重构问题、企业集团破产时集团成员之间的关联债权认定以及集团一体化的经济现实对集团不同成员破产程序的启动与管理构成的影响等法律难题。

内部关系方面, 在处理所任职的集团成员的利益保护问题时, 董事需要一定的灵活性以权衡各种相互竞争的利益, 并在与所任职的集团成员的利益相一致的情形下, 为集团其他成员乃至整个集团的利益行事。一方面, 若董事在此种情形下实施的行为是合理的, 并且是为了避免其任职公司的破产或是将破产对该成员的影响降至最低, 那么, 董事无须为这些可能违反义务的行为负责就具有一定的正当性。② 另一方面, 对债权人而言, 集团整体利益本身并非董事免责的充分理由, 如果董事不顾其行为对任职公司的不利影响尤其是对其任职公司普通债权人的不利影响, 那么, 要求其承担相应的行为责任合乎法理。立法上, 确有法域允许集团成员的董事在符合特定条件时基于集团整体利益行事, 例如, 集团结构允许集团成员对集团决策拥有一定影响、集团成员参与协调统一的集团政策以及董事合理认定其任职公司所遭受的损害会在适当时得到弥补; 另一种立法例是允许集团成员公司的董事为集团母公司或控制公司的利益行事, 但此等行为不得损害董事任职公司偿付其自身债权的能力, 并且须获得该集团成员的公司章程或股东授权。③ 这意味着, 若董事为母公司利益行事而导致其任职的集团成员破产, 或在其任职的集团成员已然处于破产状态时仍为母公司利益行事, 则要承担相应的责任。

总体上, 作为公司法的一般原则, 董事向其任职公司负担信义义务, 它们应以其所任职公司而非该公司的母公司或控制公司的最佳利益行事。

---

① See Daniel GergelySzaro& Karsten Ensig Sorensen, Corporate Governance Codes and Groups of Companies: In Search of Best Practices for Group Governance, ECFR, Vol. 15, Issue 4, 2018, pp. 697-731.

② See UNCITRAL, Directors' Obligations in the period Approaching Insolvency: Enterprise Groups, A /CN.9/WG.V/WP.153, 2017, p.5.

③ See UNCITRAL, Directors' Obligations in the period Approaching Insolvency: Enterprise Groups, A /CN.9/WG.V/WP.153, 2017, p.5.

若非如此，他们就应为违反义务之行为向任职公司承担责任。然而，集团经营结构这一经济现实预示着集团单个成员的利益很多时候将让位于集团整体利益，尤其是集团成员彼此关联的事实可能会对董事义务等公司法中一般基本原则产生影响，这在破产情形下尤为明显。一般而言，子公司董事可通过为母公司利益行事的方式向其任职公司履行职责，尤其当子公司为母公司全资所有或母公司及其他中小股东在子公司的利益一致时几乎不会产生问题，但当子公司临近破产或已事实破产时，情况将大不相同。此时，子公司董事通常应考虑自己任职公司的债权人利益而非母公司或集团整体的债权人利益。① 这是一种理想状态，事实上，企业集团破产时，要求董事只顾局部而忽视整体利益并不利于企业集团整体纾困甚或导致集团的瓦解。只是，要求董事既要对任职公司负责又要兼顾集团利益将不可避免地产生利益冲突问题。因为，就整个集团而言，有些决策并非基于子公司利益而是整个集团利益——通常也是母公司利益——作出的，而且，这些决策通常也非子公司管理层而是母公司管理层作出的。这些行为虽有助于增进集团利益甚或惠及子公司，但在很多情形中，将有损子公司中小股东、债权人以及其他利益相关者的权益。②

二、集团破产背景下董事义务域外立法的分析

理论上，单个公司破产时董事义务的基本理论及法律框架也可适用于企业集团情形。只是，在集团背景下，一定程度上应允许董事兼顾集团经营结构这一经济现实，并基于集团价值最大化之考虑，制定包括整个集团或其部分成员的财务危机解决方案，这些解决方案应最终有利于董事任职的集团成员，且能确保其经营价值。③ 不过，董事在顾及集团利益时，仍须评估其所采取的行动对债权人造成的影响，至少能确保这些债权人以及其他利害关系人的境遇不差于不采取这些行动时的结果。④ 这也意味着，立法上应着重考虑两个问题。第一，子公司董事可否采取有利于集团整体

---

① 参见［英］艾利斯·费伦：《公司金融法律原理》，罗培新译，北京大学出版社 2012 年版，第 30~31 页。
② See Martin Winner, Group Interest in European Company Law: An Overview, 5 Acta Univ. Sapientiae: Legal Stud. 85, 86 (2016).
③ See UNCITRAL, Directors' Obligations in the period Approaching Insolvency: Enterprise Groups, A /CN.9/WG.V/WP.153, 2017, p.6.
④ See UNCITRAL, Directors' Obligations in the period Approaching Insolvency: Enterprise Groups, A /CN.9/WG.V/WP.153, 2017, p.6.

利益但并不一定惠及子公司利益的措施？这一问题对子公司董事而言至关重要，因为这关乎他们是否需要承担相应的民事甚至是刑事责任，而且，这一问题的立法回应也将对母公司运营整个企业集团的能力产生影响，因为子公司董事多半会因个人责任风险而对执行有损子公司利益的行为犹豫不决。第二，子公司董事能否遵照母公司指示——考虑的是集团利益而非子公司利益——行事？① 如果无需承担个人责任，那么子公司管理层或将乐于遵从母公司的意志。

　　一个不容忽视的现象是，集团经营结构中，董事交叉任职稀松平常。因此，当集团一个或多个成员遭遇破产危机时，交叉任职——担任集团不同成员的董事或承担集团数个成员的管理职责——将给董事处理危机带来挑战，尤其在"试图确定最有可能保全资产价值的同时又能为集团每个成员的财务困境提供最佳解决方案的纾困行动时，其对集团不同成员所负的义务之间即可能面临冲突"。② "这种冲突的性质和复杂性与董事任职的集团成员在集团中的地位、集团的一体化程度以及控制权和所有权的存在与否有关。例如，董事同时任职于母公司及受控公司董事会时，需能证明涉及母公司的任何交易均需考虑受控集团的成员利益，且对其而言是公平合理的。此外，董事任职的成员公司利益可能与集团整体利益高度交织，这就要求董事考虑集团整体利益这一经济现实。此时，董事采取的某些措施可能被视为有害于集团单个成员，但基于更广泛的集团背景考虑则可能是合理的"。③ 法国法上的"罗森布拉姆"原理表明了这点。该原理源自法国刑事法院的一项判决。案中当事人——马克·罗森布拉姆——同时担任多家关联公司的董事，这几家公司之间不时进行资金转移，其中一公司向陷入破产的另一公司转移的资金达到了前者资本总量的四分之三。抗辩时，罗森布拉姆认为，案中所涉公司事实上构成了一个公司集团，转移资金系为追求集团共同利益。法院拒绝承认罗森布拉姆的抗辩，但提供了一项此种抗辩可被承认的标准，即董事可以在以下条件具备时基于集团利益行事：(1)遵从共同的经济、社会或财务利益；(2)拥有连贯一致的集团政

---

① See Martin Winner, Group Interest in European Company Law: An Overview, 5 Acta Univ. Sapientiae: Legal Stud. 85, 87 (2016).

② See UNCITRAL, Directors' Obligations in the period Approaching Insolvency: Enterprise Groups, A/CN.9/WG.V/WP.153, 2017, p. 9.

③ See UNCITRAL, Directors' Obligations in the period Approaching Insolvency: Enterprise Groups, A/CN.9/WG.V/WP.153, 2017, pp.9-10.

策；(3)集团成员之间公平地承担成本、分享收益；(4)集团成员之间紧密关联，确立了稳定的组织结构，且集团成员向其他关联方提供的财务支持不得超过合理限度，尤其不得超过其自身的资金能力。① 这意味着董事在此情形之下即便违反了其向任职公司所负担的信义义务，也可基于集团利益之抗辩而得到豁免。

除法国外，捷克、意大利、波兰等欧洲国家的公司法或相关立法都已承认或打算引入"集团利益"概念。② 所谓"集团利益"，是指将企业集团视为"一个经济单位"从而考虑诸如长期繁荣及经济稳定等利益。③ 理论上，强健的企业集团所带来的收益通常也能最终惠及其成员，从而使集团利益与集团单个成员的利益保持一致。然而，这并非必然，当集团成员仅负担成本而不享有利益，或者，当其在集团中的角色分配不公进而仅代表集团利益而非自身利益行事时，上述理论假设就会被打破，④无论是企业集团正常经营时期，还是破产危机来临时，都是如此。

不过，另外一些立法例中，集团利益并非当然地成为董事不向其任职公司或其他利益相关方承担义务的正当理由。例如，与法国不同，德国法采用了另一种模式。

德国法将涉及上市公司的企业集团分为三类：一体化集团、合同集团及事实集团。⑤ 一体化集团中，母公司持有子公司特定比例的股份并通过其所享有的表决权实现母子公司一体化的目标，母公司享有对集团成员绝对的管理权，但同时应为集团成员的负债负担连带责任；合同集团中(两个公司的特定比例的股东订立合同，赋予其中一个公司——"母公司"——管理另一个公司的权利)，"母公司"因合同约定而享有对集团成员的管理权并被允许基于母公司或集团利益而掌控整个集团，但条件是"母公司"须弥补子公司损失并向子公司少数股东提供充分保护；事实集团——虽无股

---

① See Maria Rexova, Liability and Loss from a Comparative Perspective-The Question of Groups of Companies, 14 Common L. Rev. 55, 56 (2017).

② See Katerina Eichlerova, Group Interest in the Czech Republic, 5 Acta Univ. Sapientiae：Legal Stud. 5 (2016)；Dorota Masniak, Group Interest in Poland, 5 Acta Univ. Sapientiae：Legal Stud. 15 (2016)；Mia Callegari, Corporate Groups under Italian Law：A Comparative Approach and the Brand-New Crisis Code, 14 Frontiers L. China 533 (2019).

③ See Katerina Eichlerova, Group Interest in the Czech Republic, 5 Acta Univ. Sapientiae：Legal Stud. 5, 12 (2016).

④ See Katerina Eichlerova, Group Interest in the Czech Republic, 5 Acta Univ. Sapientiae：Legal Stud. 5, 12 (2016).

⑤ 德国企业集团理论的进一步分析参见[日]高桥英治：《企业集团与少数股东的保护》，崔文玉译，法律出版社 2014 年版，第 3~79 页。

权关系或合同安排，但某一公司仍对另一公司享有直接或间接的支配权——情形下，控制公司应在每个财务年度末为其有损受控公司利益的所有行为及交易给予后者充分补偿。[1] 这意味着受控公司可能遭受的不利影响仅当其损失在财务年度末得到弥补时才能视为合法，否则，造成该等不利影响的管理决策就是无效的，董事等行为人就将据此承担相应的损害赔偿责任。[2] 鉴于商业判断规则是以单个公司利益而非集团利益为依归，因此，董事或高管通常无法援引这一规则减轻自己的责任。意大利法介乎德国模式与法国模式之间，既注重集团利益与子公司利益的平衡，但同时，如多数学者强调的，子公司损失若由整个集团获得的利益加以弥补，那么董事与高管等可免于承担相应的行为责任。这种"优势补偿理论"已成为破产程序中评估集团经营合法性以及撤销或认定此等行为无效的基础。[3] 然而，在集团利益或统一管理被滥用的情形下，控制公司或其董事仍应承担责任。根据意大利《商业危机与破产法》(2020 年 8 月 15 日生效)第 291 条规定，无论是针对整个企业集团的单一程序的破产管理人，还是针对不同集团成员的多个破产程序中的管理人，均可根据意大利《民法典》第 2497 条启动针对董事与高管等当事人的索赔程序，即当子公司接受的指令仅来自母公司或控股公司，且后者仅考虑自身利益或其他成员利益，从而违反了一般的公司原理以及子公司的经营管理原则，那么，此时，控股公司及其董事等当事方须向受到损害的子公司股东及债权人承担责任。[4]

综上，当集团成员临近破产或破产不可避免时，为保护债权人等当事方权益，确保董事知晓在其任职公司临近破产时的责任，尤其是兼顾集团整体利益与危机中的集团成员债权人利益，立法上仍应特别考虑此种情形下董事义务的配置问题。

---

[1] See Klaus J. Hopt, Groups of Companies-A Comparative Study on the Economics, Law and Regulation of Corporate Groups, European Corporate Governance Institute (ECGI), Law Working Paper No. 286/2015, In J. N. Gordon & W.-G. Ringe (Eds.), The Oxford Handbook of Corporate Law and Governance, 2018, Oxford University Press, pp.603-633; UNCITRAL Legislative Guide on Insolvency Law, Part Three: Treatment of Enterprise Groups in Insolvency, 2012, Sales No.: E.12.V.16, pp.17-18.

[2] See Mia Callegari, Corporate Groups under Italian Law: A Comparative Approach and the Brand-New Crisis Code, 14 Frontiers L. China 533, 551 (2019).

[3] See Mia Callegari, Corporate Groups under Italian Law: A Comparative Approach and the Brand-New Crisis Code, 14 Frontiers L. China 533, 552 (2019).

[4] See Mia Callegari, Corporate Groups under Italian Law: A Comparative Approach and the Brand-New Crisis Code, 14 Frontiers L. China 533, 553 (2019).

第四节　临近破产时董事义务及问责的中国法回应

由上文可知，作为信义义务的一部分，越来越多国家的公司或破产立法向临近破产公司的董事课以积极的作为义务，促使董事于公司危机之际采取"监护"措施保全公司财产、缓解财务困境或破产危机，这对防止债权人利益因危机恶化而受损具有显著的现实意义。同时，为解决企业集团背景下成员公司临近破产时董事行事规范问题，也有不少立法例提供了相应的法律框架。与国外类似，公司临近破产或事实破产时，董事等公司内部人为自身利益转移公司资产、"空壳化运营"或放任公司亏损进而损害债权人利益等现象在我国破产实务中也不鲜见。① 由于我国现行立法并未对如何更好地规范临近破产公司的董事之行为作出回应，因此，最高人民法院、国家发展与改革委员会、司法部等13个中央部委联合制定的专门涉及市场主体退出的顶层设计方案才特别强调，应加强公司董事等相关责任主体申请破产义务的理论研究与制度设计。② 鉴于此，下文将在本章第一节与第二节与临近破产公司董事义务有关的理论阐释与制度分析基础上，对我国现行立法中董事义务及责任规范进行审视，同时，结合本章第二节、第三节的比较法考察，对我国公司或破产立法改革如何回应临近破产公司的董事义务及其问责制进行探讨。

一、对我国现行立法中董事义务规范的分析

对于董事义务，《中华人民共和国公司法》（以下简称《公司法》）第147条第1款规定：董事对公司负有信义义务。这意味着在公司法框架内，董事无须向债权人等第三方负担义务。关于董事问责，《公司法》第149条、第152条规定：董事履职时违反法律法规或公司章程规定给公司造成损失或损害股东利益时应向公司或股东承担赔偿责任。上述条款均不涉及董事向债权人承担责任的问题，也未明定公司临近破产时董事该如何行事。

作为公司法的延伸，《企业破产法》第125条第1款规定：董事、监事或高管违反勤勉或忠实义务，导致公司破产，即应承担民事责任。立法初

---

① 参见金春：《破产企业董事对债权人责任的制度建构》，《法律适用》2020年第17期，第106~107页。

② 参见《国家发展和改革委员会关于印发〈加快完善市场主体退出制度改革方案〉的通知》（发改财金〔2019〕1104号）。

衷上,《企业破产法》第 125 条第 1 款与《公司法》第 147 条以及第 148 条一脉相承。① 文义上看,董事等主体在此情形下显然应向公司承担责任,但债权人是否可以此款为据向董事追究责任不甚明确。内涵上,《企业破产法》第 125 条第 1 款旨在确立董事等主体违反信义义务行为导致公司破产时的责任规范,而非着眼于临近破产时董事等主体的行为准则及相应的问责制,②尤其当董事虽"负有个人责任"但其行为尚未导致公司破产时就难以适用这一条款。此外,根据《企业破产法》第 128 条规定,债务人若实施欺诈性财产处分、偏惠性清偿以及隐匿财产、虚构债务等行为(《企业破产法》第 31 条、第 32 条以及第 33 条的规定),损害债权人利益的,其"法定代表人和其他直接责任人员"即应"依法承担赔偿责任"。根据一般解释,首先,该条款针对的只是公司进入破产程序后,"法定代表人和其他直接责任人员"须对债务人破产前实施的不当财产处分行为承担相应的赔偿责任;其次,"其他直接责任人员"理应包含董事等主体,因为广义上,于破产前防止债务人财产不当减损也是董事履行信义义务的基本范畴;最后,行为后果上,上述行为都不当减少了债务人财产,从而损及债权人公平受偿的权利,债权人经由管理人要求董事等主体承担赔偿责任显然是合理的。不过,《企业破产法》第 128 条并未规定应以何种方式要求这些责任主体承担赔偿责任。从解释论角度看,首先,管理人应有权要求董事等责任主体承担赔偿责任;其次,理论上,债权人也有权要求这些责任主体赔偿,因为债务人进入破产程序后,上述"责任人员"欺诈或不当行为所导致的任何不利后果实质上将由债权人承担。问题是,债权人追索时,是采直接诉讼还是派生诉讼方式?基于对《全国法院民商事审判工作会议纪要》第 118 条第 4 款的理解,③若单个债权人提起赔偿之诉,应以派生诉讼方式进行且诉讼结果应归入破产财产。不难看出,这类似于股东派生诉讼机理。应予强调的是,《企业破产法》第 128 条所指向的行为系债务人及其"法定代表

---

① 参见王卫国:《破产法精义(第二版)》,法律出版社 2020 年版,第 392 页。

② 不过,也有观点认为,解释论上,破产法第 125 条结合公司法第 147~149 条等规定可为临近破产公司的董事问责提供法律依据。参见金春:《破产企业董事对债权人责任的制度建构》,《法律适用》2020 年第 17 期,第 108 页。

③ 《全国法院民商事审判工作会议纪要》(法发〔2019〕254 号)第 118 条第 4 款规定,当债务人法定代表人及其他经营管理人员不配合清算的行为导致债务人财产状况不明、或当清算义务人/清算组未履行破产法第 7 条第 3 款规定的破产申请义务而致管理人无法执行清算职务且给债权人造成损失时,管理人有权要求这些当事人承担相应的损害赔偿责任并将追索所得归入破产财产,若管理人怠于主张,那么单个债权人即可代表全体债权人提起索赔诉讼。

人和其他直接责任人员"的不作为义务,但公司临近破产时,一般要求这些当事人采取合理措施干预危机,本质上这是一项积极的作为义务。这意味着,破产法的上述规定并不足以阻止董事于公司危机之际从事高风险交易或促使他们采取积极的纾困措施。

在上述规定之外,目前与破产事项相关且可为债权人用以追究董事责任的条款主要是《最高人民法院关于适用〈中华人民共和国公司法〉若干问题的规定(二)》第 18 条以及《中华人民共和国民法典》(以下简称《民法典》)第 70 条。其中,前者规定有限公司股东或股份公司董事及控制股东等当事方有义务及时成立清算组以免问题公司价值持续减损,否则,债权人有权要求他们承担相应的赔偿责任,特别当这些主体怠于履行义务而致公司清算不能时,债权人有权要求其对公司债务承担连带责任;后者则明定法人解散时董事或决策机构成员等主体是清算义务人,若其未履行清算义务且造成损害的,即应承担民事责任。值得注意的是,2021 年 12 月公布的《中华人民共和国公司法(修订草案)》(以下简称《公司法修订草案》)第 228 条引入了《民法典》第 70 条中的"清算义务人"概念,明定董事为清算义务人,若其"未及时履行清算义务,给公司或者债权人造成损失的,应当承担赔偿责任"。这一规定不仅对现有司法实践作出了回应,而且符合民商合一立法的内在要求,也为债权人向董事问责提供了更充分的法律依据。需进一步说明的是,解释论上,申请启动破产清算程序应属清算义务之内容。因为,根据《企业破产法》第 7 条第 3 款规定,法人已解散但尚未清算或未清算完毕,且资产不足的清偿债务时,"依法负有清算责任的人应向人民法院申请破产清算"。作为一般理解,法人解散且其资产不足以清偿债务情形下,若其尚未清算,则董事或决策机构成员系"依法负有清算责任的人";若已清算程序,则清算组是其清算义务人。[①] 可见,基于体系解释,董事在公司解散这一特殊情形下负有申请启动破产程序之义务。

此外,值得注意的是,当公司事实破产并处于自行管理这一破产管理状态时,根据信义法的一般原理,为保护债权人,董事义务适用对象更应延及债权人。关于债务人自行管理,《企业破产法》第 73 条规定,重整期间,经债务人申请,法院可批准其在破产管理人监督下自行管理财产和经营事务;在此情形下,破产管理人应将已接管的财产和经营管理事务交给债务人,后者开始行使管理人职权。对于债务人自行管理,司法上还进一

---

① 参见王欣新:《论清算义务人的义务及其与破产程序的关系》,《法学杂志》2019 年第 12 期,第 29 页。

步规定了适用条件，其中包括：(1)债务人内部治理机制仍可正常运行；(2)自行管理有利于债务人继续经营；(3)无隐匿、转移财产行为以及其他严重损害债权人利益的行为。① 同时，作为监督者，管理人若发现债务人存在严重侵害债权人利益的行为或其他不适自行管理情形，则可申请法院终止债务人自行管理。② 不同于临近破产，债务人自行管理是程序启动后的一种破产管理方式。此种情形下，董事不仅应向公司及其股东负担信义义务，也得向债权人负担相应义务：首先，根据公司治理一般原理，董事仍应向公司乃至股东承担义务；其次，债务人已处于破产管理之中，股东虽未脱离公司利益框架，但此时，债务人管理层已不仅仅在管理股东钱财，更多在为债权人利益服务，成为债权人事实上的受托人。内容上，董事勤勉义务主要包括：保护债务人财产并使其最大化、提供债务人资产信息、合理谨慎地制定重整计划等；忠实义务内容与债务人处于正常经营状态时董事应负担的义务基本一致，包括禁止自我交易、避免利益冲突与不当行为等。

　　不难看出，现有立法虽有部分条款可作为债权人向董事问责的法律依据，但范围有限，且无法涵盖公司临近破产时董事的积极作为义务，公司临近破产时的董事义务尤其是董事是否应向债权人承担义务存在不确定性。还有一个不容忽视的体系问题是，我国现有公司立法以及公司治理实务仍围绕股东中心主义展开，因此，作为一般理解，破产决定权属于股东会，除公司解散这一特殊情形之外，董事对于公司应否启动破产程序并无相应的决定权或义务约束，更不用说要求其申请启动破产程序了。而且，鉴于有限责任提供的保护，股东在公司面临危机时通常也无动力申请启动破产程序，更缺乏法律上的约束或威慑（立法或司法解释上，除上文论及的公司解散情形下股东清算义务外，《企业破产法》第7条第1款只是规定，当达到破产界限时，债务人只是"可以"而非"应当"提起破产程序。这意味着债务人自身并无义务申请启动破产程序，更不用说债务人的股东或其董事了），相反，他们更可能采取冒险策略摆脱危机而置债权人利益于不顾。正因如此，一些原本应彻底退市的公司长期游离于破产程序之外，致使公司资产不断耗损，不仅对债权人造成损害，而且导致大量僵尸企业产生，给市场秩序、经济发展带来负面影响。同时，因缺乏及时必要的破产前危机干预措施，一些本有经营价值的债务人最终只得选择清算，造成

---

① 参见《全国法院民商事审判工作会议纪要》（法发〔2019〕254号）第111条第1款。
② 参见《全国法院民商事审判工作会议纪要》（法发〔2019〕254号）第111条第3款。

不必要的资源耗损与经济成本。相反，若立法上能向董事提供足够激励或威慑(即当董事知道或应当知道公司陷入破产危机时仍懈怠不动或从事其他有违诚信之行为，那么，他们就须为此承担责任)，将有助于促进公司尤其是危机公司更良好的治理，包括促使董事持续努力地监管并管理公司事务，更密切地关注公司财务状况以及未来的潜在风险，特别是有助于促使董事尽早采取干预措施化解公司危机。① 无疑，这也有助于更好地保护债权人。

二、共同修改背景下公司法与破产法对董事义务及问责的回应

《民法典》施行后，适时修订公司法已成为我国理论界与实务界的共识，但如何进行修改可谓百家争鸣，②其中，就不断有观点主张董事信义义务履行对象范围应在特定情形下扩张至债权人，把董事对债权人的信义义务及问责制置入公司治理体系之中。③ 对此，《公司法修订草案》(2021)作出了积极回应。首先，草案对董事向公司负担的信义义务的具体内容作了更详细的规定，同时，草案第 187 条、第 189 条基本延续现行公司法规定，重申董事对公司及股东的责任。其次，草案第 190 条增加"董事……执行职务，因故意或者重大过失，给他人造成损害的，应当与公司承担连带责任"的规定。这一规定在公司法框架内突破了董事原本只向公司及股东负责的理论束缚，意味着董事义务履行对象范围将扩大至债权人。理论上，这有助于增强对董事乱作为或不作为的约束。虽然草案第 190 条存在不少疏漏，④但已为债权人向董事问责打开了立法"窗口"。不过，根据公司法一般原理，董事只是公司意思表示机关之成员。因此，在公司法框架内尤其当公司偿付能力正常时，要求董事向债权人负担义务乃至承担赔偿责任仍存理论分歧。毕竟，此种情形下，债权人足可通过合同法与侵权法上的救济机制获得保护。然而，当公司陷入债务或破产危机时，则应另当别

---

① See Stefan HC Lo, Proposals for Insolvent Trading Laws in Hong Kong: A Comparative Analysis, 7 J. Int'l & Comp. L. 229, 232 (2020).

② 进一步分析可参见蒋大兴：《走向"合作主义"的公司法》，《当代法学》2021 年第 6 期；林少伟：《程序型公司法的证成与实现》，《当代法学》2022 年第 1 期。

③ 参见赵旭东：《公司法修订中的公司治理制度革新》，《中国法律评论》2020 年第 3 期，第 129~130 页；李建伟：《董事对债权人的信义义务——公司资本制度视角的考察》，《中国政法大学学报》2022 年第 2 期，第 100~112 页。

④ 例如债权人向董事问责适用情形有待细分、董事责任限制或责任豁免情形尚需明确等。参见叶林、叶冬影：《公司董事连带/赔偿责任的学理考察——评述〈公司法修订草案〉第 190 条》，《法律适用》2022 年第 5 期，第 17 页，第 21~23 页。

论。此时，债权人保护已是更重要事项。

鉴于上述内容，《公司法修订草案》(2021)第190条正式成文后的解释论或制定相应的司法解释时，至少应将实施显著影响公司清偿能力的高风险交易行为或怠于履行作为义务而致公司清偿能力异常或恶化，进而导致债权人受损等情形涵盖其中。这意味着，如果有合理理由认为某项交易的实施将导致公司陷入破产状态或怠于实施某项行为公司清偿能力将显著受损，那么，对于前者，董事即有义务阻止公司进行高风险交易；对于后者，董事则应积极履职、避免危机恶化，否则，就应向债权人承担责任。当然，作为对董事责任加重趋势的对冲，公司法修订时宜同时引入商业判断规则。不难看出，《公司法修订草案》(2021)第190条涉及公司法与破产法的交错区域——公司临近破产这一特殊期间。鉴于公司法通常聚焦正常经营状态下的公司治理，而破产法侧重于困境公司的危机治理，因此，对上述交错区域的董事义务及责任，其一般规范宜由公司法进行原则性规定，更具体的义务内容及相应的问责制宜由破产法作进一步规定。因为，在我国，有利于破产法引入临近破产公司董事义务及问责制的环境正在形成：第一，破产拯救理念的接受程度越来越高，破产保护文化渐入人心；第二，优化营商环境已成为中央乃至地方政府的重要事项，探索并推行破产预重整被视为优化营商环境的重要改革举措；[①]第三，庭外重组机制的发展及机构债权人的崛起也有利于董事义务落到实处，[②]更重要的是，破产实务中，庭外重组或预重整等破产前纾困措施已为破产司法政策所认可，[③]且"庭外重组的公信力与约束力""预重整的法律地位与制度内容"以

---

①　参见《国务院关于开展营商环境创新试点工作的意见》(国发〔2021〕24号)第五项。提升"办理破产能力"、完善"办理破产"指标是优化营商环境的重要组成部分。2015年，世界银行《营商环境报告》引入以"破产程序启动""债务人财产管理""重整程序"以及"债权人参与"为核心内容的"破产框架力度指数"，这些因素与"破产债权回收率"在"办理破产"测评中的权重各占50%。其中，"破产程序启动"尤为强调债务人启动破产清算或破产重整的自主选择权，以确保债务人尽早受到破产保护，避免损失扩大。相关分析参见韩长印：《世界银行"办理破产"指标与我国的应对思路——以"破产框架力度指数"为视角》，《法学杂志》2020年第7期；丁燕：《世行"办理破产"指标分析与我国破产法的改革》，《浙江工商大学学报》2020年第1期；张钦昱：《我国破产法的系统性反思与重构——以世界银行〈营商环境报告〉之"办理破产"指标为视角》，《法商研究》2020年第6期；高丝敏：《破产法的指标化进程及其检讨——以世界银行"办理破产"指标为例》，《法学研究》2021年第2期。
②　参见贺丹：《企业集团破产：问题、规则与选择》，中国法制出版社2019年版，第176页。
③　参见《全国法院民商事审判工作会议纪要》(法发〔2019〕254号)第115条。

及它们与破产重整制度的有效衔接等已被列入破产法的修订议程之中。①
对债务人尤其对董事及高管而言，庭外重组或预重整等纾困措施使他们能
在正式的司法破产程序之外拥有更多拯救公司的选项，对债权人而言，他
们则因此获得了提前介入问题公司危机治理的机会。司法上对这些纾困措
施效力的承认将进一步鼓励董事及高管运用这些拯救手段，进而更好地保
护债务人乃至债权人利益。

综上可见，确立临近破产时公司董事义务的框架已为破产实务所必需
并具有可行性，而且，如上文所述，董事于公司迫近破产时负担避免破产
或当破产不可避免时的破产申请等特定义务也有其正当理由。同时，从比
较法视角看，优化临近破产公司的董事义务已成为一项重要的立法趋势：
除美国判例法上广泛且深入的争论外，以德国为代表的欧陆国家破产立法
早已明定董事在公司迫近破产时的义务及责任，意大利与澳大利亚等国以
及欧盟层面上的破产立法指引则在最新的立法改革中引入了临近破产公司
董事义务新规范，我国香港特别行政区也在考虑引入英国与澳大利亚式的
不当交易/破产交易防止义务框架，②而在更大范围内，联合国国际贸易法
委员会则制定了临近破产期间董事义务的立法指南。整体上，多数欧陆国
家以及澳大利亚等国的最新立法均强调董事首先应积极作为、采取合理措
施避免破产，以便将"将公司引向更好的局面"，而非一味地强调申请启动
正式的司法破产程序。参考这些立法，同时结合我国现有立法及破产实务
经验，未来我国破产立法改革时可考虑从以下几个方面对临近破产公司的
董事义务框架进行优化。

首先，明定临近破产时董事的义务及其内容，即当知道或正常情况下
应当知道公司破产临近或其破产不可避免时，董事有义务适当考虑债权人
等利害关系方的利益，并采取合理的危机干预措施避免破产或当破产不可
避免时及时申请破产程序。③ 其中，"董事"的内涵可参考英国立法以及联
合国国际贸易法委员会"立法指南"等作扩大解释，其一般是指经过正式任
命为董事的任何人以及行使实际控制权和履行董事职能的其他任何人，包

---

① 参见《国家发展与改革委员会等关于印发〈加快完善市场主体退出制度改革方案〉的通
　知》(发改财金〔2019〕1104 号)第四项。

② See Stefan HC Lo, Proposals for Insolvent Trading Laws in Hong Kong: A Comparative Analysis,
　7 J. Int'l & Comp. L. 229 (2020).

③ See UNCITRAL Legislative Guide on Insolvency Law, Part Four: Directors' Obligations in the
　period Approaching Insolvency (including in Enterprise Groups), 2020, 2nd edition, United
　Nations Publication: e-ISBN 978-92-1-004806-4, Recommendation 255.

括事实上的董事或"影子董事"等。① 作为勤勉义务的一部分,董事尤应在危机迫近时采取以下必要措施避免公司破产:(1)对公司财务状况进行评估,确保账目完整并不时更新;(2)召开董事会、监测公司经营;(3)向适格的专业人士提供充分信息并获取破产或法律方面的咨询意见;(4)召集股东会会议;(5)变更管理策略以顾及债权人等当事方利益;(6)保护公司资产以实现其价值最大化,避免关键资产损失;(7)审查公司生存可能性并减少支出;(8)在适宜继续经营的情况下继续进行经营,以便将作为经营中企业的价值最大化;(9)为改善公司财务状况进行债务谈判与庭外重组等纾困等措施。② 应予强调的是,及时申请启动破产程序当属董事勤勉义务中最重要的一项内容,通常,它是上述合理措施无力化解公司财务危机时应由董事实施的止损手段。这也是德国、意大利等欧陆国家以及澳大利亚等英美法国家的普遍做法。只不过,申请破产的时机至关重要。然而,何谓"临近破产",目前国际上并无统一定义,除德国法具有相对具体的标准外,其他如英美等国均采用了较灵活的标准。就我国而言,可参考《企业破产法》第 2 条、第 7 条以及《最高人民法院关于适用〈中华人民共和国企业破产法〉若干问题的规定》(法释〔2011〕22 号)第 1 条、第 3 条、第 4 条等条款,将下列情形作为"破产临近或不可避免"的重要表现,董事应在此种情形出现后的特定时段内(如 30 天时限)采取上述合理措施并择机申请破产:(1)资产负债表或审计报告显示公司资产不足清偿其全部负债;(2)资金严重不足或财产不能变现等流动性原因而致公司无力清偿债务;(3)法定代表人失踪且无其他人员照管公司财产;(4)法院强制执行而致公司无法清偿其他债务;(5)长期亏损或重大年度亏损,扭亏困难且公司因而无法清偿债务。

其次,确立董事违反破产前勤勉义务的问责制。立法上一旦向董事课

---

① 根据英国《1986 年破产法》第 214 条规定,那些未获任命但却以董事身份行事的人,如直接介入公司事务的大股东或母公司,可被视同为"真正的董事"。认定"影子董事"时,须确立以下事实:(1)真实董事的身份;(2)被指认的"影子董事"指示着至少是居于支配性多数地位的真实董事处理与公司的关系;(3)真实董事听从于这些指示并且习惯于这样做。参见[英]艾利斯·费伦:《公司金融法律原理》,罗培新译,北京大学出版社 2012 年版,第 39~40 页。德国破产法中,董事一般也作扩大解释,包含"事实董事"。See Eberhard Braun, German Insolvency Code: Article-by-Article Commentary, Second edition, 2019, Verlag C.H.Beck oHG, p.75.

② See UNCITRAL Legislative Guide on Insolvency Law, Part Four: Directors' Obligations in the period Approaching Insolvency (including in Enterprise Groups), 2020, 2nd edition, United Nations Publication: e-ISBN 978-92-1-004806-4, Recommendations 256;澳大利亚公司法第 588GA(2)条。

以避免破产或及时申请破产等特定义务，那么，违反这些义务时即产生相应的民事赔偿责任。关于董事违反义务时的责任性质，比较法上一般认为构成侵权（如德国法上"违反保护性法律"的侵权行为）。在我国，《公司法司法解释二》第 18 条与《民法典》第 70 条已就公司清算事项规定了类似的责任形态，即当清算义务人怠于履行清算义务造成公司财产减损或致公司清算不能时均构成不作为侵权。① 未来，结合《民法典》第 1165 条第 1 款规定，董事违反避免破产或破产申请等勤勉义务时同样应承担基于过错的不作为侵权责任。关于责任承担形式，破产法可规定董事对外承担连带责任，以与公司法保持体系一致，即董事应为其故意或重大过失违反破产前勤勉义务而对公司债务承担责任。至于债权人问责方式，多数国家法律不允许债权人以违反信义义务为由直接起诉董事。通常，这项权利被授予了破产管理人，但当其怠于追索，债权人即有权提起衍生诉讼。《全国法院民商事审判工作会议纪要》（法发〔2019〕254 号）第 118 条第 4 款规定的即为此种类型。鉴于此，破产法改革时可明定破产管理人负有针对董事违反破产前义务启动诉讼的主要责任，以及当管理人怠于履行这一职责时，债权人或其他利害关系人有权以自己的名义起诉违反破产前义务的董事，但诉讼利益归于破产财产而非为单个债权人享有。

再次，关于董事责任的限制或豁免。为缓释责任，一是应把董事责任限于其违背义务所造成的损失或损害。通常，若债权人以及公司本身遭受的损失或损害是因董事作为或不作为而直接造成的，那么，董事就须对此负责。立法上，可规定董事对公司本应停止经营之时与实际停止经营之时的公司资产价值差额负有赔偿责任。② 二是援用商业判断规则或在破产法中引入具有类似功能的"安全港"规则以豁免尽职董事的责任。作为一般原则，商业判断规则的基本假设是董事应在知情基础之上本着善意和诚实的信念为公司最佳利益谨慎地作出商业决定。③ 功能上，商业判断规则首先保留了董事的自由裁量空间，继而也间接赋予了董事无须坚守绝对的股

---

① 参见赵吟：《公司清算义务人侵权责任的体系解构——兼论〈民法典〉第 70 条与〈公司法司法解释二〉相关规定的适用关系》，《法治研究》2020 年第 6 期，第 150~160 页。

② See UNCITRAL Legislative Guide on Insolvency Law, Part Four: Directors' Obligations in the period Approaching Insolvency (including in Enterprise Groups), 2020, 2ⁿᵈ edition, United Nations Publication: e-ISBN 978-92-1-004806-4, p.24.

③ See Aronson v. Lewis, 473 A.2d 805, 812 (Del.1984); Odelia Minnes & Dov Solomon, Game of Thrones: Corporate Law and Bankruptcy Law in the Arena of Directors' Liability, 27 Colum. J. Eur. L. 1, 6 (2021).

东至上模式的自由。这就意味着虽然公司经营的终极目的是实现股东最大利益，但债权人等利益攸关方的权益保护也在董事自由裁量的范畴之内。换言之，商业判断规则也能为董事在公司临近破产时作出适当的商业决策提供足够的自由或保护。[①] 因此，若董事能证明其在充分评估公司实际财务状况并得出公司临近破产的结论之后，即尽力采取合理必要的危机干预或止损措施，包括但不限于获取破产与重整专业人士的咨询意见、与公司债权人磋商或申请破产程序等，以尽量减少可能对公司及债权人造成的损失，那么，即便这些措施最终并未实现原本的意图，他们也可据此进行免责抗辩。不过，董事对公司事务并不知情的事实通常不能作为他们未履行义务的借口，更不能作为其免责抗辩的理由。此外，董事在公司临近破产时辞职一般也不宜成为免除他们责任的事由。毕竟，董事于此时辞职多与破产有关，他们或已意识到或理应意识到破产即将发生，且在此时，他们本应采取合理必要的措施尽量减少债权人损失并使公司状况得到改善。[②] 总之，适当的责任豁免安排能够为董事适时地采取拯救行动提供正向激励。

最后，董事义务配置及问责还应考虑企业集团经营结构这一特殊情形。当企业集团成员临近破产或破产不可避免时，为保护集团成员债权人以及其他利害关系人合法权益，确保董事知晓在其任职公司临近破产或事实破产时的责任，尤其是兼顾集团利益与陷入破产危机的集团成员的债权人利益，破产法可就以下事项作出规定：

其一，集团成员公司的董事等义务主体应于该成员临近破产时采取合理措施避免其破产或在破产不可避免时尽可能缩小破产范围。这与单一公司临近破产时的董事义务基本相同。但应注意的是，企业集团背景下，识别哪些当事人需对经营管理决策负责要比单个公司情形复杂。此时，来自各个层面的管理和影响力将对集团单个成员的事务及其开展业务的方式构成影响，这"可能对集团成员的董事采取适当步骤化解其任职公司财务困境的能力造成损害，或使该集团成员陷入集团其他成员财务困境的旋涡，

[①] See Philip Gavin, A Rejection of Absolutist Duties as a Barrier to Creditor Protection: Facilitating Directorial Decisiveness Surrounding Insolvency through the Business Judgment Rule, 15 Brook. J. Corp. Fin. & Com. L. 313, 313, 319 (2021).

[②] See UNCITRAL Legislative Guide on Insolvency Law, Part Four: Directors' Obligations in the period Approaching Insolvency (including in Enterprise Groups), 2020, 2nd edition, United Nations Publication: e-ISBN 978-92-1-004806-4, p.23.

从而损害董事任职公司的债权人利益"。① 通常，在以下情形，这种影响极易产生：(1)当集团数个成员的董事会基本上由同一批人构成；(2)集团某个成员的董事会成员大多数由集团控制成员提名；(3)集团某个成员决定整个集团的管理与财务决策；(4)集团某个成员以持久和无处不在的方式干预集团另一成员的管理。② 在这些情形中，如何确定负有义务的当事方就显得尤为重要。因此，破产法应考虑从广义上定义承担义务的当事方，即除了正式任命的董事外，实际行使控制权或履行董事职责的其他任何当事人均可被视为"董事"。③ 例如，在法国判例法中，当破产不可避免时，那些持续参与另一公司或子公司管理与控制的控制股东与母公司都会被视为"董事"(事实董事)。④

其二，董事等义务主体可采取合理措施以促进企业集团整体或部分成员的整体性纾困，但同时，还应确保集团单个成员的债权人及其他利害关系人之境遇不差于该集团成员不采取此类措施而单独进行破产危机处置时的结果。⑤ 除上文述及的可适用于单个公司破产时的合理步骤外，陷入危机的集团成员公司的董事还可采取如下措施：(1)评估该集团成员乃至整个集团的财务状况，以便考虑制定集团或其部分成员的整体性破产解决方案是否可保全或创造更大的价值；(2)考虑该集团成员对其他集团成员的财务及其他义务，是否应与集团其他成员达成交易，以及融资的可能来源与获得融资的可能性；(3)对该集团成员的债权人以及其他利益相关者在企业集团或其部分成员的整体性破产解决方案中的境遇是否更好进行评估；(4)协助实施企业集团或其部分成员的整体性破产解决方案；(5)参与为企业集团或其部分成员公司拟定整体性破产解决方案而进行的非正式谈判，尤其当考虑申请正式破产程序时，董事还应特别考虑管辖法院、集团

---

① See UNCITRAL, Directors' Obligations in the period Approaching Insolvency：Enterprise Groups, A /CN.9/WG.V/WP.153, 2017, p.9.

② See UNCITRAL, Directors' Obligations in the period Approaching Insolvency：Enterprise Groups, A /CN.9/WG.V/WP.153, 2017, p.9.

③ See UNCITRAL, Directors' Obligations in the period Approaching Insolvency：Enterprise Groups, A /CN.9/WG.V/WP.153, 2017, p.9.

④ See Klaus J. Hopt, Groups of Companies-A Comparative Study on the Economics, Law and Regulation of Corporate Groups, European Corporate Governance Institute (ECGI), Law Working Paper No. 286/2015, In J. N. Gordon & W.-G. Ringe (Eds.), The Oxford Handbook of Corporate Law and Governance,2018, Oxford University Press, pp. 603-633.

⑤ See UNCITRAL Legislative Guide on Insolvency Law, Part Four：Directors' Obligations in the period Approaching Insolvency (including in Enterprise Groups), 2020, 2nd edition, United Nations Publication：e-ISBN 978-92-1-004806-4, Recommendation 267.

多个成员是否适宜联合申请破产以及集团成员的平行破产程序是否应在程序上进行协调等。①

其三，董事还应在企业集团破产危机管理过程中防范相应的义务冲突。企业集团背景下，一个可能情形便是董事在集团数个成员中担任管理层职位。临近破产时，任职于集团数个成员董事会或担任不同成员公司的董事，在试图确定保全财产价值同时又为集团每个成员财务困境提供最佳解决方案的过程中，其对集团不同成员所负义务之间存在潜在冲突。面临这些冲突时，董事多被期待能合理行事并采取充分且适当的措施化解这种冲突。这就要求董事根据实际情况，按照适用的法律查明冲突的性质与范围并决定如何处理这一冲突。② 鉴于此，破产法应考虑规定面临义务冲突时，董事应采取以下合理措施化解冲突：（1）就不同义务的性质和范围寻求外部咨询意见；（2）向受影响的当事方披露义务冲突，并披露相关信息尤其是冲突的性质与范围；（2）确定何时董事不应当参与集团任何相关成员董事会就引起该冲突的事项作出的任何决定或不出席拟审议此类事项的董事会会议；（3）当冲突无法协调时，考虑另行增补一名董事，或当无任何其他可供选择的方案时，面临冲突的董事应辞去董事职务。③

---

①　See UNCITRAL Legislative Guide on Insolvency Law, Part Four: Directors' Obligations in the period Approaching Insolvency (including in Enterprise Groups), 2020, 2nd edition, United Nations Publication: e-ISBN 978-92-1-004806-4, Recommendation 268.

②　See UNCITRAL Legislative Guide on Insolvency Law, Part Four: Directors' Obligations in the period Approaching Insolvency (including in Enterprise Groups), 2020, 2nd edition, United Nations Publication: e-ISBN 978-92-1-004806-4, p.43.

③　See UNCITRAL Legislative Guide on Insolvency Law, Part Four: Directors' Obligations in the period Approaching Insolvency (including in Enterprise Groups), 2020, 2nd edition, United Nations Publication: e-ISBN 978-92-1-004806-4, Recommendation 270.

第五章 企业集团跨境破产法律难题的破解

2007年6月1日，我国新《企业破产法》施行。该法第5条首次规定跨境破产规范，为破产判决的相互承认和执行提供了直接的法律依据。然而，现有涉及破产判决承认和执行的案例中，该条款很少被援用。随着"一带一路"倡议持续推进，国际经贸交往日益密切，跨境破产司法合作随之成为我国与"一带一路"沿线国家间的现实需要。为推动这一国际司法合作，最高人民法院最新司法政策接连强调：应根据《企业破产法》第5条规定，开展跨境破产合作，①同时应"完善跨境破产协调机制，探索主要破产程序和主要利益中心地制度的适用，依法保护债权人和投资人权利"。②此外，国家发展和改革委员会等13部门还联合发布关于市场主体退出制度改革的方案，其中强调：应完善跨境破产规则、推动跨境破产合作等法律难题的解决。③ 鉴此，有必要进一步对《企业破产法》第5条进行审视并对如何适用该条款进行探究。还需注意的是，与境外跨境破产立法相似，《企业破产法》第5条同样是针对单一债务人而定，并未考虑位于不同国家的企业集团成员破产时的国际合作问题。最近10年来，联合国国际贸易法委员会一直致力于解决这一更具挑战性的法律难题，接连公布了与破产有关的判决承认和执行以及企业集团跨境破产的示范立法。欧盟层面上，新修订的《破产程序条例》（第2015/848号）也特别就企业集团破产跨境合作与程序协调进行了规定。这些立法为各国开展更深层次的跨境破产国际司法合作与协调提供了有益参考。

---

① 参见《最高人民法院关于印发〈全国法院破产审判工作会议纪要〉的通知》（法〔2018〕53号）第50条。
② 参见《最高人民法院关于人民法院进一步为"一带一路"建设提供司法服务和保障的意见》（法发〔2019〕29号）。
③ 参见《国家发展和改革委员会等关于印发〈加快完善市场主体退出制度改革方案〉的通知》（发改财金〔2019〕1104号）。

第一节　对我国现有跨境破产条款的评析

一、《企业破产法》跨境破产条款内容解析

我国 2007 年施行新《企业破产法》，该法第 5 条首次就单一破产债务人跨境破产问题进行了规定。

首先，根据《企业破产法》第 5 条第 1 款规定，我国破产程序对债务人位于境外的财产具有法律约束力。这意味着我国破产程序具有普遍性效力（即域外效力）。这一规定具有显著意义，因为，破产程序具有域外效力通常是他国承认这一程序的重要前提与条件（域外法院是否承认以及如何执行外国破产判决还取决于该国/地区是否有制定良好的承认与执行他国破产判决的法律框架或原则，以及该国/地区法院如何裁量。这涉及不同法域之间的合作与协调问题。与此相关的内容下文将作进一步分析）。因此，这一规定奠定了我国启动的破产程序被域外法院承认的法律基础。[①] 2014 年 8 月，美国新泽西州破产法院根据美国《破产法》第 15 章的规定，[②] 承认浙江海宁市人民法院针对浙江尖山光电股份有限公司启动的破产重整程序为外国主要程序（Foreign Main Proceedings）并给予了相应的破产救济。[③] 这也是美国法院承认我国破产程序效力的第一案，具有显著的示范意义，为中美开展跨国破产国际合作提供了先例和互惠基础，为我国法院未来承认美国破产判决奠定了基础。[④] 2020 年以来，境外法院还接连承认了我国法院启动的其他破产程序并给予相应协助，包括香港高等法院 2020 年 1 月 13 日裁令承认上海华信破产程序案、新加坡高等法院 2020 年 6 月 1 日裁令承认江苏舜天船舶破产程序案以及香港高等法院 2020 年 6 月 4

[①] 参见解正山：《跨国破产立法及司法适用研究——美国及欧洲的视角》，法律出版社 2011 年版，第 204 页。

[②] 美国《破产法》第 15 章整体移植自联合国国际贸易法委员会 1997 年颁布的《跨国界破产示范法》。美国《破产法》第 15 章详细分析可参见解正山：《跨国破产立法及司法适用研究——美国及欧洲的视角》，法律出版社 2011 年版，第 58~76 页。

[③] See In re Zhejiang Topoint Photovoltaic Co., Ltd., Case No. 14-24549 (2014).

[④] 参见石静霞、黄圆圆：《中美跨界破产合作里程碑——"尖山光电案"评析》，《法律适用》2017 年第 4 期。除"尖山光电案"外，美国纽约南区破产法院另于 2019 年 10 月承认了北京市朝阳区人民法院启动的"洛娃科技实业集团有限公司破产重整案"。关于该案的进一步分析，请参见石静霞：《中美跨境破产合作实例分析——纽约南区破产法院承认与协助"洛娃重整案"》，《中国应用法学》2020 年第 5 期，第 94~113 页。

日裁令承认深圳市年富供应链有限公司破产程序案。上述三案意义重大，其中，"江苏舜天船舶破产案"系新加坡法院首次承认我国破产程序，①"上海华信破产案"是香港法院继"广信破产案"后再次承认内地破产程序，这是自我国《企业破产法》施行以来"内地与香港在完善跨境破产协作机制层面的里程碑式案件"；②"深圳年富公司破产案"则是全国首例破产管理人获准代表母公司对其香港子公司行使权利的跨境破产司法合作典型案例。③ 值得注意的是，上述三案涉及的都是企业集团破产跨境合作问题，而非此前常见的单一债务人跨境破产司法合作，具有一定的实践指导意义。

其次，根据《企业破产法》第 5 条第 2 款规定，外国破产当事人向我国法院申请承认与执行外国破产判决(包括裁定，下同)时，法院应根据我国

---

① 因达到破产界限，江苏省南京市中级人民法院裁定江苏舜天船舶发展有限公司进行破产清算程序，该破产债务人持有舜天船舶(新加坡)有限公司 70% 的股权。基于破产财产最大化目标，舜船公司管理人特向新加坡高等法院申请承认舜船公司破产清算程序为外国主要程序，包括承认舜船公司管理人地位及权力。经过多轮庭审，新加坡高等法院于 2020 年 6 月 10 日签署承认令，承认舜船公司的破产清算程序为新加坡破产法上的外国主要程序，同时，承认了舜船公司管理人的身份地位。据此，舜船公司管理人可依据新加坡法申请法院给予协助，包括中止与破产债务人财产、权利或负债有关的单独法律程序，中止执行债务人财产，委托外国代表或法院指定的其他人管理或变现债务人在新加坡的全部或部分财产等。参见《首例：我国破产程序及破产管理人身份获新加坡法院承认》，江苏省南京市中级人民官方微信公众号，访问日期：2021 年 6 月 26 日。

② 2019 年 11 月 25 日，经债权人申请，上海市第三中级人民法院裁定受理上海华信国际集团有限公司("上海华信")破产清算案。同时，上海华信的香港子公司也进入了破产清算程序。其中，上海华信对其子公司享有一笔 72 亿港元的应收账款，但该子公司的债权人曾通过缺席判决获得一笔 2.53 亿港元的债权，且为执行判决，上海华信子公司的债权人还获得法院颁发的暂时性扣押令。为阻止该扣押令变为可执行的扣押令，上海华信的管理人请求香港高等法院承认并执行上海华信在上海启动的破产程序，暂停对上述暂时性扣押令的庭审。经审查，香港高等法院作出了承认的裁令，并赋予上海华信的管理人在香港拥有并可行使其履行职责必要的权力，包括要求第三方移交涉及债务人财产的交易、账户、资产等文件及信息；查询、保护、获取、控制债务人资产、财产、账簿、文件等事项；并可采取必要措施阻止任何对债务人财产的处置行为等。参见石静霞：《香港法院对内地破产程序的承认与协助——以华信破产案裁决为视角》，《环球法律评论》2020 年第 3 期，第 162~176 页。

③ 2018 年 12 月 19 日，深圳市中级人民法院裁定受理深圳市年富供应链有限公司("年富公司")破产清算案。该债务人在香港设有两家子公司。2020 年 5 月 19 日，年富公司管理人向香港高等法院提出申请，请求承认年富公司破产程序并确认债务人的管理人身份协助其在香港行使管理人职权。香港高等法院承认了这一程序并向管理人提供了协助，包括接管债务人子公司、调查这些附属机构营业状况、变现资产等。尤其是香港高等法院特别准许管理人作为股东代表行使年富公司对其子公司的一系列权利，例如重新委任子公司的董事等。参见岳燕妮、唐姗、王芳：《内地与香港跨境破产的实践探索》，《人民司法》2020 年第 25 期，第 4~8 页。

缔结或参加的国际条约或互惠原则进行审查, 若承认与执行外国破产判决违反我国基本法律原则、有损国家主权与安全以及社会公共利益且未对我国债权人合法权益造成损害的, 则可拒绝承认与执行。该原则性规定为我国法院开展跨境破产合作提供了明确的法律依据。不难看出, 内容上,《企业破产法》第 5 条第 2 款明确规定了承认与执行外国破产判决的条件: 一是法院承认与执行的对象应是一项"发生法律效力"的外国破产判决;[①]二是申请人或请求人所在国与我国已订立相应的国际条约或存在互惠关系。程序上, 根据我国《民事诉讼法》第 288 条规定, 申请人——外国破产判决的当事人——可直接向我国具有管辖权的中级人民法院申请承认和执行; 请求人——外国法院——则可根据国际条约或互惠原则请求我国法院承认和执行其作出的生效判决。作为补充,《最高人民法院关于适用〈中华人民共和国民事诉讼法〉的解释》(法释〔2015〕5 号) 第 543 条还规定: 申请人申请承认与执行外国法院破产判决时应该提交书面申请并附外国法院作出的生效司法文书及其中文译本, 若是缺席判决、裁定, 则应提交外国法院已经合法传唤的证明文件。这些规定表明, 如果申请人或请求法院所在国与我国没有相应的国际条约且双方不存在互惠关系, 那么, 该外国法院的民商事判决将不会被法院承认与执行。对此,《最高人民法院关于适用〈中华人民共和国民事诉讼法〉的解释》(法释〔2015〕5 号) 第 544 条也有明确规定。值得注意的是, 在我国已签订的双边民商事司法协助条约中, 法院审查是否承认与执行外国判决时还会考虑以下因素: (1) 作出判决的外国法院是否拥有管辖权; (2) 当事人正当程序权利是否已得到保障; (3) 是否存在相冲突的判决; (4) 判决是否是通过欺诈等方式获得等。[②]比较法上, 一般都有类似规定。联合国国际贸易法委员会《跨国界破产示范法》第 6 条规定: 内国法院有权拒绝明显违反本国公共政策的外国破产程序/判决。移植《跨国界破产示范法》的一些国家, 例如, 美国、加拿大、新加坡等国的跨境破产立法, 以及欧盟《破产程序条例》也都包含"公共政策例外"条款。

值得注意的是, 虽然《企业破产法》第 5 条第 2 款为承认与执行外国破产裁决提供了法律指引, 但实务中较少被引用。有限的几起承认境外破产

---

① 相应地, 一项与破产有关的判决只有当其在原判国具有效力时才应获得承认, 且只有当其在原判国可以执行时, 才应被加以执行。参见联合国国际贸易法委员会《关于承认和执行与破产有关判决的示范法》(2018) 第 9 条。

② 参见沈红雨:《外国民商事判决承认和执行若干疑难问题研究》,《法律适用》2018 年第 5 期, 第 10 页。

裁决的案例表明,法院往往倾向于援用民事诉讼法关于承认和执行外国民商事判决的规范而非《企业破产法》第 5 条之规定。2012 年,武汉市中级人民法院就是援用民事诉讼法相关规定承认德国一家法院的破产判决。①另外,在新加坡中华环保科技集团公司与大拇指环保科技集团(福建)有限公司股东出资纠纷上诉案中,最高人民法院根据我国《涉外民事关系法律适用法》第 14 条第 1 款规定,认为外国投资者的司法管理人和清盘人的民事权利能力及民事行为等事项应适用该外国投资者登记地法律(新加坡公司法规定,司法管理期间,董事权力及职责均由司法管理人行使及履行),从而承认了新加坡公司司法管理人的权力并为其参加我国法院的庭审提供了便利。② 因此,在"上海华信破产案"中,香港高等法院审理法官就指出,内地法院处理跨境破产承认与执行事宜时并未意识到该类案件的实质所在,现有判例对外国判断内地法院如何适用《企业破产法》第 5 条几乎没有借鉴意义。③ 虽然适用情况不佳,但正如"上海华信破产案"审理法官指出的,《企业破产法》第 5 条本身即表明立法者在制定该条款时已预见经济全球化将导致更频繁的跨境商业活动,法院势必面临跨境破产国际合作的现实压力。④

二、《企业破产法》跨境破产条款遵循的理论原则

本质上,我国《企业破产法》第 5 条之规定关乎跨境破产的核心方面,即破产域外效力问题。概念上,破产域外效力一方面指一国的破产判决效力可否及于债务人位于其他国家/地区的财产,另一方面,则是指一国法院是否承认他国破产判决的效力及于位于本国的债务人财产。这是跨境破产立法中最应厘清的理论问题之一。

对于破产域外效力,早期存有普遍主义(Universalism)与地域主义(Territorialism)两种截然不同的理论主张:前者核心理念是"一套法律,一

---

① 参见湖北省武汉市中级人民法院〔2012〕鄂武汉中民商外初字第 00016 号民事裁定书。

② "第一批人民法院为'一带一路'建设提供司法服务和保障的典型案例"之一,参见最高人民法院国际商事法庭官网:http://cicc.court.gov.cn/html/1/218/62/163/641.html,最后访问日期:2020 年 1 月 18 日。

③ 参见石静霞:《香港法院对内地破产程序的承认与协助——以华信破产案裁决为视角》,《环球法律评论》2020 年第 3 期,第 174 页。

④ 参见石静霞:《香港法院对内地破产程序的承认与协助——以华信破产案裁决为视角》,《环球法律评论》2020 年第 3 期,第 174 页。

个法院"，即仅由债务人母国法院适用法院地法对债务人所有财产实施管辖，①其强调母国法院启动的破产程序对债务人位于他国的财产具有约束力，该理论的基本假设是：他国法院将出于礼让之考虑承认外国破产程序对破产债务人位于本国的财产的效力；②后者则是一国法院在本国法律主权基础上且为本国债权人利益着想，根据本国破产法对债务人位于本国的财产启动破产程序，外国破产程序存在与否可在所不问，③因而地域主义理论及制度框架被形象地称为"抢夺规则"。在此原则之下，一旦债务人财产位于不同法域，即可能有不同的破产程序被启动，且一国并无义务承认他国的破产程序。④ 普遍主义与地域主义的优劣问题是长久以来的学术论题，随着国际经济交往的日益深化以及国际社会对合作精神的倡导，无论是强调"单干"的地域主义，还是强调破产管理一体化的普遍主义，都受到了质疑与挑战。⑤ 或因如此，这两种理论均未能成为跨境破产立法的主流原则。鉴于跨境破产急需所涉国家或地区间的合作与协调，因此，普遍主义与地域主义的倡导者开始将合作要素注入各自的理论体系之中，进而形成改良的普遍主义（Modified Universalism）与合作的地域主义（Cooperative Territorialism）两种被称为新实用主义（New Paradigm）的理论原则。而且，随着地域主义对合作的强调，从而使原本对立的这对理论原则具有了"最大公约数"。

改良的普遍主义一方面继承了纯粹的普遍主义的理论内核，但同时，其也赋予一国法院评估他国法院启动的破产程序是否公平以及保护本国债

①　See Gerard McCormack & Wan Wai Yee, The UNCITRAL Model Law on Cross-Border Insolvency Comes of Age: New Times or New Paradigms, 54 Tex. Int'l L. J. 273, 276 (2019).

②　See Edward S. Adams and Jason Fincke, Coordinating Cross-Border Bankruptcy: How Territorialism Saves Universalism, 15 Colum. J. Eur. L. 43, 48 (2009); Bobby Lindsay, Modified Universalism Comes to Scotland: Hooley Ltd, Petitioners, 21 Edinburgh L. Rev. 436, 437 (2017).

③　See Jay Lawrence Westbrook, Multinational Enterprises in General Default: Chapter 15, the ALI Principles, and the EU Insolvency Regulation, 76 Am. Bankr. L.J. 1, 5 (2002).

④　See Gerard McCormack & Wan Wai Yee, The UNCITRAL Model Law on Cross-Border Insolvency Comes of Age: New Times or New Paradigms, 54 Tex. Int'l L. J. 273, 276 (2019).

⑤　例如，塞缪尔·布福德、安德鲁·盖茨曼、卢西恩·贝克丘克等学者纷纷对地域主义提出了质疑。See Samuel L. Bufford, Global Venue Controls Are Coming: A Reply to Professor LoPucki, 79 Am. Bankr. L.J. 105, 114 (2005); Andrew T. Guzman and Lucian A. Bebchuk, an Economic Analysis of Transnational Bankruptcies, 42 J.L. & Econ. 775, 780 (1999). 相反，尼恩·诺帕基与弗雷迪里克·董等学者则对普遍主义提出了强烈质疑。See Lynn LoPucki, Cooperation in International Bankruptcy: A Post-Universalist Approach, 84 Cornell L. Rev. 696, 709-725 (1999); Frederick Tung, Fear of Commitment in International Bankruptcy, 33 Geo. Wash. Int'l L. Rev. 555, 576-578 (2001).

权人利益的裁量权力。① 在兼顾各国破产立法差异以及公司经营结构多样性的同时，改良的普遍主义寻求通过高效的破产程序集中以实现对债务人跨境破产的一体化管理。② 该理论既保留了纯粹的普遍主义的效率，同时也结合了严格地域主义的灵活性及自由裁量优点。更重要的是，改良的普遍主义无关乎国际条约，故能通过国内立法的方式单方面地得到实现。③ 尤其是，在此理论原则下，只要不与本国公共政策相抵触，外国破产管理人将获得与本国破产管理人同等救济，外国债权人亦将获得平等而公平的对待。④ 正因如此，改良的普遍主义最坚定的倡导者——杰伊·韦斯布鲁克对此寄予了厚望，并认为：在"真正的普遍主义"理论主张成为现实之前，改良的普遍主义是解决跨境破产问题最好的过渡方案。⑤ 对于纯粹的普遍主义向改良的普遍主义的转变，仍旧有不少学者提出了质疑。例如，尼恩·诺帕基就认为，通过赋予东道国（被申请国）法院保护本国债权人的裁量权，从而使东道国法院享有拒绝进行合作的权利或机会，这牺牲了普遍主义所主张的种种优点，最终适用于债务人财产分配的法律将取决于债务人破产时其财产位于哪一国，拥有财产的国家或地区完全可宣称外国破产分配制度根本不同于本国制度从而拒绝合作，如果该国选择不进行合作，那么将很难建立一套有效的跨境破产制度，况且与纯粹的普遍主义一样，改良的普遍主义也未解决如何界定"母国"这一核心问题。⑥ 基于对地域主义的青睐，尼恩·诺帕基顺势提出合作的地域主义理论主张，强调一国法院有权对位于本国的债务人财产进行破产管辖，而且不再区分主要程序与附属程序，各国的破产程序彼此独立且平等，但法院也有权决定是否应在跨境破产中进行合作。⑦ 合作的地域主义虽也得到不少学者的赞同

---

① See Jay L. Westbrook, A Global Solution to Multinational Default, 98 Mich. L.Rev. 2276, 2301 (2000).

② See Irit Mevorach, Modified Universalism as Customary International Law, 96 Tex. L. Rev.1403, 1403 (2018).

③ See Kent Anderson, The Cross-Border Insolvency Paradigm: a Defense of the Modified Universal Approach Considering the Japanese Experience, 21 U. Pa. J. Int'l Econ. L. 679, 691 (2000).

④ See Riya Bains, Cross-Border Insolvency Reform, 12 H.K. J. Legal Stud. 129, 131 (2018).

⑤ See Jay L. Westbrook, A Global Solution to Multinational Default, 98 Mich. L.Rev. 2276, 2277 (2000).

⑥ See Lynn LoPucki, Cooperation in International Bankruptcy: A Post-Universalist Approach, 84 Cornell L. Rev. 696 (1999)；解正山：《跨国破产立法及司法适用研究——美国及欧洲的视角》，法律出版社 2011 年版，第 30 页。

⑦ See Lynn LoPucki, Cooperation in International Bankruptcy: A Post-Universalist Approach, 84 Cornell L. Rev. 696, 728-732, 743 (1999). 合作的地域主义的相关分析还可参见 Lynn M. LoPucki, the Case for Cooperative Territoriality in International Bankruptcy, 98 Mich. L. Rev. 2216 (2000).

或支持,①但其不足更明显,其所强调的建立在条约或协定基础之上的合作在实践中难以实现,②且更无法实现债务人资产价值最大化与公平分配等政策目标。③

综上可见,我国《企业破产法》第 5 条在域外效力问题上贯彻了改良的普遍主义理论原则,其一方面规定我国破产程序具有域外效力;另一方面,我国法院也将在外国破产判决(程序)满足法定条件时予以承认与执行。这与改良的普遍主义理念所倡导的制度框架基本一致。实践表明,改良的普遍主义已被国际社会晚近跨境破产立法普遍采纳,最具代表性的便是联合国国际贸易法委员会颁布的《跨国界破产示范法》。④

目的上,《跨国界破产示范法》意在为各国如何建立现代意义上的跨境破产法律框架提供立法指引,以便有效管理不同国家或地区针对债务人或其财产而启动的破产程序。鉴于各国破产法均在不同程度地反映本国基本且广泛的政策选择,因此,该示范法并未打算从实体上统一各国立法,而是侧重于为破产国际合作提供一套程序框架。适用对象上,《跨国界破产示范法》旨在解决单一债务人跨境破产合作问题,金融企业跨境破产以及企业集团跨境破产(企业集团成员位于不同法域并各自启动破产程序之情形)均不在其调整范围之内。核心内容上,示范法包括以下四个方面⑤:一是破产当事人诉诸法院的权利,即规定外国破产管理人和债权人有权向另一国或地区("内国")法院寻求协助,内国破产程序管理人亦有权向外国法院请求协助;二是承认与执行,即在区分外国主要程序(债务人"主要利益中心"所在国启动的破产程序,"主要利益中心"一般指:若无相反证据,

---

① See Frederick Tung, Is International Bankruptcy Possible?, 23 Mich. J. Int'l L. 31 (2001); Alexander M. Kipnis, Beyond UNCITRAL: Alternatives to Universality in Transnational Insolvency, 36 Denv. J. Int'l L. Pol'y 155 (2008).

② See Samuel L. Bufford, Global Venue Controls Are Coming: A Reply to Professor LoPucki, 79 Am. Bankr. L.J. 105, 106, 115-116 (2005).

③ See Jay L. Westbrook, A Global Solution to International Default, 98 Mich. L. Rev. 2276, 2301, 2308 (2000).

④ 不过,也有少数学者认为联合国国际贸易法委员会颁布的《跨国界破产示范法》体现了合作的地域主义原则。See Sefa Franken, Cross-Border Insolvency Law: A Comparative Institutional Analysis, 34 Oxford J. Legal Studies 97 (2014).

⑤ 有学者将其归纳为"参加原则"(Access Principle)、"承认原则"(Recognition Principle)、"救济原则"(Relief Principle)、"合作原则"(Cooperation Principle)。See John A. Churchill, Please Recognize Me: The United Kingdom Should Enact the UNCITRAL Model Law on Recognition and Enforcement of Insolvency-Related Judgments, 46 Brook. J. Int'l L. 215, 222 (2020).

那么，债务人注册办事处或个人经常居住地应被推定为它们的主要利益中心)与非主要程序(债务人"营业所"所在国启动的破产程序，"营业所"指债务人以人力或服务等从事某种非临时性经济行为的营业场所)的基础上，①对这些破产程序予以承认并给予相应的破产救济；三是救济/协助，即自外国当事方提出破产承认申请及至被请求国法院对申请作出决定的时段内，内国法院给予的救济，包括临时救济、承认主要程序时给予的自动中止以及承认后酌情向外国主要程序与非主要程序给予的救济等；四是合作与协调，即一国法院应有权进行司法合作，既可与外国相应司法机关直接沟通，也可与外国破产管理人进行合作，此种合作还包括外国管理人与本地管理人之间的合作，针对单一债务人启动的平行破产程序(一个主要程序与若干个非主要程序)的协调则在于促进法院作出能更好实现不同程序目标的决定。② 不难看出，上述示范立法最重要的目标就是通过"主要利益中心"这一核心概念确定能掌控债务人主要破产程序的管辖法院，由其协调所有针对债务人及其财产的破产程序，充分贯彻了改良的普遍主义理论原则。③

第二节 对我国现有跨境破产条款适用的反思

不得不承认，与《跨国界破产示范法》以及全文或部分移植了该示范法的国家的跨境破产立法相比，我国《企业破产法》第 5 条规定仍只是原则性规定。与此同时，自 2013 年"一带一路"倡议提出之后，我国与众多沿线国家的经贸关系得到了持续增强，无论是贸易还是投资都在不断地深化，

---

① 进一步分析可参见解正山：《跨国破产立法及司法适用研究——美国及欧洲的视角》，法律出版社 2011 年版，第 38~41 页。

② 参见 UNCITRAL 官网：https://uncitral.un.org/zh/texts/insolvency/modellaw/cross-border_insolvency，最后访问日期：2020 年 1 月 10 日。

③ See Jay L. Westbrook, Global Insolvency Proceedings for a Global Market: The Universalist System and the Choice of a Central Court, 96 Tex. L. Rev. 1473, 1478 (2018). 不过，《跨国界破产示范法》并不完美，其也受到不少质疑。See Sandeep Gopalan & Michael Guihot, Recognition and Enforcement in Cross-Border Insolvency Law: A Proposal for Judicial Gap-Filling, 48 VAND. J. TRANSNAT'L L. 1225, 1266 (2015); Xenia Kler, COMI Comity: International Standardization of COMI Factors Needed to Avoid Inconsistent Application Within Cross-Border Insolvency Cases, 34 AM. U. INT'L L. REV. 429, 434-435, 447 (2018); Eric Sokol, The Fate of Universalism in Global Insolvency: Neoconservatism and New Horizons, 44 Hastings INT'l & COMP. L. REV. 39, 46-47 (2021).

持续开放与多边主义已成为我国与这些国家经贸交往的主旋律。① 巧合的是,《跨国界破产示范法》已被越来越多的"一带一路"沿线国家采纳。② 随着更多"一带一路"沿线国家对本国跨境破产制度进行改革,③势将增加对我国跨境破产制度进行完善的外部压力,紧密的经贸联系必然要求相应的法律或司法合作,其中包括跨境破产的合作与协调,这也与我国更负责任、更加开放的大国形象相一致。具体而言,推动跨境破产国际司法合作"对于高效处理国际经贸活动中产生的债权债务关系、平等保护相关当事方合法权益、营造公平公正的法治化营商环境具有重要意义"。④ 鉴于跨境破产立法相对复杂且需要较长时间进行筹划,⑤因此,短期内可通过灵活解释《企业破产法》第 5 条来促进我国与他国尤其是"一带一路"沿线国家的破产合作。

一、可予承认破产裁决的扩张解释

根据《企业破产法》第 5 条第 2 款规定,法院承认和执行的对象一般是由境外法院作出且已生效的破产裁决。目前,我国立法及司法解释均未对

---

① 截至 2020 年 5 月,中国已先后与 138 个国家、30 个国际组织签署 200 份共建"一带一路"合作文件,内容涵盖互联互通、产能、投资、经贸、金融、科技等领域,"六廊六路多国多港"互联互通架构基本形成;截至 2019 年末,中国对"一带一路"沿线国家直接投资存量共计 1794.7 亿美元,占中国对外直接投资存量的 8.2%。参见中华人民共和国商务部:《中国对外投资合作发展报告 2020》,http://www.gov.cn/xinwen/2021-02/03/5584540/files/924b9a95d0a048daaa8465d56051aca4.pdf,最后访问日期:2021 年 8 月 22 日。

② 截至 2019 年,共有 46 个国家(48 个法域)通过了以《跨国界破产示范法》为基础的立法,这些国家遍布美洲(如美国、加拿大、墨西哥、智利、多米尼加、哥伦比亚)、欧洲(如英国、希腊、罗马尼亚、塞尔维亚、黑山、斯诺文尼亚、波兰)、亚洲(如韩国、日本、新加坡、菲律宾、以色列、巴林、阿联酋)、大洋洲(如澳大利亚、新西兰等)以及非洲(如贝宁、喀麦隆、中非共和国、乍得、刚果、刚果民主共和国、科特迪瓦、加蓬、南非、乌干达、尼日尔、津巴布韦)等发达及欠发达国家,其中多数为"一带一路"沿线国家。参见联合国国际贸易法委员会官网:https://uncitral.un.org/zh/texts/insolvency/modellaw/cross-border_insolvency/status,最后访问日期:2020 年 1 月 10 日。

③ 目前,乌克兰、哈萨克斯坦、孟加拉国、蒙古、匈牙利等"一带一路"沿线国家已进入跨境破产立法改革阶段。参见黄圆圆:《"一带一路"倡议下的跨界破产合作及中国的因应》,《武大国际法评论》2018 年第 2 期,第 41~42 页。

④ 参见石静霞:《中美跨境破产合作实例分析——纽约南区破产法院承认与协助"洛娃重整案"》,《中国应用法学》2020 年第 5 期,第 112 页。

⑤ 短期内,中国要像"一带一路"沿线国家那样全文或部分移植《跨国界破产示范法》还存在不少挑战,《跨国界破产示范法》的"软法"特性及其相对有限的成功以及立法上要求对任何可能损及中国债权人利益的行为保持警惕都可能成为移植《跨国界破产示范法》的障碍。See Rebecca Parry & Nan Gao, The Future Direction of China's Cross-border Insolvency Laws, Related Issues and Potential Problems, 27 Int. Insolv. Rev. 5, 26 (2018).

该条款中"破产案件的判决、裁定"作出进一步解释，但现有实践表明，境外破产判决或破产程序的内涵对其是否能被我国法院承认和执行具有显著影响，北泰汽车工业控股有限公司（以下简称"北泰公司"）申请北京市第一中级人民法院认可香港高等法院作出的清盘令一案就属于此种情形。

2009 年 2 月 6 日，香港高等法院颁布法庭命令，为北泰公司任命临时清盘人。根据法院裁令，临时清盘人享有广泛职权，包括：（1）查明、接管、收集并保护北泰公司的全部财产；（2）调查北泰公司合营公司、子公司等关联企业的事务；（3）行使北泰公司对其合营公司、子公司等关联企业所享有的一切权利，包括委任或罢免这些关联公司的董事等；（4）经营北泰公司持有权益的关联企业业务；（5）代表北泰公司或其关联企业的名义提起诉讼、请求、仲裁；（6）必要时使用北泰公司或其子公司印章。为保护北泰公司在内地的合法权益，以及实现资产保护与公司重组或清盘的目的，香港高等法院于 2009 年 7 月 13 日颁布命令，授权并批准临时清盘人代表北泰公司或其子公司参与内地的相关法律程序；随后，北泰公司根据《企业破产法》第 5 条以及《民事诉讼法》第 265 条（该条是 2007 年修订施行的《民事诉讼法》条文，现已变更为现行《民事诉讼法》第 288 条，为与相关文献保持一致，以下仍以"第 265 条"行文）的规定，请求北京市第一中级人民法院承认香港高等法院作出的"委任临时清盘人命令"的效力。①本案中，颇具争议的法律难题是：临时清盘令是否属于《最高人民法院关于内地与香港特别行政区法院相互认可和执行当事人协议管辖的民商事案件判决的安排》（以下简称"《民商事判决承认与执行安排》"）第 1 条或是《民事诉讼法》第 265 条以及《企业破产法》第 2 条第 5 款所规定的可予承认和执行的"判决"或"裁定"范畴。

经审查，北京市第一中级人民法院一方面指出，案涉临时清盘令的承认与执行不宜直接适用《民商事判决承认与执行安排》，原因在于：根据《民商事判决承认与执行安排》第 1 条规定，可予承认和执行的判决系指"具有书面管辖协议的民商事案件中作出的须支付款项的具有执行力的终审判决"，而临时清盘令却不具备上述两项要件（即"不具备书面管辖协议和直接支付款项的内容"），它不是"一个具有直观、明确的裁判事项的判决"，而是"对临时清盘人的一种概括性授权行为"；另一方面，北京市第一中级人民法院认为，案涉的临时清盘令可以依照《民事诉讼法》第 265 条

---

① 参见《北京市高级人民法院关于北泰汽车工业控股有限公司申请认可香港特别行政区法院命令案的请示》（京高法〔2011〕156 号）。

进行审查，原因在于：虽然《民事诉讼法》第265条中"发生法律效力的判决"的范畴没有具体的解释，但该条款中"判决"与《民商事判决承认与执行安排》中的"判决"具有相似性，①故可类推适用《民事诉讼法》第265条对临时清盘令的法律效力予以承认（北京市第一中级人民法院同时强调：香港特区临时清盘人在内地行使职权时，需受内地法律法规约束，否则，实践中可能会出现临时清盘人突破内地法律规定行使权利的不利局面）。②北京市高级人民法院虽也认为可依据《民事诉讼法》第265条以及《企业破产法》第5条第2款对是否承认和执行香港高等法院临时清盘令进行审查，并同意北京市第一中级人民法院承认香港高等法院作出的"委任临时清盘人的命令"的意见，但表达了以下疑虑：若对涉案的临时清盘令予以承认和执行，"可能引发申请承认和执行其他相关命令的案件，且承认和执行相关命令将对内地正在审理和执行的案件造成影响"。③因涉及多项法律难题，④故北京市高级人民法院只得向最高人民法院请示。因为内地法院承认香港高等法院作出的清盘令无相应的法律依据，故最高人民法院在"复函"中指出：不应承认香港法院作出的清盘令。理由是：首先，案涉清盘令不属于《民商事判决承认与执行安排》第1条规定的"可以相互认可和执行的判决范围"，故不应适用《民商事判决承认与执行安排》的规定；其次，《企业破产法》第5条以及《民事诉讼法》第265条是"对外国法院所作

①《最高人民法院关于内地与香港特别行政区法院相互认可和执行当事人协议管辖的民商事案件判决的安排》第2条规定："本安排所称'具有执行力的终审判决'……在香港特别行政区是指终审法院、高等法院上诉法庭及原讼法庭和区域法院作出的生效判决……在香港特别行政区包括判决书、命令和诉讼费评定证明书。"

② 参见《北京市高级人民法院关于北泰汽车工业控股有限公司申请认可香港特别行政区法院命令案的请示》（京高法〔2011〕156号）。

③ 参见《北京市高级人民法院关于北泰汽车工业控股有限公司申请认可香港特别行政区法院命令案的请示》（京高法〔2011〕156号）。值得注意的是，北京市第一中级人民法院与北京市高级人民法院决定承认香港高等法院作出的临时清单令的效力还考虑了互惠因素：在广东国际信托投资公司破产案（1999）中，香港高等法院承认了内地法院启动的破产程序的效力，认可了内地破产清算组的法律地位与职权，并拒绝香港债权人提出的脱离内地破产程序处理债务的诉讼请求。参见《北京市高级人民法院关于北泰汽车工业控股有限公司申请认可香港特别行政区法院命令案的请示》（京高法〔2011〕156号）。

④ 这些法律难题包括：(1)如何确定承认的法律依据；(2)是否需对临时清盘令的具体内容进行实质性审查；(3)如果承认，是否需对临时清盘人的权利进行限制；(4)适用何种程序承认临时清盘令。参见《北京市高级人民法院关于北泰汽车工业控股有限公司申请认可香港特别行政区法院命令案的请示》（京高法〔2011〕156号）。

判决的承认和执行的规定，亦不适用于本案"。①

比较法上，无论是对"破产程序"还是"破产判决"均作扩张解释。根据联合国国际贸易法委员会 2018 年颁布的《关于承认和执行与破产有关判决的示范法》(以下简称"《破产判决示范法》")第 2 条"定义"项之规定，"破产程序"一般指根据与破产有关的法律启动的集体性司法程序或行政程序，并且在这些程序中，为达重整或清算之目的，债务人资产与事务应交由法院监管。这一定义借鉴了《跨国界破产示范法》第 2 条对于"外国程序"的定义。通常，这类程序具有如下特征：(1)集体性质的司法或行政程序；(2)根据原判国与破产有关的法律作出；(3)债权人集体参与程序的机会；(4)债务人资产与事务交司法机构或其他官方机构监管；(5)启动程序的目的是重整或清算破产债务人。② 对于"判决"，《破产判决示范法》则将其定义为：由法院作出的任何决定，包括法院令以及关于成本和费用的裁定，若行政机关作出的任何此类决定具有与法院决定同等效力的话，那么，它也属于"判决"范畴；而"与破产有关的判决"则指"由破产程序结果产生的"或实质上与之相关联的判决，且这些判决是在该项破产程序启动时或启动后由法院或行政机关等机构作出，包括任命破产管理人、支付员工债权、启动后融资等判决或法院令，以及涉及破产财产处分、破产撤销、债权债务关系确认、确认或变更重整计划、准予免除债务人责任或债务、核准自愿或庭外重整协议等判决或法院令。③ 根据上述示范法对破产判决的解释，北泰公司申请承认和执行的"委任临时清盘人的命令"显然应属于破产判决之范畴，即便其不在内地与香港《民商事判决承认与执行安排》涵盖范围之内，但至少亦可参酌适用《企业破产法》第 5 条第 2 款。未来，可考虑对现有立法条文中规定的"发生法律效力的破产案件的判决、裁定"作宽泛解释，从而将承认和执行的对象扩展至尚在进行之中的破产程序以及法院就破产事项颁布的裁判或命令等。

---

① 参见《最高人民法院关于北泰汽车工业控股有限公司申请认可香港特别行政区法院命令案的请示的复函》(〔2011〕民四他字第 19 号)。

② See UNCITRAL, Model Law on Recognition and Enforcement of Insolvency-Related Judgments with Guide to Enactment, Sales No. E.19.V.8, 2019, p. 30. 这些特征是法院审查是否承认和执行外国破产程序或判决的重要因素。例如，在 Gold & Honey 案中，一项以色列法院启动的破产程序就未得到美国的承认，原因在于：该程序并未要求破产管理人考虑所有债权人的权利和义务，其目的主要是允许某个当事方收回债款，故被美国法院认定不属于破产或集体性程序。See UNCITRAL, Model Law on Cross-Border Insolvency: the Judicial Perspective, 2014, pp. 89-90.

③ See UNCITRAL, Model Law on Recognition and Enforcement of Insolvency-Related Judgments with Guide to Enactment, Sales No. E.19.V.8, 2019, pp.33-34.

二、事实互惠向法律或推定互惠的转变

虽然我国已经与部分国家或地区签订了民商事判决司法协助条约，但毕竟数量有限，①且这些国际条约多把破产判决排除在外。因此，很多情形下，仍需通过互惠原则解决我国与其他国家或地区之间包括破产判决在内的民商事判决承认与执行问题（与中国类似，俄罗斯也是采纳条约及互惠立法模式的典型国家，该国破产法规定：俄罗斯法院仅在条约或互惠前提下承认外国破产判决，但作为限制，破产判决仅指外国法院作出的终审破产判决，不包括临时裁决、禁令以及破产程序。此外，作为"一带一路"沿线国家的白俄罗斯、哈萨克斯坦等独联体国家也都与俄罗斯相似，采用条约或互惠模式对是否承认外国破产裁决进行评估）。② 这也表明，如何更好地理解并适用互惠原则对经贸影响力不断增强的我国而言仍具有显著意义。

一般认为，互惠原则是国际法上的一项基本原则或一根独立支柱。③该原则在我国民商事司法协助相关立法中也有充分体现，例如，《民事诉讼法》第 288～289 条以及《企业破产法》第 5 条第 2 款都明确规定了可基于互惠原则对是否承认与执行外国判决进行审查，最新修订的最高人民法院《关于〈中华人民共和国民事诉讼法〉的解释》（法释〔2015〕5 号）第 542 条第 1 款以及第 547 条则从反面进一步强调了这点。④ 然而，现

---

① 目前，我国共对外签订了 36 项双边民商事司法协助条约，其中涉及"一带一路"沿线国家的有 24 项，但依据这些条约承认和执行外国法院民商事判决的案例为数不多，包括佛山市中级人民法院依据中意之间的司法协助条约承认意大利米兰法院的破产判决（2003）、广州市中级人民法院承认法国普瓦提艾商业法庭的破产判决（2005）、宁波市中级人民法院依据中波司法协助条约承认波兰弗罗茨瓦夫上诉法院的判决（2014）以及抚顺市中级人民法院依据中法之间的民商事司法协助协定承认法国巴黎商业法院作出的判决（2017）。参见徐伟功：《我国承认与执行外国法院判决制度的构建路径——兼论我国认定互惠关系态度的转变》，《法商研究》2018 年第 2 期，第 175 页。

② 参见黄圆圆：《"一带一路"倡议下的跨界破产合作及中国的因应》，《武大国际法评论》2018 年第 2 期，第 38～39 页。

③ 参见杜涛：《互惠原则与外国法院判决的承认与执行》，《环球法律评论》2007 年第 1 期，第 110 页。

④ 《最高人民法院关于〈中华人民共和国民事诉讼法〉的解释》（法释〔2015〕5 号）第 542 条第 1 款规定："当事人向中华人民共和国有管辖权的中级人民法院申请承认和执行外国法院作出的发生法律效力的判决、裁定的，如果该法院所在国与中华人民共和国没有缔结或者共同参加国际条约，也没有互惠关系的，裁定驳回申请，但当事人向人民法院申请承认外国法院作出的发生法律效力的离婚判决的除外。"《最高人民法院关于〈中华人民共和国民事诉讼法〉的解释》第 547 条规定："与中华人民共和国没有司法协助条约有无互惠关系的国家的法院，未通过外交途径，直接请求人民法院提供司法协助的，人民法院应予退回，并说明理由。"

有关于互惠原则适用的法律和司法解释均系原则性要求，没有规定相应的认定标准，从而导致司法实务中关于互惠关系的认定常常出现困难或争议。①

对于互惠原则，最高人民法院早期采用了较严格的认定标准——实质或事实互惠，即如果一国法院有过承认与执行我国法院判决的先例，那么，我国法院即可以认定与该外国存在互惠关系。1995年，最高人民法院在回复辽宁省高级人民法院关于大连市中级人民法院是否承认日本横滨地方法院和熊本地方法院具有债权债务内容的判决的请示时便指出：鉴于中、日两国未缔结或共同参加相互承认与执行法院判决的国际条约，与此同时，两国也未建立相应的互惠关系，因此，对日本法院的判决不应予以承认和执行。② 2006年，基于同样理由，最高人民法院在回复广东省高级人民法院的请示中再次指出，不应承认和执行澳大利亚法院作出的一项判决，当事人可向享有管辖权的法院另行起诉。③ 最高人民法院对于互惠原则的司法态度对地方法院相关裁判产生了显著影响。例如，在"董斌申请承认和执行乍得法院民事判决案""张晓曦申请承认和执行韩国法院民事判决案"中，两案审理法院均以双方"没有建立司法协助的互惠关系"为由驳回了当事人承认和执行申请（驳回理由还包括中国与判决作出国没有缔结或参加相应的司法协助条约等）。④ 即便是在一些裁定承认和执行外国法院判决的案例中，审理法院也是遵从"事实互惠"，即基于判决作出国法院曾承认和执行我国法院判决这一先例从而认定双方存在互惠关系。例如，根据德国柏林高等法院曾经承认江苏无锡高新技术产业开发区人民法院作出的民事裁定之事实，武汉市中级人民法院认定中德两国存在互惠关系，同时，根据我国《民事诉讼法》中有关"承认和执行外国法院判决"的规定承认了德国法院作出的一项破产裁定（值得注意的是，武汉市中级人民法院并未把我国《企业破产法》第5条第2款作为承认德国法院作出的破产判决的法律依据）。⑤ 此后，同样是依据"事实互惠"标准，武汉市中级

---

① 参见陈亮、姜欣：《承认和执行外国法院判决中互惠原则的现状、影响与改进——从以色列承认和执行南通中院判决案出发》，《法律适用》2018年第5期，第18页。
② 参见《关于我国人民法院应否承认和执行日本国法院具有债权债务内容裁判的复函》（〔1995〕民他字第17号）。
③ 参见《最高人民法院关于申请人弗拉西动力发动机有限公司申请承认和执行澳大利亚法院判决一案的请示的复函》（〔2006〕民四他字第45号）。
④ 参见湖南省湘潭市中级人民法院（2014）潭中民三初字第181号民事裁定书，辽宁省沈阳市中级人民法院（2015）沈中民四特字第2号民事裁定书。
⑤ 参见湖北省武汉市中级人民法院〔2012〕鄂武汉中民商外初字第00016号民事裁定书。

人民法院(2015)、南京市中级人民法院(2016)、青岛市中级人民法院(2019)等法院分别承认和执行了美国加州洛杉矶高等法院、新加坡高等法院以及韩国水原地方法院作出的民商事判决(此前,美国、新加坡、韩国三国法院均有承认中国法院判决的先例,这是中国法院作出承认和执行的互惠基础)。①

　　不可否认,随着我国更多地认定与他国尤其是"一带一路"沿线国家之间存在互惠关系,进而承认和执行这些国家法院作出的包括破产判决在内的民商事判决,势必将进一步推动我国与包括"一带一路"沿线国家在内的更多国家在民商事判决承认和执行方面的司法协助,这也将为我国与这些国家之间实现贸易与投资的便利化与自由化提供相应的司法保障。② 相反,如果仍坚守实质或事实互惠标准,那么,此种益处恐怕难以彰显且不利于更大范围、更深层次的国际司法合作。毕竟,严格的事实互惠容易导致僵局或报复行动。③ 实践已表明了这点。例如,继我国以双方无互惠关系为由拒绝承认日本法院的判决后,日本法院随即在"夏淑琴申请执行南京市玄武区法院判决案"以及"中国公民申请承认和执行青岛中级人民法院判决案"中,就采信了当事人举证的最高人民法院1995年作出《关于我国人民法院应否承认和执行日本国法院具有债权债务内容裁判的复函》之内容,认定中日之间判决承认的相互保证未得到满足,因而拒绝承认中国法院的判决。④

　　鉴于上述内容,有必要考虑从事实互惠向更强调国际合作的法律或推定互惠转变。内涵上,法律互惠主要是要求国与国之间关于承认和执行外国民商事判决的法定条件基本对等,⑤对此,域外实践有以下三项认定标

---

① 参见湖北省武汉市中级人民法院(2015)鄂武汉中民商外初字第00026号民事裁定书;"高尔集团股份有限公司申请承认和执行新加坡法院民事判决案",《江苏法院2017年度十大典型案例》,江苏法院网:http://www.jsfy.gov.cn/art/2018/01/17/66_93296.html,最后访问日期:2020年2月29日;山东省青岛市中级人民法院(2018)鲁02协外认6号民事裁定书。

② 参见"高尔集团股份有限公司申请承认和执行新加坡法院民事判决案",《江苏法院2017年度十大典型案例》,江苏法院网:http://www.jsfy.gov.cn/art/2018/01/17/66_93296.html,最后访问日期:2020年2月29日。

③ See Keith D. Yamauchi, Should Reciprocity Be a Part of the UNCITRAL Model Cross-Border Insolvency Law? 16 Int. Insolv. Rev. 145, 179 (2007).

④ 参见冯茜:《日本法院对我国财产关系判决的承认执行问题研究》,《武大国际法评论》2017年第3期,第46~47页;另见沈红雨:《外国民商事判决承认和执行若干疑难问题研究》,《法律适用》2018年第5期,第19~20页。

⑤ 参见徐伟功:《我国承认与执行外国法院判决制度的构建路径——兼论我国认定互惠关系的转变》,《法商研究》2018年第2期,第176页。

准：第一，以他国立法所规定的承认和执行外国民商事判决的条件为依据（宽松者如德国、日本、韩国等，它们不要求他国承认和执行外国判决的条件与本国完全对等，只需无实质性差别或他国法院承认和执行外国判决的条件不比本国严格即可；严格者如阿曼、巴林等中东国家，它们要求他国法院承认和执行外国法院判决的条件与本国严格对等）；第二，考察他国与第三国的司法实践；第三，基于经贸合作需要并从促进国际司法合作角度出发，若认为本国法院先给予互惠，他国也能于今后给予同等回应，那就认定存在互惠关系（德国柏林高等法院于 2006 年承认和执行江苏无锡中院的一项判决除考虑当时我国《民事诉讼法》中关于承认和执行外国判决的条件比德国更宽松外，还特别考虑了两国经贸合作的趋势并乐观地估计中国法院未来会对德国法院先行给予的互惠作出积极回应，从而承认和执行了中国法院作出的判决）。① 至于推定互惠，一般指：除非有相反证据表明他国法院曾经拒绝承认与执行本国法院作出的判决，否则，即可推定两国存在互惠关系。② 就判断标准而言，通常以是否存在否定性先例为标准来判断是否存在互惠关系：如果存在拒绝承认和执行本国法院作出的判决的先例，那么，即认定两国间不存在互惠关系；相反，若无法证明存在否定性先例，则推定存在互惠关系。③ 不难看出，无论是法律互惠还是推定互惠，都在很大程度上缓和了事实互惠可能导致的僵局或报复。尤其是，基于推定互惠之理念，只要其他国家存在承认和执行本国法院作出的判决的合理可能性，那么，即便该国法院此前并无承认和执行本国法院判决的先例，也可视为构成互惠关系。这自然是显著增加了国际司法合作的可能性。事实上，若每个国家都期待对方国家先行给予互惠，然后本国再跟进给予互惠（此即事实互惠的内涵），那就难以产生相互间的互惠关系，互惠原则自然也就成了空谈。

值得注意的是，在破产判决的承认和执行问题上，国际立法更倾向于放弃互惠。《跨国界破产示范法》以及美国、英国、澳大利亚、新加坡等移植该示范法的国家，均纷纷放弃了互惠要求（其实，《跨国界破产示范法》包含的一些重要保护性条款，例如，"充分保护"本国债权人条款以及"公

---

① 参见王雅菡：《外国法院判决承认与执行中互惠的认定标准》，《武大国际法评论》2019 年第 4 期，第 24~29 页；徐伟功：《我国承认与执行外国法院判决制度的构建路径——兼论我国认定互惠关系的转变》，《法商研究》2018 年第 2 期，第 176 页。

② 参见王吉文：《外国判决承认和执行的国际合作机制研究》，中国政法大学出版社 2014 年版，第 52 页。

③ 参见王雅菡：《外国法院判决承认与执行中互惠的认定标准》，《武大国际法评论》2019 年第 4 期，第 29~30 页。

共政策例外"条款等，使互惠要求变得不再重要，这也是上述国家放弃互惠要求的重要原因之一），但也有部分国家，例如，墨西哥与南非等国，借鉴《跨国界破产示范法》时仍坚持互惠要求。无论是在普通民商事判决承认和执行领域，还是在蕴含一国复杂且多元公共政策目标的破产判决领域，完全放弃互惠原则都显得过于激进，①但坚持严格的互惠原则又不利于合作。正如论者所言，我国"正努力创造以'一带一路'建设为重点的全面开放新格局，这对我国在判决流通领域扩大司法合作，增强司法互信提出了新要求"。② 因此，从国际司法合作角度看，可更多考虑适用法律互惠或推定互惠，更灵活地解释并适用互惠原则。其实，司法政策上，为促进与"一带一路"沿线国家或地区的国际司法合作，我国最高人民法院近年对互惠的态度发生了明显转变：最高人民法院先是提出，即便与这些国家没有缔结相应的司法协助条约，也可根据司法合作意向以及他国是否承诺给予对等司法互惠等实际情况，由我国法院先行给予他国当事人相应的司法协助，从而促进与这些国家之间的互惠关系。③ 其后，最高人民法院进一步强调可采取推定互惠，以便更广泛地促进与"一带一路"沿线国家间的国际司法合作。④ 2017 年，中国-东盟大法官论坛通过《南宁声明》。其中第 7 项规定：(1)除非与本国法律相悖，否则，各国法院应从宽或善意解释国内法律，以促进民商事判决的承认和执行，减少不必要的平行诉讼；(2)若国与国之间没有缔结与民商事判决承认和执行有关的国际条约，那么，当他国法院不存在以互惠为理由拒绝承认本国法院作出的民商事判决的先例时，本国法院即可推定与该国存在互惠关系，除非该推定与本国基本法律原则相悖。此外，最高人民法院还专门就跨境破产合作中的互惠问

----

① 有研究者指出：未来的破产立法改革"应把互惠原则从外国破产判决承认和执行要件中删除，以达到真正的先行互惠和国际合作"。参见金春：《外国破产程序的承认与协助：解释与立法》，《政法论坛》2019 年第 3 期，第 146 页。其实，互惠原则仍具有重要价值：第一，该原则可作为缺乏条约时承认和执行他国法院判决的审查依据之一；第二，有助于避免对外国司法制度公正性和独立性等敏感问题的评价；第三，有助于提高本国当事人订立争议解决条款的议价能力；第四，有助于保护国家司法主权并确保一国主权免受他国司法机构干预。参见黄志慧：《我国判决承认与执行中互惠原则实施的困境与出路》，《政法论坛》2018 年第 6 期，第 73~74 页。

② 参见马明飞、蔡斯扬：《我国承认与执行外国判决中的互惠原则：困境与破解》，《政治与法律》2019 年第 3 期，第 129~130 页。

③ 参见《最高人民法院关于人民法院为"一带一路"建设提供司法服务和保障的若干意见》（法发〔2015〕9 号）第 6 条。

④ 参见《最高人民法院关于人民法院进一步为"一带一路"建设提供司法服务和保障的意见》（法发〔2019〕29 号）第 24 条。

题提出了要求,即应积极"探索互惠原则适用的新方式"。① 司法政策上初步确立的法律互惠与推定互惠将为我国法院与外国法院开展民商事判决承认和执行的国际司法合作提供原则指导,并将缓和事实互惠对国际司法合作的阻碍。未来,不仅需要在立法上进一步确立更优化的互惠制度框架,还应考虑在司法适用层面上软化互惠原则,包括制定统一适用的司法解释、发布指导性案例等。②

三、审慎适用公共政策例外条款

为保护本国公共利益及基本法律原则,跨境破产国际立法例中多规定了公共政策例外条款。例如,《跨国界破产法示范法》第 6 条规定:"本法范围内的某项行动若明显违反本国公共政策,本法中的任何规定概不妨碍法院拒绝采取该项行动。"同样地,一些移植或借鉴《跨国界破产示范法》的国家也都规定了公共政策例外条款(值得注意的一个细节差异是,一些采纳了《跨国界破产示范法》的国家,如美国、澳大利亚、英国等,已全文引入了这一严格规定。但也有一些移植示范法的国家,如新加坡、日本、韩国等,相应的条款中则均未采纳"明显"之限定,这意味着这些国家的法院适用这一例外条款时享有更多的解释空间,其标准要低于英、美等国)。③ 其他国际立法也有类似规定。例如,《破产判决示范法》第 7 条以及海牙国际私法会议 2019 年通过的《承认与执行外国民商事判决公约》第 7 条第 1 款 C 项(该条款规定:如果承认和执行外国民商事判决明显有悖于被请求国的公共政策,包括作出判决之程序有违该国有关程序公正的基本原则以及对该国主权或安全造成损害,那么,被请求国法院即可拒绝承认和执行该外国判决)。

一般认为,公共政策的概念建立在国内法基础之上且表现出明显的国别差异。在多数国家,公共政策通常都被理解为限于法律的基本原则,特别是宪法上的重要原则,在这些国家,仅当外国民商事判决与这些基本原

---

① 参见《最高人民法院关于印发〈全国法院破产审判工作会议纪要〉的通知》(法〔2018〕53 号)第 49 条。
② 参见马明飞、蔡斯扬:《我国承认与执行外国判决中的互惠原则:困境与破解》,《政治与法律》2019 年第 3 期,第 131~133 页。
③ See Wai Yee Wan & Gerard McCormack, Implementing Strategies for the Model Law on Cross-Border Insolvency: The Divergence in Asia-Pacific and Lessons for UNCITRAL, 36 Emory Bankr. Dev. J. 59, 75-76 (2020).

则相悖时，法院才会以公共政策为由拒绝承认和执行。① 《跨国界破产法示范法》与《破产判决示范法》均将"明显"作为公共政策的必要限制，其目的就在于强调应从严解释公共政策例外条款，即通常仅应在涉及对一国法律原则具有根本性影响的情况时才予援用。② 整体上，为防止公共政策例外条款的滥用，国际立法及国内立法(如瑞士《联邦国际私法典》第 17 条与《比利时国际私法典》第 21 条)多表现出将公共政策条款视为一项"例外"而非基本原则的解释倾向，并对该条款适用作严格限制。而且，从字面意义上看，"明显违反"这一措辞充分地体现了国际社会及各国限制适用公共政策的基本精神，而且这种"例外"仅仅是在特殊情形下才加以援用。实践中，不少法院正是遵照上述立法旨意审查是否承认和执行外国破产判决。

域外实践也表明，一方面，在不涉及法律基本原则、正当程序或基本权利保障时，即便涉及清偿额或清偿率、两国之间的实体法差异以及法律适用方面差异等，法院一般也不会认为这些差异构成了公共政策例外条款的适用基础。③ 但另一方面，若涉及一国基本法律原则，有违正当程序要求，或侵犯当事人宪法性权利等，则多将被视为违反了一国的公共政策。例如，Glod & Honey 案④中，美国法院就基于公共政策理由拒绝承认以色列程序。该案中，破产债务人先是向美国法院申请启动重整程序并通知了债权人(主要是以色列第一国际银行)，但在该程序启动后，以色列法院又应债权人以色列第一国际银行的申请，启动了针对债务人的破产程序并指定了破产管理人。其后，以色列破产程序中指定的管理人向美国纽约东区破产法院提出申请，要求承认上述以色列破产程序为美国破产法上的"外国主要程序"，但美国法院拒绝承认该程序，原因在于：承认该程序不仅将不当地激励违背美国破产法上的自动中止令和美国法院随后就中止下达命令的行为并使之合法化，而且还将严重地妨碍美国法院落实两项最根本的政策和自动中止的目的——防止某个债权人获得优于其他债权人的利益并

---

①　See UNCITRAL, Model Law on Recognition and Enforcement of Insolvency-Related Judgments with Guide to Enactment, Sales No. E.19.V.8, 2019, p.41.

②　See UNCITRAL, Model Law on Recognition and Enforcement of Insolvency-Related Judgments with Guide to Enactment, Sales No. E.19.V.8, 2019, p.41.

③　参见黄圆圆：《跨界破产承认与救济制度研究》，对外经贸大学出版社 2020 年版，第 85 ~ 86 页。

④　See In re GOLD & HONEY, LTD and In re GOLD & HONEY, LP, 410 B. R. 357 (Bankr. E. D. N. Y, 2009).

按照相对优先顺序对所有债权人高效和有序地分配债务人财产。① 另如，Sivee SRL 案以及 Toft 案中，美国俄克拉荷马州东区法院与纽约南区破产法院就分别以意大利破产程序违背正当程序（即美国债权人未收到意大利破产程序启动的适当通知）以及德国破产程序侵犯当事人隐私权（德国破产程序的外国代表请求美国法院批准其访问债务人电子邮箱）为由，拒绝承认这些外国程序。② 整体上，国际立法及越来越多的司法实践虽都倾向于限制性地适用公共政策例外条款，但很难保证该条款不受其他非法律因素或偏见的影响。例如，Cherkasov v. Olegovich 案中，英国法院就认为，作为资产剥离的一部分，俄罗斯法院启动的破产程序是俄罗斯政府打压政治对手的工具，从而以违反程序公正为由拒绝承认俄罗斯法院启动的破产程序。③

目前，我国并未像美国、新加坡、日本等国家那样整体移植或部分借鉴《跨国界破产示范法》，包括其中的公共政策例外条款。尽管如此，《企业破产法》第 5 条第 2 款之规定仍起到了基本相同的功能。该条款规定：承认和执行外国破产判决不得违反我国基本法律原则、不得损害国家主权和社会公共利益，亦不得损害我国债权人合法权益。本质上，这也是一种公共政策例外条款。内涵上，宜将我国"法律的基本原则"理解为宪法性原则以及破产债权平等、集体受偿以及公平受偿等破产法上的基本原则。④ 另外，较之于"国家主权、安全"，如何解释或界定更为抽象的"社会公共利益"的内涵对法院而言显然更具挑战。尽管如此，仍可参照《最高人民法院关于适用〈中华人民共和国涉外民事关系法律适用法〉若干问题的解释》（法释〔2012〕24 号）第 8 条规定，从涉及劳动者权益保护、食品或公共卫生安全、环境安全、金融安全、反垄断/反倾销以及应当认定为强制性规定的其他情形等方面解释"公共利益"的边界或内容。⑤ 此外，基于"负面清单"思维且借鉴《破产判决示范法》第 14 条的规定，还可将下列情形作为拒

---

① See UNCITRAL, Model Law on Cross-Border Insolvency: the Judicial Perspective, 2014, p. 19; 相关分析还可参见解正山：《跨国破产立法及司法适用研究——美国及欧洲的视角》，法律出版社 2011 年版，第 138~140 页。

② See in re Sivee SRL, 476 B. R. 310（E. D. Oklahoma, 2012）; in re Toft, 453 B. R. 186（Bankr. S. D. N. Y., 2011）.

③ See in Re Dalnyaya Step LLC〔2017〕EWHC（Ch）756.

④ 参见黄圆圆：《跨界破产承认与救济制度研究》，对外经贸大学出版社 2020 年版，第 166 页。

⑤ 参见黄圆圆：《跨界破产承认与救济制度研究》，对外经贸大学出版社 2020 年版，第 166 页。

绝承认和执行外国破产判决的理由：（1）破产参与人未于适当时间内获得程序启动的通知，或虽有通知，但通知方式不符合国内法关于文件送达的规定；（2）判决系通过欺诈方式获得；（3）判决与被请求国国内就相同当事人间的一项争议所作出的判决存在冲突；（4）判决与另一国此前就相同当事人之间因同一事由作出的判决存在冲突，且此前判决符合被请求国承认与执行的条件；（5）判决的承认与执行将对债务人破产程序的管理构成干扰；（6）判决对全体债权人权利产生重大影响，且在作出判决的相应程序中未能给予债权人以及其他利益相关方充分保护；（7）原判法院不具备相应的管辖权等。[①]

四、破产判决承认和执行规则的进一步完善

与普通民商事判决相比，破产判决往往涉及概括性授权行为（包括境外破产管理人在东道国的行权问题，上述北泰公司申请承认和执行香港高等法院"委任临时清盘人命令"案即为如此）。更重要的是，鉴于破产立法反映并体现一国多重的公共政策目标，且较之于普通的民商事判决，破产判决涉及广泛而复杂的多重利益调整与平衡，因此，破产判决的承认和执行，尤其是承认后如何提供必要协助是法律上的难题。或因如此，我国大多数关于承认和执行外国民商事判决的双边或多边条约都排除了破产裁决的承认与执行。[②] 目前，我国《企业破产法》第 5 条第 2 款只是规定了外国破产判决承认与执行的原则框架，对"承认"本身以及承认后如何"执行"外国破产判决，尤其是如何向尚在进行中的外国破产程序提供必要协助有待进一步明确，以便为法院处理破产判决承认和执行案提供明确指引。之前，"北泰公司案"中，最高人民法院建议不予承认和执行香港高等法院颁布的"委任临时清盘人命令"的原因或许在于：法院对于这种不涉及金钱给付而仅仅是概括性授权行为的判决的承认尤其是后续执行尚未做好法律上

[①] See UNCITRAL Model Law on Recognition and Enforcement of Insolvency-Related Judgments (2018), Art. 14.相关分析还可参见雷雨清、王欣新：《〈跨国界承认和执行与破产有关判决的示范法〉与我国相关立法的完善》，《法律适用》2019 年第 19 期，第 70~73 页。

[②] 一个值得关注的案例表明，有时法院也会对条约适用对象作扩大解释，将破产判决包含其中。例如，2001 年 11 月 13 日，广东省佛山中院就基于我国与意大利签订的"民事司法协助条约"，审查认为承认意大利米兰法院作出的破产判决不违反我国基本的法律原则、国家主权与安全以及社会公共利益，因而承认了意大利米兰法院作出的已生效破产判决。但实际上，中意"民事司法协助条约"并未区分一般的民商事裁决与破产裁决，佛山中院非常罕见地将破产裁决解释为受该条约管辖。参见刘建红：《申请承认和执行意大利法院破产裁决案》，《中国法律》2003 年第 3 期，第 32~34 页。

或司法上的准备。

随着"一带一路"倡议的持续推进，我国与沿线国家或地区之间的经贸联系将不断深化。因此，为提升"办理破产"能力，持续优化营商环境，我国未来的破产立法与司法实践一方面应给予我国债权人充分保护，同时，也应增强国际司法合作意识，积极树立我国"跨境破产国际合作的良好形象和声誉"，这对于已成为双向投资大国的中国而言具有积极意义。① 基于这一考虑，除上文述及的应在互惠关系认定、公共政策例外条款解释等方面持更加开放的司法态度之外，还应考虑从立法上对承认后如何向外国破产程序或破产当事人提供必要协助或救济进行完善。毕竟，与金钱判决的承认与执行不同，跨境破产协助措施具有破产法特有的内容，除保全破产财产外，还包括破产财产的变现与转移、管理人权力的承认与协助等，因此，"救济措施的缺位降低了规则的透明度与可预见性"。② 一个可资借鉴的立法例便是已为越来越多"一带一路"沿线国家所移植的《跨国界破产示范法》，③这也是较务实的立法改革路径。主要理由在于：《跨国界破产示范法》对各国创建跨境破产规则的影响力正在不断地增强且已具有扎实的实践基础，同时，该示范法为各国引入该套规则提供了灵活性与自主性，更重要的是，不断完善的示范法颁布指南、解释性文件以及与之配套的体系性制度为其良好适用提供了指引。④

关于如何向外国破产程序/破产判决提供协助，《跨国界破产示范法》规定了三种类型。其一，可予提供的临时救济，即当提出破产程序承认申请之时至法院作出决定之时，且为保护债务人资产或债权人利益所必需，一国法院可经请求而作出下列决定：(1)停止执行针对债务人资产的法律行动；(2)容易变质、可能贬值或处于其他风险之中的债务人资产应及时

---

① 参见石静霞、黄圆圆：《跨界破产中的承认与救济制度——基于"韩进破产案"的观察与分析》，《中国人民大学学报》2017年第2期，第42~43页。

② 参见张玲：《我国跨境破产法立法的完善：目标、框架与规则》，《中央民族大学学报(哲学社会科学版)》2021年第1期，第152页。

③ 值得注意的是，就采纳《跨国界破产示范法》的"一带一路"沿线国家而言，它们在跨境破产国际合作中的参与度不尽相同。例如，为着眼于打造全球债务重组中心，新加坡借鉴《跨国界破产示范法》改造了本国相应制度，且已承认执行了涉及雷曼公司与韩进海运公司的多项破产判决，但同样采纳示范法的南非因在承认外国破产判决方面增加了额外条件，故限制了本国法院参与跨境破产合作的深度与广度，几乎未开展跨境破产国际合作。参见黄圆圆：《"一带一路"倡议下的跨界破产合作及中国的因应》，《武大国际法评论》2018年第2期，第40~41页。

④ 参见黄圆圆：《跨界破产承认与救济制度研究》，对外经贸大学出版社2020年版，第168~169页。

予以处分；(3)针对债务人资产转让、质押或其他处分的行为均应中止；(4)可就债务人资产、营业事务、权利等事项传唤证人、收取证据等。① 另外，联合国国际贸易法委员会《破产判决示范法》也规定：自寻求承认和执行破产判决之时至作出决定之前，在急需救济以保留该项与该破产判决获得承认和执行的可能性的情形下，法院可根据破产管理人或其他有权寻求承认和执行的当事人的请求，给予临时救济(包括酌情给予其他法定或衡平法上的救济)。② 其二，"自动"给予的救济，即当一项外国破产程序被承认为外国主要程序应提供的协助，其中包括：(1)停止针对债务人资产、权利、责任的法律/诉讼行动；(2)停止针对债务人资产的执行程序；(3)终止涉及债务人资产的转让、质押或其他处分行为。③ 其三，酌情给予的救济，即无论主要程序还是非主要程序，一旦获得承认，基于保护债务人或债权人所需，法院均可酌情给予任何适当的救济，包括停止继续进行针对债务人的法律/诉讼行动、中止针对债务人任何财产处分行为、处分债务人全部或部分财产或延长此前给予的临时救济等。④ 但若分配债务人财产时，则应确保本国债权人得到充分保护。⑤

比较法上，美国《破产法》第15章因整体移植《跨国界破产示范法》，所以内容上包含了上述三种类型的救济措施。与美国类似，英国、澳大利亚、加拿大、新加坡等其他英美国家也都基本上全盘接受了示范法的内容。然而，与美国《破产法》第15章承认后救济模式不同，同样借鉴《跨国界破产示范法》的日本与韩国等国，在采纳《跨国界破产示范法》时，并未引入外国主要破产程序的"自动中止"规定(《日本外国破产程序承认协助法》规定：无论是外国主要程序，还是外国非主要程序，"承认"只是表明其获得了救济资格，法院须在作出承认的裁定后，依裁量而非"自动"给予相应救济)，法院间的司法交流与合作也多有保留，甚至都赋予本国程序优先地位。⑥ 对于各国引入《跨国界破产示范法》时存在的差异，一种观点

① See UNCITRAL Model Law on Cross-Border Insolvency(1997), Art. 19(1).
② See UNCITRAL Model Law on Recognition and Enforcement of Insolvency-Related Judgments (2018), Art.12.
③ See UNCITRAL Model Law on Cross-Border Insolvency (1997), Art. 20(1).
④ See UNCITRAL Model Law on Cross-Border Insolvency (1997), Art. 21(1).
⑤ See UNCITRAL Model Law on Cross-Border Insolvency (1997), Art. 21(2).
⑥ 参见金春：《外国破产程序的承认与协助：解释与立法》，《政法论坛》2019年第3期，第147页；Wai Yee Wan & Gerard McCormack, Implementing Strategies for the Model Law on Cross-Border Insolvency: The Divergence in Asia-Pacific and Lessons for UNCITRAL, 36 Emory Bankr. Dev. J. 59, 72-73, 83-84, 86-87, 90 (2020).

认为，鉴于该示范法脱胎于英美法传统，故英美法国家较易以整体移植方式将其引入本国法律，但大陆法国家发现，它们难以整体移植示范法，这些国家的法官也不擅长处理那些赋予其裁量权的条款，例如"法院间交流与合作条款"等。① 但相反观点认为，上述理由并不令人信服，日本与韩国未引入自动中止规定不是因为大陆法无法产生自动中止的后果，而是因为路径依赖。② 比较而言，在未引入《跨国破产示范法》之前，新加坡与澳大利亚等英美法国家就已将改良的普遍主义贯彻进了跨境破产国际司法合作之中，这为它们移植根植于改良的普遍主义的示范法奠定了实践基础；相反，日本与韩国等国在修法前则一直在践行地域主义理论原则，采纳改良的普遍主义理论原则及制度更多也是回应国内外质疑，但这本身并不足以说明它们完全放弃了本国的立法或司法传统。③

较之于英美法国家在跨境破产上的丰富经验(例如，美国 2005 年整体移植《跨国界破产示范法》之前，一直适用 1978 年《破产法》第 304 条，积累了相当丰富的跨国界破产审判经验，包括如何向外国破产程序提供救济，这为美国移植上述示范法奠定了实践基础；新加坡与澳大利亚也是如此)，我国跨境破产立法起步晚、司法经验不足，2007 年新《企业破产法》施行前，破产立法并未涉及跨境破产，即便新《企业破产法》第 5 条规定了跨境破产条款，也因其过于原则与宽泛从而导致适用性不甚理想。然而，正如上文所言，中国日益密切的对外经贸交往需要一套完善的以承认和执行为核心的跨境破产制度。对此，一个最新的实践探索是最高人民法院与香港特别行政区律政司于 2021 年 5 月 14 日达成的《关于内地与香港特别行政区法院相互认可和协助破产程序的会谈纪要》(以下简称"《会谈纪要》")。《会谈纪要》从政策面回应了内地与香港跨境破产合作的急迫之需。为落实合作共识，尤其是为在规则上提供合作指引，最高人民法院随后制定《关于开展认可和协助香港特别行政区破产程序试点工作的意见》(以下简称"《试点意见》")。

内容上，第一，关于承认对象，《会谈纪要》与《试点意见》明确了双方

---

① See Kazuhiko Yamamoto, New Japanese Legislation on Cross-border Insolvency as Compared with the UNCITRAL Model Law, II INT'L INSOLVENCY REV. 67, 69 (2002).

② See Wai Yee Wan & Gerard McCormack, Implementing Strategies for the Model Law on Cross-Border Insolvency: The Divergence in Asia-Pacific and Lessons for UNCITRAL, 36 Emory Bankr. Dev. J. 59, 90-91 (2020).

③ See Wai Yee Wan & Gerard McCormack, Implementing Strategies for the Model Law on Cross-Border Insolvency: The Divergence in Asia-Pacific and Lessons for UNCITRAL, 36 Emory Bankr. Dev. J. 59, 91-94 (2020).

可予承认的对象，即集体性债务清理程序（破产程序），具体指内地《企业破产法》规定的重整、清算以及和解程序，以及香港《公司条例》与《公司（清单及杂项条文）条例》等规定的强制清盘、债权人自动清盘以及由清盘人或临时清盘人提出且经法院批准的债务重组程序。根据《会谈纪要》第2条、第3条以及《试点意见》第5条等规定，两地破产程序中的管理人可申请认可其在破产法上的身份并可申请必要的司法协助。第二，关于管辖，《试点意见》第4条、第5条规定，内地试点地区的法院可以承认"主要利益中心"位于香港的债务人启动的破产程序并可提供必要协助，债务人主要财产或其营业地或其代表机构位于试点地区的，香港破产程序中的管理人同样可向内地试点地区法院申请承认与协助。第三，关于协助措施，《试点意见》规定承认后可予提供的多层次的救济，包括临时性救济与自动给予的救济，[1]前者意指收到承认与协助申请后且在作出裁定前，法院"依据内地相关法律规定处理"，[2]后者则包括债务人个别清偿行为无效、中止已开始但尚未终结的法律程序、解除针对债务人的财产保全措施等。[3] 内地法院还可依当事人申请裁定对破产财产变价与分配、债务重组安排、破产程序终止等提供协助。[4] 第四，关于清偿，《试点意见》第20条规定：内地法院认可和协助香港破产程序的，债务人在内地的财产依据内地法律在优先清偿担保债权、劳动债权、税收债权等优先债权后，剩余财产可根据香港破产程序进行分配和清偿，但应确保相同类别的债权人受到平等对待。这一规定是对《全国法院破产审判工作会议纪要》第50条的反映，[5]是

---

[1] 此前，国内不少学者认为，我国宜采类似于日本或韩国"承认"与"执行"相分离模式。她们认为这种模式不仅能兼顾我国在跨境破产管理事务方面的现实，而且也有助于树立我国法院积极的国际合作意识及形象，同时也能避免在"承认"阶段耗时费力地判断外国程序究竟是主要程序还是非主要程序。参见石静霞、黄圆圆：《跨界破产中的承认与救济制度——基于"韩进破产案"的观察与分析》，《中国人民大学学报》2017年第2期，第43页；金春：《外国破产程序的承认与协助：解释与立法》，《政法论坛》2019年第3期，第147～148页。

[2] 参见《最高人民法院关于开展认可和协助香港特别行政区破产程序试点工作的意见》（法发〔2021〕15号）第9条。

[3] 参见《最高人民法院关于开展认可和协助香港特别行政区破产程序试点工作的意见》（法发〔2021〕15号）第11～13条。

[4] 参见《最高人民法院关于开展认可和协助香港特别行政区破产程序试点工作的意见》（法发〔2021〕15号）第16条。

[5] 《全国法院破产审判工作会议纪要》（法发〔2018〕53号）第50条规定："依照企业破产法第五条的规定，开展跨境破产协作。人民法院认可外国法院作出的破产案件的判决、裁定后，债务人在中华人民共和国境内的财产在全额清偿境内的担保权人、职工债权和社会保险费用、所欠税款等优先权后，剩余财产可以按照该外国法院的规定进行分配。"

对"不歧视原则"的重申。此外，作为承认后协助措施的一部分，《试点意见》第 15 条规定可依香港管理人或债权人申请而另行指定内地管理人，后者可行使香港管理人原本可在内地行使的职权。① 此种情形下，两地管理人应加强联络与合作。第五，作为限制，《试点意见》第 18 条规定了不予承认或协助的例外情形，包括债务人主要利益中心不在香港或虽在香港但未满 6 个月、债务人未达到破产界限、不公平对待内地债权人、存在欺诈，尤当承认或协助有违内地法律基本原则或公序良俗时，不应承认或提供协助。

总体而言，内地与香港特别行政区之间初步建立的跨境破产承认与协助框架有助于进一步完善两地之间的司法协助制度体系。更重要的是，它也是中国（内地）首次在司法层面上进行的跨境破产合作的制度化尝试。《试点意见》引入的"主要利益中心"概念、承认后给予的必要协助尤其是自动给予的救济、境内外相同类别债权人同等对待理念与管理人之间的合作要求等，都与《跨国界破产示范法》秉持的理念或制度内容基本相同。更难能可贵的是，《试点意见》首次提及了企业集团（关联公司）不同成员分别进入破产程序时，两地管理人"应当加强沟通与合作"。② 这一规定虽然简略，但其未来的实践意义仍然重大。例如，2020 年 8 月 14 日，注册于香港的森信纸业有限公司在香港启动清盘程序（该案审理法官向深圳市中级人民法院发出司法协助请求函，请求承认清盘人的身份及行权资格）；2021 年 4 月 20 日，森信纸业的关联公司远通纸业（山东）有限公司被山东枣庄薛城区人民法院裁定进入破产重整，前者对后者享有一笔 2 亿多港元的应收债权。虽然山东省不属于《试点意见》所列的试点地区，但两地的管理人不妨依据《试点意见》的精神寻求合作。对于管理人之间的合作，《试点意见》虽只是初步涉及，但至少打开了合作"窗口"。不过，作为合作架构的重要组成部分，《试点意见》却未涉及平行程序管辖法院以及管辖法院与管理人之间的合作安排，而这却是《跨国界破产示范法》中的重要内容。这有待未来实践予以增补。

最后，需要指出的是，《会谈纪要》与《试点意见》只是"一国两制"之

---

① 内地法院承认香港破产程序后，可依申请裁定允许香港管理人在内地履行《企业破产法》第 25 条规定的各项职责。但若涉及放弃财产权益、设定财产担保、借款、将财产转出内地等具有重大影响的财产处分行为，须经法院批准。参见《最高人民法院关于开展认可和协助香港特别行政区破产程序试点工作的意见》（法发〔2021〕15 号）第 14 条。

② 参见《最高人民法院关于开展认可和协助香港特别行政区破产程序试点工作的意见》（法发〔2021〕15 号）第 19 条。

下内地与香港深化司法合作的初步尝试,两地达成合作共识的法律基础是《中华人民共和国香港特别行政区基本法》第 95 条,①香港高等法院之前承认内地破产程序的若干先例则构成其实践基础。由于内地法院对于跨境破产司法合作经验不足,因此,作为权宜之计,《试点意见》目前仅限于授权上海、深圳、厦门三地法院与香港法院开展跨境破产合作。另外,很大程度上,《会谈纪要》与《试点意见》也是在考虑"一国两制"特殊背景以及越来越多内地破产裁决被香港法院承认的现实而达成的。鉴于此,这些实践探索虽能为中国与他国之间的合作提供实践样本及经验,但其本身不足以为跨境破产国际司法合作提供稳定的制度支撑。未来,在更大的国际视野之下,尤其与"一带一路"沿线国家之间,就需更进一步,通过更稳定的法律框架增进跨境破产承认和执行方面的司法合作。未来破产法改革,可在现有实践基础上,结合《跨国界破产示范法》的理念及框架,围绕申请承认的主体、管辖标准、承认的条件或标准、承认后的协助措施以及法院与法院、法院与管理人、管理人之间的合作等内容作进一步立法完善。

第三节 企业集团跨境破产立法的新进展及其启示

自 1997 年颁布《跨国界破产示范法》之后,联合国国际贸易法委员会即开始考虑如何从国内与国际两个层面处置企业集团破产问题。其间,联合国国际贸易法委员会还接连颁布《跨国界破产合作实践指南》(2009)、《破产法立法指南第三部分:破产企业集团处理办法》(2010)、《跨国界破产法示范法:司法角度的审视》(2013)、《跨国界破产示范法颁布指南和解释》(修订版,2013)以及《承认和执行与破产有关的判决的示范法》(2018)。这些立法或司法解释性文件不仅丰富了针对单一债务人跨境破产的制度内容,也为研拟企业集团跨境破产法律框架提供了参考。经过多年努力,联合国国际贸易法委员会于 2019 年颁布《企业集团破产示范法》。这一立法填补了《跨国界破产示范法》仅着眼于单一债务人跨境破产的不足,为位于不同国家的企业集团成员破产程序之间的合作与协调提供了示范性法律框架。另外,与联合国国际贸易法委员会采用"软法"的模式不同,2017 年 6 月,欧盟新修订的《破产程序条例》(第 2015/848 号)生效施

---

① 《中华人民共和国香港特别行政区基本法》第 95 条规定:"香港特别行政区可与全国其他地区的司法机关通过协商依法进行司法方面的联系和相互提供协助。"

行("硬法"模式)。① 较之于 2000 年版本——《破产程序条例》(第 1346/2000 号),欧盟新《破产程序条例》(以下简称"欧盟条例")对以往跨境破产规则在欧盟实践中表现出的不足进行了弥补和完善。以上立法具有重要的参考价值。

一、《企业集团破产示范法》文本解析

(一)外国破产管理人及债权人参加内国程序

对于涉企业集团成员的破产程序,联合国国际贸易法委员会《破产法立法指南》"立法建议"第 239 条规定:一国破产法应明定外国破产管理人和债权人有权参加本国(或称"内国",下同)法院启动的程序,而且还应在必要时根据本国法律承认外国程序。另外,根据《企业集团破产示范法》第 18 条规定,企业集团任何其他成员可参加内国法院针对该集团另一成员启动的破产程序,以促进开展合作与协调,包括制定和实施集团破产解决方案(集团破产解决方案意指为重整、变卖或清算企业集团一个或多个成员部分或全部资产和业务,从而在针对企业集团某一成员启动的"主要程序"("计划程序")中拟定的一项建议或成套建议;"主要程序"则指在债务人"主要利益中心"所在国针对该债务人启动的破产程序)。②

企业集团其他任何成员可自主决定是否参加上述程序(亦可在该程序的任何阶段参加或退出),一旦参加,即有权出庭、提交书面材料并可在破产程序中就涉及集团该成员利益的事项作出陈述,参加制定和实施一套集团破产解决方案。③《企业集团破产示范法》第 18 条侧重点是企业集团成员参加这类主要程序的益处或可取性,包括保护自身利益或有助于解决进入该程序的企业集团成员的财务困难。④ 另外,根据《跨国界破产示范法》第 9 条至第 14 条规定,外国破产管理人有权直接向内国法院申请启动某项程序,以及在某项外国程序获得承认时,参与内国法院针对债务

① 所谓"软法",一般是指各国及国际组织在国际关系中广泛采用的准法律以及无约束力的规则、倡议等;"硬法"则指赋予当事人可执行的权利并向他们提供一套可统一遵守的完整且全面的规则。See Irit Mevorach, the Future of Cross-Border Insolvency: Overcoming Biases and Closing Gaps, Oxford University Press, 2018, p.141.

② See UNCITRAL Model Law on Enterprise Group Insolvency (2019), Art.2 (f) (g).

③ See UNCITRAL Model Law on Enterprise Group Insolvency (2019), Art.18 (2)-(4).

④ See UNCITRAL, Working Group V (Insolvency Law), Enterprise Group Insolvency: Draft Guide to Enactment, U.N. Doc. A/CN.9/WG.V/WP.165, 2019, p.29.

人启动的某项程序；外国债权人则与本国债权人享有相同的权利，同样有权申请和参加内国与破产法有关的程序。① 虽然《跨国界破产示范法》对企业集团情形的适用性有限，但其对单一债务人提供的介入法院和承认外国程序的诸项便利，同样适宜提供给涉及同一企业集团多个成员的破产程序。②

(二) 集团数个成员破产程序间的合作与协调

对于单一债务人跨境破产合作，《跨国界破产示范法》第 25 条至第 27 条授权法院、破产管理人之间可进行最大限度合作，并提供了诸多可供选择的合作形式，包括法院之间、破产管理人之间以及法院与破产管理人之间的联系、使用跨国界破产协议 (自 Maxwell 案③以来，跨境破产司法实践反映了在管理数个平行程序方面遇到的问题，一些极富创意的破产解决方案在个案中也得以创设，其中最为突出的一项就是为促进在不同国家的法院针对同一债务人所启动的破产程序的跨境合作与协调而订立的协议)、④以及对债务人事务的监督和管理进行协调等。

上述"合作"主要适用于单一债务人跨境破产时外国主要程序与非主要程序之间，并未针对企业集团破产成员平行程序而定 (企业集团多个成员破产时，通常并不存在主要程序与次要程序之分)。为授权法院、破产管理人在涉及企业集团位于不同国家的多个成员的破产程序中进行合作、协调针对企业集团多个成员的平行程序、保护当事人的实体和程序权利，联合国国际贸易法委员会《破产法立法指南》"立法建议"第 240 条以及《企业集团破产示范法》第 9 条规定：破产法应允许管辖企业集团某一成员破

---

① See UNCITRAL Model Law on Cross-Border Insolvency (1997), Arts.9-14.

② See UNCITRAL Legislative Guide on Insolvency Law, Part Three: Treatment of Enterprise Groups in Insolvency, 2012, Sales No.: E.12.V.16, p.88.

③ Maxwell 案涉及美国与英国两个平行破产程序，两个程序任命了两个不同且相互独立的破产管理人。美国与英国的法院向两地的律师提出，两地管理机构订立破产协议以解决冲突并促进信息交换。协议为破产管理人确定以下目标：实现破产财产价值最大化，协调程序以减少支出、浪费和管辖权冲突。当事人商定，一旦确定某些标准，美国法院将遵从英国程序。协议内容包括：为维持债务人经营中企业的价值，将留用部分现任管理人员，但英国破产管理人征得美国对应人员同意后可挑选新的独立主管人；英国破产管理人仅在美国破产管理人或美国法院同意后才能借债或提交重整计划；英国破产管理人应事先通知美国破产管理人，方能代表债务人实施重大交易等。See UNCITRAL, Practice Guide on Cross-Border Insolvency Cooperation, Sales No.: E.10.V.6, 2010, pp.128-129.

④ 跨国界破产协议实务案例可参见 UNCITRAL, Practice Guide on Cross-Border Insolvency Cooperation, Sales No.: E.10.V.6, 2010, pp.115-139.

产程序的本国法院尽可能最大限度地与外国法院或破产管理人、集团代表进行直接合作，或通过本国法院任命的破产管理人或被任命按照法院指示行事的当事人进行间接合作，有权与外国法院、破产管理人或经任命的集团代表进行联系或请求其提供信息与协助。① "合作"可通过任何适当的方式进行，主要包括：(1)信息交流；(2)对进入破产程序的集团成员的事务管理与监督进行协调；(3)指定个人或机构根据法院的指示行事；(4)批准或实施跨国界破产协议；(5)与外国法院、破产管理人或任命的集团代表进行联系；(6)对集团破产成员平行程序进行协调；(7)法院之间就合作与联系所涉费用的分摊与安排进行合作；(8)使用调解或经当事人同意使用仲裁方式，解决集团成员之间的债权纠纷；(9)核准集团成员之间债权的处理；(10)认定集团成员及其债权人交叉提出或以其名义交叉提出的债权等。②

　　鉴于破产管理人、集团代表对企业集团破产所涉及的各债务人破产财产负有日常管理责任，因此，他们之间以及与他们与法院之间的合作对确保成功地协调集团破产成员平行程序方面具有关键作用。③ 为此，联合国国际贸易法委员会《破产法立法指南》"立法建议"第246条至第249条以及《企业集团破产示范法》第13条至第14条规定了本国破产管理人、集团代表与外国法院及破产管理人之间进行合作与联系的框架。合作形式主要包括：(1)进入破产程序的企业集团成员信息的共享与披露；(2)共同商定跨国界破产协议；(3)破产管理人责任划分；(4)协调管理进入破产程序的企业集团成员的事务；(4)协调集团破产解决方案的制定和实施等。④ 破产管理人和任命的集团代表可订立企业集团两个或多个成员平行程序的协

① 值得注意的是，进行"联系"并不意味着：(1)法院权力、责任或权限的放弃或减损；(2)对提交法院审理的任何事项作出实质性判定；(3)当事方放弃其实体或程序权利；(4)法院发布的任何命令效力减损；(5)服从参加联系的其他法院的管辖权；(6)参加联系的法院的管辖权有任何限制、延伸或扩大。See UNCITRAL Model Law on Enterprise Group Insolvency (2019), Art. 11.

② See UNCITRAL Legislative Guide on Insolvency Law, Part Three: Treatment of Enterprise Groups in Insolvency, 2012, Sales No.: E.12.V.16, Recommendation 241; UNCITRAL Model Law on Enterprise Group Insolvency (2019), Art. 10.

③ See UNCITRAL, Working Group V (Insolvency Law), Enterprise Group Insolvency: Draft Guide to Enactment, U.N. Doc. A/CN.9/WG.V/WP.165, 2019, p. 24.

④ See UNCITRAL Legislative Guide on Insolvency Law, Part Three: Treatment of Enterprise Groups in Insolvency, 2012, Sales No.: E.12.V.16, Recommendation 250; See UNCITRAL Model Law on Enterprise Group Insolvency (2019), Art. 15.

调协议。① 为促进有效管理企业集团位于不同国家的集团成员平行破产程序，联合国国际贸易法委员会《破产法立法指南》"立法建议"第251条至第252条以及《企业集团破产示范法》第17条进一步规定：一国破产法应允许本国法院在适当情形下与外国法院进行协调，包括指定单一或同一破产管理人，②但应采取措施避免利益冲突。任命单一或同一破产管理人有助于对企业集团多个破产成员的协调管理，降低管理成本，并为搜集整个企业集团的信息提供便利，但在决定是否适合指定单一或同一个破产管理人时，应考虑企业集团的性质，包括集团成员一体化程度及其业务结构。此外，鉴于指定同一个破产管理人可能在涉及企业集团内交叉担保、内部债权债务、启动后融资或企业集团某个成员对另一成员存在不当行为时存在利益冲突，因此，应要求破产管理人披露潜在或现实存在的利益冲突，同时作出某种保证、或在遵守行业规范或法定义务方面寻求法院指导。③尤为重要的是，不仅应允许破产管理人和其他利害关系人订立涉及企业集团位于不同国家多个成员的跨国界破产协议，而且应授权法院批准和执行该协议。④

(三)外国"计划程序"的承认和救济

所谓"计划程序"(Planning Proceeding)，是指"针对企业集团某一成员启动的一项主要程序"。这是《企业集团破产示范法》新创设的术语。通常，计划程序应满足以下条件：(1)企业集团一个或多个其他成员均参与该项主要程序；(2)参加该主要程序的企业集团成员很可能是集团破产解

---

① See UNCITRAL Model Law on Enterprise Group Insolvency (2019), Art. 16.

② 指定单一破产管理人是跨境破产实践中较常见的做法。例如，Akai Holdings Limited 破产案中，分别在香港和百慕大启动了平行的清算程序。两地程序签订了破产协议，以授权破产管理人以最合理的方式管理两地的清算程序。更重要的是，破产协议为两个法域中每个公司指定了相同的管理人。与 Akai Holdings Limited 案类似，Greater Beijing First Expressways Limited 破产案以及 Peregrine Investments Holdings Limited 破产案也通过跨国界破产协议为位于不同法域的程序指定了同一破产管理人。See UNCITRAL, Practice Guide on Cross-Border Insolvency Cooperation, Sales No.: E.10.V.6, 2010, pp.117, 121-122, 132.

③ See UNCITRAL, Working Group V (Insolvency Law), Enterprise Group Insolvency: Draft Guide to Enactment, U.N. Doc. A/CN.9/WG.V/WP.165, 2019, p.27.

④ See UNCITRAL Legislative Guide on Insolvency Law, Part Three: Treatment of Enterprise Groups in Insolvency, 2012, Sales No.: E.12.V.16, Recommendations 253-254。关于跨国界破产协议的进一步分析可参见解正山：《跨国破产立法及司法适用研究——美国及欧洲的视角》，法律出版社2011年版，第181~195页；UNCITRAL, Practice Guide on Cross-Border Insolvency Cooperation, Sales No.: E.10.V.6, 2010, pp.27-115.

决方案中一个至关重要的参与者；(3)任命了一名"集团代表"(所谓"集团代表"，则指"被授权担任计划程序代表的人或机构，包括临时任命的人或机构"，其任务是"代表计划程序和制定集团破产解决方案，而非管理个别集团成员的破产程序"，但计划程序任命的集团代表和主要程序任命的破产管理人可以是同一人，只要避免潜在利益冲突即可)。①

当计划程序为一项国内程序时，本国法院可任命集团代表。获得任命后，集团代表即应寻求制定和实施集团破产解决方案。基于制定或实施集团破产解决方案之考虑，或为保全、维护、变现或提升受计划程序约束或参加计划程序的集团成员的资产价值或该集团成员债权人利益，经集团代表申请，本国法院可给予适当救济，主要包括中止对该集团成员资产的执行措施、暂停对该集团成员任何资产的处分、中止任何针对该集团成员的单项法律行动、委托集团代表或其他经任命的当事人处分该集团成员资产、对该集团成员的资产或权利义务等事项进行查证、中止针对参加计划程序的集团成员而启动的破产程序、对该集团成员的融资安排予以核准等。② 更重要的是，集团代表有权代表计划程序在外国行事，主要包括：(1)寻求外国法院承认该计划程序并给予救济；(2)寻求加入针对参加计划程序的集团成员启动的外国程序；(3)寻求加入针对未参加计划程序的集团成员启动的外国程序。③

当计划程序为一项外国程序时，集团代表则可向内国法院申请承认该程序。④ 集团代表可在内国法院作出承认决定前，请求给予临时救济(临时救济类型与外国计划程序获得承认后法院给予的救济类型基本相同)，但在参加外国计划程序的集团成员未进入破产程序的情形下，或当此等临时救济对参加该计划程序的集团成员正在进行的主要破产程序管理造成干扰，法院可拒绝给予相应的救济，⑤这一限制对承认后给予的救济同样适用。通常，外国计划程序符合以下条件时应获承认：(1)提供了任命集团代表的必要证明；(2)提供了必要的说明，包括列明参加外国计划程序的企业集团每一成员、针对这些成员启动的所有破产程序以及该计划程序能为面临该程序处理或参加该程序的企业集团成员带来整体的价值增加；

---

① See UNCITRAL, Working Group V (Insolvency Law), Enterprise Group Insolvency: Draft Guide to Enactment, U.N. Doc. A/CN.9/WG.V/WP.165, 2019, p.31; UNCITRAL Model Law on Enterprise Group Insolvency (2019), Art. 2 (e)(g).

② See UNCITRAL Model Law on Enterprise Group Insolvency (2019), Arts.19-20.

③ See UNCITRAL Model Law on Enterprise Group Insolvency (2019), Art.19 (3).

④ See UNCITRAL Model Law on Enterprise Group Insolvency (2019), Art. 21.

⑤ See UNCITRAL Model Law on Enterprise Group Insolvency (2019), Art. 22 (1) (4)(5).

(3)属于示范法定义的计划程序；(4)不违反法院地国的公共政策等。①

　　根据《企业集团破产示范法》第 24 条第 1 款规定，一旦承认一项外国计划程序，基于制定或实施集团破产解决方案之考虑，或为保全、维护、变现或提升受该外国计划程序约束或参加该程序的集团成员的资产价值或该集团成员债权人利益，法院可根据集团代表的请求给予适当救济，主要包括延长此前作出的临时救济措施以及中止对该集团成员资产的执行措施、暂停对该集团成员资产的处分、中止针对该集团成员进行的破产程序、中止针对该集团成员的单独法律程序、委托当地破产管理人管理或变现该集团成员位于法院地国的财产、核准融资安排等。② 作为一项基本原则，给予、拒绝给予、修订或终止相应救济时，法院还应充分保护受计划程序影响或参加该程序的集团成员的债权人以及其他利害关系人的权益。③ "充分保护"的意旨在于：确保受计划程序影响的当事人权益不受减损、不因法院给予的救济而处于不利地位。④ 除可获得上述救济外，外国计划程序获得承认后的效果还包括：(1)集团代表将有资格参加在内国针对已参加计划程序的集团成员进行的任何破产程序和个别诉讼，但参加针对未加入该外国计划程序的集团成员进行的破产程序则须获得法院批准；⑤(2)经法院核准，集团破产解决方案涉及主要利益中心位于内国的集团成员的内容即在内国具有效力，集团代表有权向法院申请就集团破产解决方案的核准和实施等事项进行庭审。⑥

二、欧盟企业集团破产立法的最新发展

　　与联合国国际贸易法委员会《跨国界破产示范法》类似，2015 修订前的《欧盟条例》仅适用于单一债务人跨境破产，并不包含企业集团破产处置办法。然而，实践表明，企业集团破产已成破产实务中一项极具挑战的法律难题。如前文所述，欧盟法院原则上遵照"独立实体"原则解决跨国企业集团破产难题，强调每个构成单独法人实体的债务人应由其注册地所在国

---

① See UNCITRAL Model Law on Enterprise Group Insolvency (2019), Arts. 6, 23 (1).

② See UNCITRAL Model Law on Enterprise Group Insolvency (2019), Art. 24 (1).

③ See UNCITRAL Model Law on Enterprise Group Insolvency (2019), Art. 27 (1).

④ See UNCITRAL, Working Group V (Insolvency Law), Enterprise Group Insolvency：Draft Guide to Enactment, U.N. Doc. A/CN.9/WG.V/WP.165, 2019, pp. 47-48.

⑤ See UNCITRAL Model Law on Enterprise Group Insolvency (2019), Art. 25; UNCITRAL, Working Group V (Insolvency Law), Enterprise Group Insolvency：Draft Guide to Enactment, U.N. Doc. A/CN.9/WG.V/WP.165, 2019, p. 45.

⑥ See UNCITRAL Model Law on Enterprise Group Insolvency (2019), Art. 26.

法院进行破产管辖。然而，欧盟法院没有进一步对集团不同成员的平行破产程序是否以及如何进行合作与交流提供实质性指导。成员国层面上，部分国家法院，例如英国法院，则采用实用主义立场，更愿尝试在单一法院监管之下将针对集团成员启动的不同的破产程序进行"集中化处理"（"程序集中"），通过"总部功能"方法确定"集团主要利益中心"并据此确定破产管辖法院，以便执行全球性破产管理方案，DAISYTEK 集团破产案与EMTEC 集团破产案即是两个与此有关的典型案例，案涉企业集团最终在英国与法国进行了统一的破产程序。① 然而，实践中的这些做法遭到理论上的激烈抨击，更多国家不愿如此行事。与此同时，越来越多的学者及破产实务人士则认为，集团破产规则的缺乏阻碍了相关破产案件的有效管理。② 为填补立法缺漏导致的各方争议，同时为越发多见的企业集团破产案件提供制度框架，欧盟于 2017 年 6 月施行新修订的《欧盟条例》（第2015/848 号），增加了集团破产的专门规定。

总体上看，《欧盟条例》的最新发展主要包括：（1）对条例适用范围进行了扩充，将与拯救、债务调整、重整或清算有关的临时程序纳入其间，但在适用主体上，信贷机构等金融企业仍被排除在外；③（2）对"主要利益中心"这一核心概念及其相关规定进行了细化，例如，将"主要利益中心"的概念延展至公司或法人之外的其他当事人，包括从事独立"营业"或职业活动的个人以及其他个人，仅就公司而言，债务人进行日常管理且为第三方确信之地点为其主要利益中心所在地；④（3）完善针对单一债务人的主、辅破产程序间的交流与合作，⑤包括赋权破产执业人（新的《欧盟条例》不再援用早期版本中的"清算人"概念，转而使用更宽泛的"破产执业人"概念，基于习惯，本书仍使用"破产管理人"之称谓）通过跨国界破产协议或

---

① See Sony Elecs. Inc. v. Daisytek, Inc. (In re Daisytek, Inc.), No. 03-34762-HDH-11, 2004 WL 1698284, (N.D. Tex. July 29, 2004); Marina Matousekova, Private International Law Answers to the Insolvency of Cross-Border Groups: Comparative Analysis of French and English Case Law, 2008 Int'l Bus. L.J. 141 (2008); 进一步的分析可参见解正山:《跨国破产立法及司法适用研究——美国及欧洲的视角》，法律出版社 2011 年版，第 171~180 页。

② See Moss, Fletcher and Isaacs, The EU Regulation on Insolvency Proceedings, 3rd ed., Oxford University Press, 2016, p.746.

③ 欧盟另行规定了针对信贷机构等金融机构的破产法律。相关分析可参见解正山:《系统重要性金融机构监管法律问题研究》，中国政法大学出版社 2017 年，第 119~138 页。

④ See Regulation (EU) 2015/848 on Insolvency Proceedings, Art. 3 (1).

⑤ "主要破产程序"是指债务人主要利益中心所在国法院启动的破产程序；"辅助破产程序"指债务人"营业地"（债务人实施或在提出主要破产程序申请前 3 个月内实施的涉及人力与资产的非临时性经济活动的任何经营场所）所在国法院启动的破产程序。See Regulation (EU) 2015/848 on Insolvency Proceedings, Arts. 2(10), 3.

议定书等形式进行合作等,①且新增受理主、辅程序的法院之间以及破产
管理人与法院之间的合作与交流机制;(4)建立破产信息登记系统;(5)新
增企业集团(欧盟法也称"公司集团")破产成员平行程序的合作与交流机
制。囿于篇幅,本书仅就《欧盟条例》中新增的企业集团破产相关规定进行
分析。

(一)平行程序间的合作路径

欧盟立法者强调,位于不同成员国的企业集团破产成员平行程序的管
理人及管辖法院彼此之间应进行适当合作,正如单一债务人跨境破产时主
要程序与次要程序的破产管理人与法院有义务进行合作与交流一样,但合
作应不违背每个破产程序中的债权人权益,且旨在寻求在集团层面上达成
一个整体协同的破产解决方案。②

第一,破产管理人之间的合作义务。为促进集团两个或两个以上破产
成员平行程序的有效管理,在不违背与破产程序有关的规则且不构成任何
利益冲突的前提下,③每个程序任命的破产管理人都有义务进行合作,包
括达成跨境破产协议或议定书。④ 为此,集团成员的破产管理人应采取如
下行动:(1)尽可能与其他程序进行信息交换,且应为机密信息保护作出
妥当安排;(2)评估集团破产成员协调管理与监督的可能性,如若可能,
各方对管理与监督事宜进行协调;(3)评估集团破产成员重整可能性,如
若可能,则就重整计划等事宜进行协调。⑤ 关于上述第(2)项以及第(3)项
下的合作事宜,《欧盟条例》第56条第2款进一步规定:在各项破产程序
适用规则允许的前提下,所有或部分破产管理人可于跨境破产协议中授权
其中一个破产管理人额外权力,并同意在这些破产管理人之中分配任
务。⑥ 值得注意的是,欧盟立法者强调,要求破产管理人进行合作的目标
仅在于找到一种能产生"杠杆协同效应"的破产解决方案,是故,这种"合
作"不得违背每个破产程序中的债权人利益。⑦ 对此,有学者认为,尽管这
一限制有其合理性,但它们不应成为破产管理人之间拒绝进行破产国际合

①　See Regulation (EU) 2015/848 on Insolvency Proceedings, Art. 41(1).
②　See Regulation (EU) 2015/848 on Insolvency Proceedings, Recital 52.
③　这些限制性要求的进一步分析可参见 Moritz Brinkmann, European Insolvency Regulation:
　　Article-by-Article Commentary, Verlag C.H.Beck oHG, 2019, pp.432-433.
④　See Regulation (EU) 2015/848 on Insolvency Proceedings, Art. 56 (1).
⑤　See Regulation (EU) 2015/848 on Insolvency Proceedings, Art. 56 (2).
⑥　See Regulation (EU) 2015/848 on Insolvency Proceedings, Art. 57 (3).
⑦　See Regulation (EU) 2015/848 on Insolvency Proceedings, Recital 52.

作的借口。相反,欧盟立法者仍期望破产管理人准备好且有能力与其他成员国的破产管理人展开合作。①

第二,法院之间的合作与交流义务。对于法院间的合作,《欧盟条例》第57条规定,只要不违背各项破产程序规则且不构成任何利益冲突,已启动破产程序的法院即应与其他已启动或即将启动集团成员破产程序的法院进行合作;在尊重各方程序权利以及确保信息保密的前提下,法院自己或通过任命独立人士或机构代表自己与其他成员国管辖集团另外成员破产程序的法院进行直接交流、信息交换或提供协助。法院合作的具体形式包括:(1)对破产管理人的任命进行协调;(2)以任何合适的方式交换信息;(3)对集团破产成员财产及事务管理和监督予以协调;(4)庭审方面的协调;(5)对必要的跨境破产议定书批准事宜进行协调。与对破产管理人之间的合作予以一定限制相似,《欧盟条例》对法院间的合作也作了相应约束:一是应保证该合作能适当促进平行破产程序的有效管理,当然,这有赖于个案的具体情形;二是合作应以不违反现行与破产程序有关的规则为限,如应尊重当事人的程序性权利以及确保信息安全等;三是合作不应导致利益冲突。② 上述关于法院间合作与交流义务的规定也是对《欧盟运行条约》(TFEU)第81条与《欧洲联盟条约》(TEU)第4(3)条规定的合作原则的反映。③

第三,法院与破产管理人间的合作与交流义务。根据《欧盟条例》第58条规定,不同破产程序的管辖法院与管理人之间也有义务进行合作与交流,破产管理人可向其他集团破产成员的管辖法院提供信息或协助。为促进各个破产程序的有效管理,每个破产程序的管理人可行使以下各项权力:(1)参加集团其他成员的破产程序,包括临时程序;(2)请求中止针对集团其他破产成员的财产处分行为;(3)申请启动集团协调程序,即申请对集团成员平行破产程序进行协调。④ 不过,破产管理人行使上述第(2)项权力时,应满足以下条件:(1)针对集团所有或部分破产成员的重整计划已拟定且成功的可能性大;(2)中止措施对执行重整计划是必要的;(3)

① See Stephan Madaus, Insolvency Proceedings for Corporate Groups under the New Insolvency Regulation, Int'l. Insolv. Rev., Vol. 24, 2015, pp.235-247.

② See Regulation (EU) 2015/848 on Insolvency Proceedings, Art. 57 (1); Moritz Brinkmann, European Insolvency Regulation: Article-by-Article Commentary, Verlag C.H.Beck oHG, 2019, p.439.

③ See Moritz Brinkmann, European Insolvency Regulation: Article-by-Article Commentary, Verlag C.H.Beck oHG, 2019, p.439.

④ See Regulation (EU) 2015/848 on Insolvency Proceedings, Art. 60 (1).

重整计划有利于被请求中止财产处分的破产成员的债权人；(4)所涉各项破产程序不受协调机制约束。一旦满足这些条件，接受申请的法院应全部或部分地中止与资产变现有关的任何措施，但可要求提出中止申请的破产管理人采取适当措施，以保护可能受中止措施影响的债权人权益。① 总体上，欧盟立法者一方面规定不同破产程序中的法院与破产管理人彼此之间有义务进行合作，但另一方面又为合作设置了前提性条件，如避免利益冲突。对此，有学者认为，这可能会弱化合作义务，毕竟在破产情形下，企业集团成员之间通常会存在利益冲突。②

整体而言，集团不同成员平行破产程序中的破产管理人与管辖法院等主体应负的合作与交流义务，类似于单一债务人破产时主要程序与次要程序的破产管理人与法院应负的义务。③ 不过，两者之间仍有显著差异：(1)前者涉及不同的破产债务人，而后者仅有一个债务人；(2)针对单一债务人的破产程序，被区分为主要程序与次要程序，集团不同成员的破产程序之间则无此种等级差序之分。④ 值得注意的是，《欧盟条例》并未明确规定违反合作与交流义务的法律后果，因此，当破产管理人或法院不履行这些义务时承担何种法律后果不得而知，这有待未来司法适用时加以阐释。另外，与联合国国际贸易法委员会《企业集团破产示范法》只是要求一国法院与他国法院及破产代表与集团代表等"尽可能进行最大程度的合作"不同，《欧盟条例》规定"合作"是一项义务且具有直接的法律约束力。这体现了两者属性的明显差别：《跨国界破产示范法》属于"软法"，其所要求的"合作"有待各国将其转化为国内法时予以明确，《欧盟条例》则属"硬法"，具有直接的法律约束力。

(二)平行程序间的协调机制

欧盟立法者强调，引入程序性协调规则意在促进集团层面上的协同重建、提升企业集团成员平行破产程序协调效率，所有这些均应在尊重集团每个成员独立人格的前提下进行。⑤ 集团破产成员平行程序协调机制主要包括以下两个方面的内容：

---

① See Regulation (EU) 2015/848 on Insolvency Proceedings, Art. 60 (2).

② See Robert van Galen, the Recast Insolvency Regulation and Groups of Company, ERA Forum (2015), Vol. 15, p. 250.

③ See Regulation (EU) 2015/848 on Insolvency Proceedings, Arts. 41-44.

④ See Moritz Brinkmann, European Insolvency Regulation: Article-by-Article Commentary, Verlag C.H.Beck oHG, 2019, pp.429-430.

⑤ See Regulation (EU) 2015/848 on Insolvency Proceedings, Recital 54.

　　第一，程序协调的一般规则。关于集团协调程序申请，《欧盟条例》规定：集团成员的破产管理人根据其所属程序启动国的法律规定，可以向拥有集团任一成员破产管辖权的法院提出程序协调申请，申请应包括如下内容：(1)任命"集团协调人"的提议；(2)程序协调梗概，尤其是程序协调的缘由；(3)列明集团不同成员的破产管理人、管辖法院；(4)程序协调成本及分担评估等。① 这是对《欧盟条例》第56(2)条规定的破产管理人有义务考虑程序协调可能性的立法回应，构成"破产管理人之间进行合作的一部分"。② 同时，这也表明，集团协调程序是依破产管理人申请，法院不得依职权启动，即便法院认为这样做对各方都有利，若无破产管理人提出申请，其也不得启动集团协调程序。③ 具体而言，若受理集团不同成员破产的成员国法院均收到程序协调申请，除非三分之二以上集团成员破产管理人同意由某一成员国法院管辖集团协调程序，否则最先收到申请的法院享有管辖权，其他法院即便收到协调申请也应婉拒行使管辖权。④ 经审查，若法院认为满足以下条件，则应尽早将启动平行破产程序协调及拟任协调人等事宜告知其他破产管理人，以便他们作出是否参加集团协调程序的决定：(1)程序协调有利于促进集团不同成员破产程序的有效管理；(2)集团任一成员破产程序中的债权人不因集团协调程序而受损；(3)程序协调人属于所在国法律规定适于担任破产管理人的适格主体，且不应与集团成员、债权人以及集团任一成员的破产管理人存在利益冲突。⑤ 集团成员的破产管理人应在收到上述通知后的30日内对集团协调程序以及对集团协调人事宜提出异议。不过，值得注意的是，对于程序协调的本质特征，欧盟立法者强调，其系自愿性质。⑥ 因此，集团任一成员的破产管理人均有权拒绝参加，当然，也可在拒绝后的某个时段再次请求加入，⑦但其参加或拒绝加入的决定应取得所在国法律规定的法院批准，⑧原因在于：破产管理人决定是否加入集团协调程序将对本国破产程序的当事人产生重要影

---

① See Regulation (EU) 2015/848 on Insolvency Proceedings, Art. 61.

② See Moritz Brinkmann, European Insolvency Regulation：Article-by-Article Commentary, Verlag C.H.Beck oHG, 2019, p.465.

③ See Moritz Brinkmann, European Insolvency Regulation：Article-by-Article Commentary, Verlag C.H.Beck oHG, 2019, p.467.

④ See Regulation (EU) 2015/848 on Insolvency Proceedings, Art. 62.

⑤ See Regulation (EU) 2015/848 on Insolvency Proceedings, Art. 63 (1).

⑥ See Moritz Brinkmann, European Insolvency Regulation：Article-by-Article Commentary, Verlag C.H.Beck oHG, 2019, p.466.

⑦ See Regulation (EU) 2015/848 on Insolvency Proceedings, Recital 56.

⑧ See Regulation (EU) 2015/848 on Insolvency Proceedings, Art. 64 (1).

响，一方面，若决定不参加，那么，集团重整的可能性及其经济利益将无法及于本国债权人，但另一方面，若决定参加，那么，本国程序管辖的破产财产或将因此而承担额外的负担。① 鉴于该事项关系重大，因此，应由法院负责审查。就结果而言，一旦拒绝，所涉集团成员的破产程序即不被纳入集团协调程序之中，协调程序管辖法院或集团协调人的任何决定对该程序不产生法律约束力；②相反，若决定加入，那么，集团成员的破产管理人即可对拟任的集团协调人提出异议，此种情形下，管辖法院即不应任命受质疑的集团协调人，可由异议人提名新的人选。③

第二，集团协调程序的启动与管理。集团协调程序意在促进企业集团不同成员平行破产程序的有效管理，同时也期望能惠及债权人。因此，法院应据此对是否启动集团协调程序进行审查。④ 原则上，各个破产程序任命的破产管理人均可请求启动集团协调程序，只是该请求应列明协调的关键要素，尤其是协调计划概要、程序协调人的建议以及预估的程序协调成本（该成本应适当合理，由集团成员分担，并由集团成员破产程序启动国国内法决定）等。⑤ 一旦法定的异议期届满，集团协调程序正式启动，管辖法院即应任命集团协调人，确定协调纲要并预估程序协调的成本以及参加程序协调的集团成员需承担的份额，同时将协调程序启动事宜告知参加集团协调程序的各个破产管理人和协调人。⑥ 作为一般原则，集团协调人应不偏不倚、勤勉尽责。⑦ 若侵害参加协调程序的集团成员的债权人权益或未能履行职责，管辖法院可依职权或经参加协调程序的破产管理人的申请解任集团协调人。⑧ 具体而言，集团协调人应承担以下职责：（1）确定协调事项；（2）提出集团协调计划，即制定适于集团破产一体化处置的综合性措施，包括集团全部或部分成员经济及财务重建措施、集团内部债权债务纠纷解决方案、集团成员破产管理人之间的协议等方面的建议。⑨ 同时，集团协调人有权行使以下各项权利：（1）参加已加入协调程序的任一集团

①　See Moritz Brinkmann, European Insolvency Regulation: Article-by-Article Commentary, Verlag C.H.Beck oHG, 2019, p.478.

②　See Regulation (EU) 2015/848 on Insolvency Proceedings, Art. 65.

③　See Regulation (EU) 2015/848 on Insolvency Proceedings, Art. 67.

④　See Regulation (EU) 2015/848 on Insolvency Proceedings, Recital 57.

⑤　See Regulation (EU) 2015/848 on Insolvency Proceedings, Recitals 55, 58.

⑥　See Regulation (EU) 2015/848 on Insolvency Proceedings, Art. 68.

⑦　See Regulation (EU) 2015/848 on Insolvency Proceedings, Art. 72 (5).

⑧　See Regulation (EU) 2015/848 on Insolvency Proceedings, Art. 75.

⑨　See Regulation (EU) 2015/848 on Insolvency Proceedings, Art. 72 (1)(3).

成员的破产程序，尤其是出席债权人会议；（2）调解不同集团成员破产管理人之间的纠纷；（3）提交并解释集团协调计划；（4）要求参加集团协调程序的破产管理人提供有利于确定程序协调策略及措施的必要信息；（5）若中止集团某一成员破产程序为执行协调计划所必需且有利于该破产程序中的债权人，那么，可向该集团成员破产程序管辖法院申请中止该破产程序，相应的，也可基于同样目的申请撤销中止令。① 值得注意的是，集团协调人的职责与权力对未参加集团协调程序的其他集团成员没有约束力。② 通常，集团协调计划并非拯救计划，其更多是如何协调平行破产程序的"计划"而非如后者那样会对债权人权利造成根本影响。③ 因此，集团各个成员的破产管理人只是应"考虑"集团协调人的提议以及集团协调计划的内容，但无义务遵守集团协调计划或集团协调人的提议，若拒绝，作出说明即可。④ 这也表明每个破产程序的管理人仍是基于本国程序所管辖的破产财产的最佳利益行事。⑤ 此外，集团协调人与参加协调程序的破产管理人之间有义务进行合作以及交换信息，除非此种合作有悖于相应的破产程序规则。⑥

三、企业集团跨境破产国际立法总体评价及其启示

我国《企业破产法》第 5 条以及较具借鉴意义的《跨国界破产示范法》及《破产判决示范法》都是针对单一债务人破产而设，没有考虑企业集团尤其是跨国企业集团破产这一特殊挑战。然而，鉴于企业集团跨国界经营的普遍现实，企业集团跨境破产现象越发多见。在此背景下，我国近年开始出现企业集团跨境破产案例。例如，2013 年，江苏无锡中级人民法院经债权人申请，裁定无锡尚德太阳能电力有限公司破产重整；其后不久，债务人母公司尚德电力控股有限公司（注册地为开曼群岛）在开曼群岛启动临时清盘程序并寻求美国法院承认，产生一系列复杂的法律难题。上文提及的"上海华信破产案"同样涉及位于内地与香港多个集团破产成员的程序协调与合作问题。制定一套合适的企业集团跨境破产司法合作框架具有现

---

① See Regulation (EU) 2015/848 on Insolvency Proceedings, Art. 72 (2).
② See Regulation (EU) 2015/848 on Insolvency Proceedings, Art. 72 (4).
③ See Robert van Galen, the Recast Insolvency Regulation and Groups of Company, ERA Forum (2015), Vol. 15, p. 252.
④ See Regulation (EU) 2015/848 on Insolvency Proceedings, Art. 70.
⑤ See Moritz Brinkmann, European Insolvency Regulation: Article-by-Article Commentary, Verlag C.H.Beck oHG, 2019, p.492.
⑥ See Regulation (EU) 2015/848 on Insolvency Proceedings, Art. 74.

实意义。

一个可喜的进展是,《跨国界破产示范法》提供了位于不同法域的法院与管理人进行合作的制度框架。例如,债权人如何介入外国法院、内国法院如何承认外国破产程序并向其提供救济以及法院之间、法院与破产管理人之间以及破产管理人之间如何进行国际司法合作(主要内容包括指定某人或机构根据法院的指示行事、法院以其认为适当的任何方法交流信息、对债务人资产和事务的管理和监督等进行协调、法院批准或实施有关协调诸项程序的协议、对同一债务人同时进行的多项程序进行协调)等。但问题是,《跨国界破产示范法》中所谓的平行破产程序指向的仅是同一个债务人,而在企业集团破产情形下,破产程序针对的都是企业集团不同的独立成员。

与单一债务人跨境破产相比,企业集团跨境破产对很多国家法院而言更具挑战性:前者更多涉及债务人破产时,债务人主要利益中心所在国启动的破产程序与其海外分支机构或财产所在地启动的破产程序之间的合作与协调问题,后者则是同属一个集团的法人机构位于不同国家时,本应各自独立进行的平行程序如何进行合作与协调。当设在不同国家的集团成员通过一体化方式经营时,集团多个成员破产将在不同法域分别启动破产程序,除非能协调这些程序,否则不可能将集团作为整体进行重整或清算。通常,那些一体化程度并不高的企业集团成员破产程序分别进行并无不妥。此时,每个破产程序都是完全独立的国内程序,彼此之间似无关联,合作也没有正当理由,甚至会被认为可能干扰法院独立性或毫无必要。[①]然而,对那些高度一体化的跨国企业集团而言,分别进行破产程序不仅有损企业价值并可能导致资产隔离,还可能导致资产转移或选择法院等问题。相反,如果不同国家的法院和破产管理人之间能相互合作,那么,不仅有助于增进商业上的可预测性并可为贸易和商业提供确定性,而且也有助于促进公平高效的程序管理,从而保护各方当事人利益,最大限度地提高集团成员资产价值以维持就业并最大限度地减少成本。但问题是,因缺乏法律支持或因现有立法授权范围不确定,所以位于不同法域的法院和破产管理人在跨境破产案件中的合作普遍受到限制。[②]

基于上述考虑尤其是国际司法合作的需要,联合国国际贸易法委员会

---

①　See UNCITRAL Legislative Guide on Insolvency Law, Part Three: Treatment of Enterprise Groups in Insolvency, 2012, Sales No.: E.12.V.16, p. 87.

②　See UNCITRAL Legislative Guide on Insolvency Law, Part Three: Treatment of Enterprise Groups in Insolvency, 2012, Sales No.: E.12.V.16, pp.86-87.

破产法立法小组历时数年，制定了多项企业集团破产示范法，包括国内与国际层面的法律框架。这些立法力图为企业集团破产尤其是集团成员跨境破产提供一套示范性法律框架，促进企业集团不同成员平行破产程序的合作与协调，包括不同国家的法院之间、法院与管理人之间以及不同管理人之间的合作与协调，公正、高效地管理涉及企业集团成员的破产案件，为拯救陷入困境的企业集团提供便利，寻求为企业集团或其一部分制定一套全球性破产解决方案并在其间充分保护各方当事人利益。① 比较而言，《跨国界破产示范法》专为单一债务人跨境破产提供了一套充满合作精神的法律框架，《企业集团破产示范法》则旨在提供一套有助于增进企业集团破产时进行跨境合作与协调的示范框架，进一步丰富跨境破产国际合作的制度体系。不过，这些示范文本并非国际公约，不具有直接约束力，有待各国将其纳入国内立法并根据本国实际进行必要修改。当然，采纳示范法要比加入国际公约要简单得多，前者只要通过立法程序将其纳入国内法即可完成。② 为确保法律趋同、增加透明度与可预测性、提高程序处理的统一性和公平性，联合国国际贸易法委员会特意倡导各国移植示范法时尽可能少作修改。③

与上述《企业集团破产示范法》采用不具约束力的"软法"模式不同，《欧盟条例》采用的是"硬法"模式，它是具有约束力的国际法，对欧盟成员国直接适用，无需再行通过国内立法程序予以转化。整体上看，《欧盟条例》关于企业集团破产的规定仍旧尊重集团每个成员的法律地位，并据此确保集团成员破产程序的独立性，立法者并不打算通过对债权人以及债务人自身均具有重大影响的实质合并或程序合并（例如单一法院集中管辖多个集团成员的破产程序）解决集团破产问题。事实上，欧盟立法进程中确有不少意见讨论并支持在破产立法中引入程序集中或程序合并的规范，④但这些意图将企业集团作为一个整体予以处置的建议遇到了极大阻力，即

---

① See UNCITRAL Model Law on Enterprise Group Insolvency (2019), Permeable.

② See Irit Mevorach, A Fresh View on the Hard/Soft Law Divide: Implications for International Insolvency of Enterprise Groups, 40 Mich. J. Int'l L. 505, 516 (2019).

③ See UNCITRAL, Working Group V (Insolvency Law), Enterprise Group Insolvency: Draft Guide to Enactment, U.N. Doc. A/CN.9/WG.V/WP.165, 2019, p.4.

④ See Revision of the European Insolvency Regulation, Proposals by INSOL Europe, p. 101 et seq., available athttp://www. insol-europe. org/technical-content/revision-of-the-european-insolvency-regulation-proposals-by-insol-europe/, last visited on March 5, 2020; van Galen, International groups of insolvent companies in the European Community, IILR 2012, 376.

便支持者对实质合并进行了严格限制，也无法打消反对者的疑虑。① 鉴于此，《欧盟条例》第72条第3款规定：集团协调计划不应包含程序性合并或破产财产实质合并的提议。② 因此，《欧盟条例》最终并未引入"集团主要利益中心""集团管理人""集团破产计划"等法律概念。其实，联合国国际贸易法委员会制定的《企业集团破产示范法》最终也放弃了此前一度讨论引入的此等概念，毕竟，各方很难就上述概念达成共识，它们也难以被广泛采纳与认可。③ 不过，作为例外，当有证据表明集团破产成员的主要利益中心均在某个法域，那么，主要利益中心所在国的法院可对企业集团所有破产成员行使管辖权，并可任命同一个破产管理人。④ 总之，现有立法表明，集团成员平行破产程序原则上仍应保持独立，但同时也可向管辖法院及破产管理人课以必要的合作义务以对集团成员平行程序进行协调。当然，从广义上理解，要求不同国家的法院、破产管理人就集团破产进行合作本身就是一种高水平的协调，进而导致事实上的管理合并。⑤

鉴于"软法"不具有约束力，更多是一种权宜之计，因此，有学者认为，各国订立国际公约才是一种"理想的长远解决方案"。⑥ 只是，对于企业集团跨境破产这种包含了高度复杂的法律难题的事项而言，各国订立国际公约实在是过于困难，漫长而繁琐的谈判与批准程序最终只能导致缔约的失败。作为法律一体化的成就之一，欧盟也只是在一定程度上实现了跨境破产制度的一体适用。尽管如此，《欧盟条例》也"只是向前迈了一小步而已"。⑦ 作为经济与政治高度一体化的国家集团，能在跨境破产合作上

---

① See Alexandre de Soveral Martins, Groups of Companies in the Recast European Insolvency Regulation: Around and about the "Group", Int'l. Insolv. Rev., Vol. 28, 2019, pp.354-362.

② 虽然有此限制，但也有研究者认为该规定并无法在事实上消除程序合并。See Michele Reumers, What is in a Name: Group Coordination or Consolidation Plan-Whatis Allowed Under the EIR Recast, Int'l Insolv. Rev., Vol. 25, 2016, pp. 225-240. 其实，欧盟立法者也不忘指出：引入集团破产规则并非完全排除单一法院集中管辖集团不同成员破产程序的可能性若法院认为这些集团成员的主要利益中心均位于某个成员国，那么，该法院就可对这些不同成员的破产程序进行集中管辖。See Regulation (EU) 2015/848 on Insolvency Proceedings, Recitals 53.

③ See UNCITRAL, Working Group V (Insolvency Law), Treatment of Corporate Groups in Insolvency, U.N. Doc. A/CN.9/WG.V/WP.76/Add.2, 2007, pp.3-4.

④ See Regulation (EU) 2015/848 on Insolvency Proceedings, Recital 53.

⑤ See Michele Reumers, What is in a Name: Group Coordination or Consolidation Plan-Whatis Allowed Under the EIR Recast, Int'l Insolv. Rev., Vol. 25, 2016, pp. 225-240.

⑥ See Gregor Baer, Towards an International Insolvency Convention: Issues, Options and Feasibility Considerations, 17 Bus. L. Int'l 5, 8 (2016).

⑦ See Robert van Galen, The Recast Insolvency Regulation and Groups of Company, ERA Forum (2015), Vol. 15, p. 252.

达成这一立法成果并不令人惊讶。只不过，这种模式难为国际社会所复制，毕竟，很少有特定区域内的国家能达到如此高的一体化程度，更不用说整个国际社会了。因此，更加务实的做法是，通过一种较少影响各国法律主权，但又能促进各国立法趋同的"软法"模式，即向各国提供一套可资借鉴的示范法，以便各自采用，通过制度趋同促进法律互信并最终促成各国在跨境破产等多种法律领域进行合作。越来越多的国家移植《跨国界破产示范法》的实践也表明，《企业集团破产示范法》未来亦将成为越来越多国家参考借鉴的范本。毕竟，跨境破产国际司法合作是各国不断深化经贸交流的客观需要，况且，与《欧盟条例》一样，《企业集团破产示范法》与《跨国界破产示范法》也都侧重于程序性事项的协调，且都不要求各国法院对集团不同破产成员的平行程序进行程序合并或实质合并。这是因为，虽然程序合并或实质合并有助于从集团层面上考虑全球性破产解决方案，但是，即便对待单一债务人跨境破产，各国之间的司法合作也非那般紧密，更不用说企业集团破产时涉及不同国籍的法人机构了。

　　总体而言，无论是联合国国际贸易法委员会制定的示范法，还是欧盟理事会制定的跨境破产规则，均是在贯彻并践行改良的普遍主义理论原则。而且，两者本身也在不断地相互影响。不过，不得不承认，改良的普遍主义理论原则虽然渐受欢迎，但目前并未被普遍接受，部分国家对失去部分法律主权的担忧以及惯有的偏见似乎压倒了合作所能带来的潜在收益，而且，各国间的制度差异以及制度建设能力问题也将影响互信。[①] 这些问题将因企业集团破产而变得更加突出。如此看来，无论是单一债务人跨境破产，还是企业集团跨境破产，均应采用"程序渐进主义"模式，即通过程序性事项的协调以循序渐进地推动各国进行司法合作。这也正是《欧盟条例》与《企业集团破产示范法》的基本立场。比较而言，联合国国际贸易法委员会采用的"软法"模式适合更多国家采纳，当更多国家将相应的示范法转化为各自的国内法时，国与国之间的制度互信问题将得到较好的解决，这种互信自然有利于促进破产程序的相互承认与协助。具体到我国，一方面应以更加开放的态度对待跨境破产司法合作，尤其从司法层面回应"一带一路"经贸合作的客观需要，不断积累跨境破产国际司法合作经验。策略上，作为更广泛跨境破产国际司法合作的一部分，我国可把与"一带一路"沿线国家或地区的司法合作作为突破口（目前，内地与香港已经在

---

① See Irit Mevorach, the Future of Cross-Border Insolvency: Overcoming Biases and Closing Gaps, Oxford University Press, 2018, pp.29-30, 71.

"一国两制"框架之下初步确立了跨境破产司法合作共识，且在《企业破产法》第5条之外，最高人民法院另行制定的《试点意见》将作为承认和执行香港破产程序的制度依据，是一项突破性的司法创新），在此基础上，不断拓展跨境破产合作的广度与深度。[①]　另一方面，作为优化营商环境的一部分，应择机修订破产法，引入更具体的跨境破产规则，包括企业集团跨境破产规则，构建更完善的跨境破产制度体系。

①　中国与"一带一路"沿线国家或地区跨境破产司法合作的进一步分析可参见黄圆圆：《"一带一路"倡议下的跨界破产合作及中国的因应》，《武大国际法评论》2018年第2期，第37~53页；张玲：《我国与"一带一路"沿线国家跨境破产司法合作的现实困境与解决路径》，《暨南学报（哲学社会科学版）》2020年第6期，第61~72页。

附录 《欧盟破产程序条例》立法理由及第五章"公司集团成员破产程序"(译稿)①

立法理由

(1)2012年12月12日,欧盟委员会通过了欧盟理事会《破产程序条例》[(EC)第1346/2000号]适用情况的报告。报告认为,本条例总体运行良好,但仍应有必要对部分条款的适用进行改善,以增强对跨境破产程序的有效管理。本条例虽被多次修改,但仍须进一步修订,是故,为清楚起见,应重新修订。

(2)欧盟已设定建立一个自由、安全和公正的地区的目标。

(3)内部市场的正常运行要求跨境破产程序能高效地实施。为实现该目标,应采用该条例,这也属于《欧洲联盟运行条约》第81条所指的民事领域司法合作的范围。

(4)企业行为具有越来越多的跨境影响,因此应受欧盟法律的调整。此类企业破产将影响欧盟内部市场的正常运行,因此,有必要制定一项欧盟法律,要求针对支付不能的债务人资产采取协调措施。

(5)为了欧盟内部市场的正常运行,有必要避免各方为寻求更有利的法律地位从而将资产或司法程序从一个成员国转至另一成员国,进而损害债权人的整体利益(例如选择法院)。

(6)本条例应包括破产管辖以及派生自破产程序并与之密切相关的法律程序等方面的规定。本条例还应包含有关承认和执行此类程序中作出的判决的规定,以及破产程序适用法律方面的规定。此外,本条例还应就同一债务人或同一公司集团若干成员数个破产程序的协调作出规定。

(7)破产、与破产公司或其他法人清算有关的程序以及与该等程序相关的司法协议、和解以及其他类似的程序或法律行动,均不在欧洲议会和

---

① 本附录由上海对外经贸大学法学院硕士研究生汪鑫、周黔灵、赵亚玲翻译,解正山校对。

理事会（EU）第 1215/2012 号条例的范围之内。这些程序理应在本条例适用范围之内。本条例的解释应尽可能避免这两项法律之间产生监管漏洞。但是，国内程序未被列入附件 A 这一事实并不表明其已被欧盟（EU）第 1215/2012 号条例涵盖。

（8）为涉及跨境因素的破产程序的管理效率和效力提升目标的实现，有必要将与管辖权、承认以及适用法律有关的规定引入具有约束力且直接适用于成员国的欧盟法律规范之中。

（9）不论债务人是自然人还是法人，商人抑或个人，本条例应适用于符合条例规定条件的破产程序。这些程序已在本条例附件 A 中列出。关于附件 A 中列明的国内破产程序，本条例应不受另一成员国法院关于是否满足本条例规定条件的进一步审查而直接适用。未在附件 A 中列明的国内破产程序不属于本条例的适用范围。

（10）本条例适用范围应扩大到有助于挽救经济上可行但陷入困境的企业以及为企业家提供东山再起机会的程序。特别地，其还应扩大至针对仅有破产可能性（临近破产）的债务人的重组程序以及债务人完全或部分地自行控制其资产与事务的程序。此外，本条例还应适用于针对消费者和自营业者而启动的债务清理或债务调整程序，例如，减少债务人应付欠债或延长还款期限等。鉴于此类程序并非一定要任命破产管理人，因此，如果它们在法院控制或监督下进行，那么，就应纳入本条例适用范围。在此情形下，"控制"还应包括债权人或其他利害关系人提出上诉时法院进行干预的情形。

（11）本条例还应适用于批准暂时中止个别债权人提起的执行措施的程序。因为，这些措施将对债务重组谈判产生不利影响，有碍债务人重组。但此类程序不应损害全体债权人的利益，如果无法达成重组计划协议，那么，其即成为本条例涵盖的其他程序的预备程序。

（12）本条例适用于公开进行的程序，以使债权人知晓程序并申报债权，从而确保程序的集体特性，使债权人有机会对该程序的法院管辖权提出异议。

（13）相应地，需要保密的破产程序不在本条例适用范围之内。此类程序虽在某些成员国国内发挥重要作用，但其机密性致使位于另一成员国的债权人或法院不可能知晓其已启动，因此，很难在欧洲联盟范围内承认它们的效力。

（14）本条例所指的集体程序应涵盖债务人欠其全部或多数未偿清债务的所有或绝大多数债权人，但不涉及该程序的债权人的债权不受影响。

涉及债务人金融债权人的程序也属于本条例的适用对象。未包含债务人所有债权人的程序当以挽救债务人为目的，但终止债务人营业活动或清算其资产的程序应将所有债权人纳入。此外，个人破产程序将赡养费等特定类别债权排除在债务清理范围之外，并不意味此类程序不属于集体性程序。

（15）本条例还适用于根据成员国法律在特定时段启动并进行的临时程序，即法院签发命令确认其为正式程序之前进行的程序。虽被称为"临时"程序，但此类程序也应满足本条例所有其他要求。

（16）本条例适用于根据与破产有关的法律而启动的程序。然而，根据一般公司法启动但并非专门为破产而设定的程序不应被视为基于与破产有关的法律而启动的程序。类似地，债务调整目的不应包括勾销收入及资产价值极低的自然人债务的特定程序，但前提是此类程序从未向债权人进行支付。

（17）本条例的适用范围应扩大至债务人面临非财务危机时启动的程序，此种困境已经对债务人现在或将来偿还到期债务的能力构成实际和严重威胁。通常，确定此类威胁的时限要耗费数月甚至更长，以便充分考虑威胁债务人持续经营能力以及中期流动性的非财务危机。对债务人甚为关键的合同被解除即为此种情形。

（18）本条例不应有损于欧盟法院判例法所解释的从破产债务人处收回国家援助的规则。

（19）本条例适用范围不包括欧洲议会和理事会第 2001/24／EC 号指令涵盖的保险企业、信贷机构、投资公司以及其他类似的公司、机构或企业的破产程序，因为它们适用特别的法律安排，且一国监管机构对其具有广泛的干预权。

（20）破产程序并非必定涉及司法机关干预。因此，本条例中"法院"一词具有宽泛的含义，根据一国法律授权从而能启动破产程序的个人或机构均可视为"法院"。为适用本条例，包括法律规定的行为和手续等在内的程序不仅应遵守本条例规定，而且还应在程序启动国获得正式承认并具有法律效力。

（21）本条例对破产管理人进行了定义并在附件 B 中列明。根据成员国国内法规定，非由司法机构任命的破产管理人员应受到适当监管，可被授权进行破产程序管理。一国监管框架应作出适当的安排以解决潜在的利益冲突。

（22）本条例认为，鉴于各国实体法存在明显差异，因此，在欧盟范围内引入具有普遍适用效力的破产程序不切实际。不顾这一背景，无一例外地适用程序启动国的法律将导致诸多难题。例如,成员国在担保权益方面的法律就存在显著差异。此外,债权人在破产程序中享有的优先权在某些情况下也完全不同。在对本条例的后续评估中,有必要采取进一步措施,以改善欧盟层面上雇员(劳动债权)的优先权。本条例应从两个方面考虑这些相异的成员国法律:一方面,应为物权和雇佣合同等特别重要的权利和法律关系制定专门法律;另一方面,承认具有普遍效力的主要破产程序的同时,还应允许成员国启动仅针对债务人位于该国资产的破产程序。

(23)根据本条例,主要破产程序应在债务人主要利益中心所在国启动。该程序具有普遍效力,即其效力及于债务人所有资产。为保护利益的多样性,本条例允许在债务人营业所所在的成员国启动次要破产程序,其可与主要破产程序同时进行。该附属程序的效力仅及于债务人位于程序启动国的资产。次要破产程序与主要破产程序进行协调的强制性规则应能满足欧盟一体化需求。

(24)如果法人或公司的主要破产程序已在其注册地以外的成员国启动,那么,债务人注册地所在国可启动一项次要破产程序,但前提是根据欧盟法院的判例法规定,债务人须在该国拥有一定的人力资源和资产且正在从事经济活动。

(25)本条例仅适用于债务人主要利益中心位于欧盟的破产程序。

(26)本条例制定的破产管辖规则仅在于确立国际管辖权。换言之,其意在确定哪个成员国法院可启动破产程序。同时,成员国内的属地管辖权则根据该成员国的国内法确定。

(27)破产程序启动前,适格法院应自行审查债务人主要利益中心或其营业所是否真正位于其管辖范围之内。

(28)当审查债务人主要利益中心是否能为第三方确信时,法院应特别考虑债权人利益以及他们对债务人于何处进行经营管理的认知。这就要求在债务人主要利益中心发生转移的情形下,应以适当方式将债务人新的营业地址告知债权人,例如,提示债权人留意商业信函所涉地址的变更或以其他适当方式公开新的营业地址。

(29)本条例应包含一系列旨在防止欺诈或不当挑选法院的保障措施。

(30)因此,应在某些特定情形下推翻注册地、主要营业地以及惯常居住地是债务人主要利益中心的推定,案涉的成员国法院须对债务人主要利益中心是否确实位于本国进行仔细审查。就公司而言,可在以下情形中推翻上述推定:公司核心管理机构所在地位于其住所地之外的成员国;经对所有相关因素进行全面评估,而且第三方也确信,公司事实上的管理与监督中心以及利益管理中心均位于其他成员国。就个人而言，同样可以推翻上述推定，例如，当个人债务人的主要资产位于其惯常居住地所在国之外时，或者确定其移居的主要原因是企图在新的法域提出破产申请时，或者该申请将对债务人移居之前与其进行交易的债权人利益构成实质损害时。

（31）为防止欺诈或不当挑选法院，主要利益中心位于债务人的注册地、主要营业地或者惯常居住地的推定不适用于以下的相应情形：就公司、法人或从事独立营业或专业活动的个人而言，申请启动破产程序前 3 个月内，上述债务人将其注册地或主要营业地迁至另一成员国；就不从事独立营业或专业活动的个人而言，申请启动破产程序前 6 个月内，其将惯常居住地迁至另一成员国。

（32）所有案件中，若债权人提起管辖权异议，那么，法院应要求债务人提交额外证据支持其主张，并在法律允许的情形下，给予债权人就管辖权异议表明观点的机会。

（33）若受理破产申请后发现债务人主要利益中心不在其管辖范围内，那么，法院即不应启动主要破产程序。

（34）此外，针对启动破产程序的裁决，债务人的任何债权人均应享有有效的救济。对上述裁定任何异议的后果均适用成员国国内法。

（35）已启动的破产程序的成员国管辖法院对衍生自该程序且与其具有紧密关系的其他法律程序同样享有管辖权。该等法律程序主要包括针对其他成员国当事人的撤销权诉讼以及破产管理费用等与破产程序进行中所产生的义务相关的诉讼等。相反，与破产程序启动前债务人所订立合同的义务履行相关的诉讼并非直接衍生自该破产程序。如果一项诉讼与另一普通的民商事诉讼相关，那么，只要破产管理人认为在被告居住地法院提起诉讼更有效率，其即可在该法院提起诉讼。破产管理人希望把根据破产法提起的董事责任诉讼与根据公司法或一般侵权法提起的诉讼相结合即为此例。

（36）对主要破产程序享有管辖权的法院可从该程序申请启动之日起作出临时性与保护性措施的裁令。破产程序开始前和开始后的保全措施对确保破产程序的有效进行甚为重要。就此，本条例规定了多种可能性。一方面，主要破产程序管辖法院还可作出效力及于债务人位于其他成员国的资产的临时性和保护性措施的裁令；另一方面，主要破产程序启动前临时任命的破产管理人有权在债务人拥有营业所的成员国采取不违反该成员国法律的保全措施。

（37）启动主要破产程序前，债务人营业所所在国的当事人有权请求启动破产程序,但应限于本地债权人与公共机构,或根据债务人主要利益中心所在国法律无法启动该主要破产程序之情形。规定此种限制的原因在于:启动主要破产程序前,当事人要求启动当地的破产程序仅限于绝对必要之情形。

(38)主要破产程序启动后,债务人营业所所在国当事人申请启动本地破产程序的权利不再受限。主要破产程序的破产管理人或其他根据债务人主要利益中心所在成员国法律授权的当事人,均可请求启动当地的次要破产程序。

(39)本条例须对确定债务人资产所在地的规则进行规定,并在确定哪些资产属于主要破产程序或次要破产程序、或涉及第三方物权的情形下适用。特别是,本条例应规定具有统一效力的欧盟专利权、商标或任何其他类似权利,例如,植物新品种与设计等权利,它们只应在主要破产程序中进行处分。

(40)除可保护当地利益外,次要破产程序还能发挥其他多种功能。通常,债务人破产财产可能太过复杂而无法作为"一个单位"进行管理,或所涉的成员国之间的法律制度差异过大,以至于程序启动国法律的效力难以延及债务人位于其他成员国的资产。基于这些原因,且需要对破产财产进行有效管理时,主要破产程序的破产管理人即可以请求启动次要破产程序。

(41)次要破产程序可能有碍破产财产的有效管理。因此,本条例规定了两种具体情形,即在此种情形下,案涉法院在受理启动次要破产程序的请求时,应可基于主要破产程序破产管理人的请求,推迟或拒绝启动此类程序。

(42)首先,本条例授予主要破产程序的破产管理人向当地债权人作出承诺的可能性,即这些债权人将会获得次要破产程序所能获得的同等待遇。该承诺必须满足本条例中规定的条件,尤其是能被当地多数债权人所批准。一旦作出此类承诺且能充分保护当地债权人的普遍利益,受理次要破产程序启动申请的法院即可驳回该申请。评估这些利益时,法院应考虑承诺是否已被当地多数的债权人批准。

(43)基于向当地债权人作出承诺之目的,位于债务人营业所所在国的资产和权利构成破产财产的一部分,在分配破产财产或破产财产变现时,主要破产程序的破产管理人应尊重债权人本应在次要破产程序中享有的优先权。

(44)成员国法律可酌情适用于上述承诺的批准。特别是,根据成员国法律，若重整计划表决规则要求事先批准债权人债权，那么，这些债权应被视为就承诺进行表决而获得批准。若根据成员国法律，批准重整计划存在不同程序，那么，该成员国应指明具体程序。

（45）其次，当主要破产程序已经暂时中止单个执行程序时，本条例应规定法院暂时停止启动次要破产程序的可能性，以确保主要破产程序中暂时中止措施的功效。若认为已有适当措施保障当地债权人利益，法院即可批准暂时中止。此种情形下，可能受到重整计划谈判结果影响的所有债权人均有权知悉谈判信息且有权参与谈判。

（46）为确保对当地债权人利益的有效保护，主要破产程序的破产管理人不得以滥用的方式变现或重新安置位于债务人营业所所在国的资产，尤其是，其目的是在随后启动的次要破产程序中妨碍当地债权人利益得到有效满足。

（47）本条例不应阻止管辖次要破产程序的成员国法院制裁违反义务的公司债务人董事，但前提是根据该成员国法律，这些法院拥有处理该等争议的管辖权。

（48）如果同时进行的主要破产程序及次要破产程序的当事人能进行适当合作，那么将有助于有效地管理债务人破产财产或有效地变现其资产。适当合作意味着不同程序的破产管理人及所涉法院应进行紧密合作，特别是充分的信息交换。为确保主要破产程序主导功能的发挥，该程序的破产管理人应有机会或权利介入同时进行的次要破产程序。特别是，该破产管理人应能在次要破产程序中提出重整计划、和解或者申请暂停资产变现。进行合作时，破产管理人和法院应考虑跨境破产合作的最佳实践。例如，欧洲及国际组织制定的与破产有关的交流与合作原则及指南，尤其是联合国国际贸易法委员会颁布的相关指南。

（49）就合作而言，为促进不同成员国针对同一债务人或公司集团多个成员的数个破产程序进行跨境合作，且在不违背每个程序的法律适用前提下，应授权破产管理人和法院签订跨境破产协议与议定书。该等协议与议定书形式多样，书面或口头均可，而且范围上也可从一般到特殊，可由不同当事方签署。简单的通用协议虽可强调各方紧密合作的必要性，但可能无法解决具体问题，因此，更加具体而明确的跨境破产协议可建立一个能管理数个平行程序的原则框架，且可获得国内法有此要求的国家的法院批准。这些跨境破产协议能够反映参与合作的各方同意采取或不采取某些步骤或行动。

（50）同样地，不同成员国的法院可通过协调任命破产管理人进行合作。在此情形下，法院可为针对同一债务人或公司集团不同成员的数个破产程序任命单一的破产管理人，但前提是不得违背每个程序的适用法律，特别是与破产管理人资质和许可有关的任何法定要求。

（51）本条例应确保公司集团不同成员破产程序的有效管理。

（52）如果公司集团若干成员已启动破产程序，那么，参与程序的当事方应进行适当合作。因此，与针对同一债务人的主要破产程序与次要破产程序中的当事人一样，公司集团成员平行破产程序的破产管理人与所涉法院也负有类似的合作与交流义务。破产管理人之间的合作不得违背每个破产程序中的债权人利益，且合作目的是寻求能协同管理整个集团的破产解决方案。

（53）引入公司集团破产程序规则不应限制法院启动针对主要利益中心均位于某一成员国内的公司集团数个成员的破产程序的可能性。在此情形下，法院还应酌情为所有破产程序任命同一个破产管理人，前提是不违反适用于这些程序的规定。

（54）为进一步完善公司集团数个成员的破产程序的协调，同时允许集团协调重整，本条例应引入公司集团数个成员破产程序的协调规则，以努力确保该等协调的成效，与此同时，还应尊重集团每个成员独立的法律人格。

（55）公司集团成员破产程序中指定的破产管理人有权要求启动集团协调程序。但当适用于破产的法律规定有相应要求时，破产管理人应在提出此类请求之前获得必要授权。该请求应具体列明协调的基本要素，特别是协调计划的纲要、指定谁为协调人的建议以及协调所需费用的概要说明。

（56）为确保集团协调程序的自愿特性，破产管理人有权在某个特定时限内拒绝参加这一程序。为使破产管理人就是否参与集团协调程序作出决定，应尽早告知他们集团协调程序的基本要素。但是，任何最初拒绝加入集团协调程序的破产管理人仍有权在其后要求参与该程序。在此情形下，程序协调人须对该请求是否被接受作出决定。所有破产管理人，包括正在提出请求的破产管理人，都有权知晓协调人决定，且有权向启动协调程序的法院提出异议。

（57）集团协调程序应努力促进集团数个成员平行破产程序的有效管理，且能在整体上对债权人产生积极影响。是故，本条例应确保受理集团协调程序请求的法院在启动该协调程序前对上述政策目标进行了评估。

（58）集团协调程序的优势不应被该程序的成本所抵消，因此，有必要确保协调费用以及集团每个成员承担的费用份额适当、均衡且合理，且应根据启动集团协调程序的法院地国（成员国）法律确定。破产管理人应在该程序的早期阶段即对这些费用进行控制。如果一国法律有此要求，那么，程序早期阶段的费用控制可能涉及破产管理人寻求法院或债权人委员会的批准。

（59）若协调人认为完成任务所需花费较最初费用预算有大幅增加，并且在任何情况下，一旦费用超过当初预算的10%，那么，协调人应就超额的费用取得已启动集团协调程序的管辖法院的授权。作出决定前，该法院应让破产管理人有机会在程序开始前举行听证，以便他们就协调人增加预算的请求是否适当发表意见。

（60）对于不参加集团协调程序的公司集团成员，本条例应规定替代机制，以实现集团协调重整。公司集团成员破产程序中任命的破产管理人应有权请求中止不受协调程序约束的集团其他成员的破产程序中与资产变现有关的任何措施。但该中止请求仅在下列条件得到满足时才可能被允许，即重整计划已被提交给该集团成员且该重整计划也有利于可能被中止的程序中的债权人，同时，该中止措施对确保重整计划的适当实施是必要的。

（61）本条例不阻止成员国为补充本条例中关于公司集团成员平行破产程序合作、交流与协调的规定而制定相应的国内法规，但前提是这些国内法规的适用范围应限于该成员国管辖领域内且其适用不对本条例相应规则的效力造成损害。

（62）本条例规定的公司集团成员破产框架中的合作、交流与协调规则某种程度上仅适用于在不同成员国启动的针对同一公司集团不同成员的破产程序。

（63）在欧盟有惯常居所、住所或注册地的任何债权人均有权在每一个针对债务人资产启动的破产程序中申报债权。税务机关和社会保险机构也享有此种权利。当成员国法律有相应规定时，本条例不阻止破产管理人代表雇员等债权人团体提出索赔。但为确保公平对待债权人，须对收益的分配进行协调。每个债权人均能保留其在破产程序中获得的赔付，但仅当相同地位的债权人获得相应比例赔付时，他们才有资格参加其他破产程序中的资产分配。

（64）向在欧盟有惯常居所、住所或注册地的债权人告知针对债务人资产的破产程序信息至关重要。为确保将信息迅速告知债权人，当本条例涉及通知债权人的义务时，欧洲议会和理事会的（EC）第1393/2007号条例不再适用。使用以欧盟各机构所有官方语言提供的标准表格，应有助于债权人在另一成员国启动的程序中提出索赔。表格填写不完整的后果交由国内法调整。

（65）本条例应规定与破产程序启动、进行及终止直接有关的判决的立即承认。因此，自动承认意味着启动破产程序的成员国的法律的效力将延至所有其他成员国。应基于互信原则承认成员国法院的判决。鉴于此，应将不予承认的理由降至最低限度。这也是解决两个成员国的法院均声称有权启动主要破产程序时所导致的纠纷的基础。其他成员国应承认最先启动破产程序的成员国法院的裁决，且无权对该法院的裁决进行审查。

（66）本条例应就其所涉事项规定统一的法律冲突适用规则，并在其适用范围内取代所涉成员国国际私法的相应规则。除非另有规定，否则，应适用启动破产程序的成员国法律（准据法）。这一冲突法规则无论对主要破产程序还是次要破产程序均应有效。破产程序针对所涉人员和法律关系的效力，无论是程序事项还是实体事项，均由准据法确定。破产程序的启动、进行和终止均受准据法调整。

（67）破产程序自动承认意味着程序启动国法律将得以适用，这可能会干扰其他成员国正在进行的交易所适用的规则。为保护其他成员国债权人的合理期待和国内交易的确定性，应在一般规则之外规定若干例外情形。

（68）鉴于物权对信贷核准极为重要，因此，亟需不同于程序启动国法律的关于物权的特别指南。通常，应根据物之所在地法确定物权的基础、效力和范围，而不受破产程序启动的影响。因此，物权所有人有权继续主张对担保财产进行分割或单独清偿。如果资产在某一成员国内受物之所在地法约束，但主要破产程序是在另一成员国进行，那么，主要破产程序的破产管理人有权在债务人拥有营业所且在此地涉及物权问题的成员国申请启动次要破产程序。如果没有启动次要破产程序，那么，担保财产变卖后的剩余部分应交付给主要破产程序的破产管理人。

（69）本条例规定了法院中止启动程序或中止执行程序的若干规则。任何此类中止不应影响债权人或第三方的物权。

（70）即便程序启动国法律不允许进行抵销，但根据适用于破产债务人债权的法律存在抵销可能，那么债权人仍有权进行抵销。据此，抵销将基于法律规定获得一种担保功能，债权人提出抵销请求时可援引这些规定。

（71）支付系统和金融市场也需特别保护，例如，在这类系统中建立的头寸结算协议和净额结算协议、证券交易以及欧洲议会和理事会第98/26/EC号指令（《支付和证券结算系统净额结算指令》）为此类交易规定的担保等。此类交易的适用法律应是符合金融体系或市场规律的法律。该法律旨在防止交易方破产对支付和交易结算机制以及抵消制度或成员国受监管的金融市场构成不利影响。欧盟第98/26/EC号指令包含的特别规定应优先于本条例规定的一般规则，由适用于劳动合同的法律确定。

（72）为保护雇员和就业，破产程序对劳动合同存续或终止以及合同当事人的权利与义务的效力取决于冲突法的一般规则，由适用于劳动合同的法律确定。此外，如果终止劳动合同需获得法院或行政当局批准，债务人营业所所在地成员国应保留对此种批准的管辖权，即使该成员国法院尚未启动破产程序。与破产法有关的任何其他问题，例如，劳动债权是否应作为优先权保护以及这种优先权利可能具有的法律地位，应由已经启动主要或次要破产程序的成员国法律确定。

（73）破产程序对与债务人破产财产有关的未决诉讼或仲裁程序的效力的适用法律应是该未决诉讼或仲裁所在地成员国的法律，但这一规则不应对该国承认和执行仲裁裁决的法律产生影响。

（74）鉴于某些成员国法院系统的特别程序规则，本条例部分规则应保持适当灵活性。相应地，本条例提及由成员国司法机构发出的通知，在成员国程序规则有此要求的情形下，包括该司法机构指示发出该通知的命令。

（75）基于商业考虑，且经破产管理人申请，启动程序决定的主要内容应在作出该决定的法院地以外的其他成员国公开。如果债务人在该成员国有营业所，那么，此种公开应是强制性的。但不管哪种情形，公开均非承认外国程序的先决条件。

（76）为更好地向债权人和法院提供信息并防止平行破产程序启动，可要求成员国在可公开访问的电子登记系统中披露跨境破产案件信息。为了方便住所位于其他成员国的债权人以及该国法院获取该等信息，本条例应规定通过欧洲电子司法门户网站将这些破产登记系统联通。成员国可自主决定在哪个登记系统公开相关信息，每个成员国应可联系一个以上的登记处。

（77）本条例应确定在破产登记处公布的最低限度信息量。不应阻止成员国提供补充信息。债务人是个人之情形，且其正在从事独立的商业或专业活动破产登记处仅需指明一个注册号。该注册号应被视为商业登记册中公布的债务人独立进行商业或专业活动的唯一注册号。

（78）破产程序某些方面的信息对债权人极为重要，例如，提出索赔或对法院裁决提出异议的时限。然而，本条例不应要求成员国基于个案计算那些时限。成员国有权通过将超链接添加到欧洲电子司法门户网站的方式履行它们的义务，该门户网站上将提供有关计算这些时限标准的不言自明的信息。

（79）为充分保护不从事独立商业或专业活动的个人信息，成员国应根据额外的检索标准访问该信息，例如，债务人个人身份号码、地址、出生日期或管辖法院的地区，或向适格机构提出请求或在核实合法利益的前提下有条件地查阅。

（80）成员国不应在破产登记册中列入未从事独立商业或专业活动的个人的信息。在此情形下，成员国应确保能够通过单独通知等方式向债权人提供相关信息，未收到信息的债权人的债权将不受该程序影响。

（81）可能出现利害关系人不知道破产程序已启动，并以与该破产程序相冲突的方式诚信行事之情形。为保护这些不知道外国破产程序已经启动并向债务人付款而非向外国破产管理人付款的当事人，应规定此种付款具有债务清偿的效力。

（82）为确保实施本条例的条件统一，应赋予委员会相应的执行权。这些权力应根据欧洲议会和欧盟理事会第182/2011号条例的规定行使。

（83）本条例尊重基本权利并遵守《欧洲联盟基本权利宪章》认可的原则。特别是，本条例寻求促进《欧洲联盟基本权利宪章》第8条、第17条、第47条涉及的个人信息保护、财产权以及获得救济与公平审判等条款的适用。

（84）在本条例框架内，欧洲议会和欧盟理事会第95/46/EC号指令以及欧洲议会和欧盟理事会（EC）第45/2001号条例适用于个人数据处理。

（85）本条例不得对欧盟理事会（欧共体，欧洲原子能共同体）第1182/71号条例造成损害。

（86）鉴于成员国自身无法充分实现本条例的目标，因此，应通过在欧盟层面上创设跨境破产程序适当管理的法律框架，以更好地实现本条例所确立的目标，根据《欧洲联盟条约》第5条规定的辅助性原则，欧盟可采取相应措施。另外，根据该条款规定的比例原则，本条例仅应以实现既定目标为限。

（87）根据《欧洲联盟条约》和《欧洲联盟运行条约》附件，即关于联合王国（英国）和爱尔兰在自由、安全以及司法等领域地位的第21号议定书第3条和第4a（1）条，联合王国和爱尔兰已表明其参与本条例的采纳和实施的意愿。

（88）根据《欧洲联盟条约》和《欧洲联盟运行条约》附件，即丹麦在第22号议定书第1条和第2条项下的地位，丹麦不参与本条例的采纳与适用,不受本条例约束。

(89)欧洲数据保护监管机构接受了咨询并于2013年3月27日提供了咨询意见。

鉴于上述,特制定本条例。

第五章　公司集团成员破产程序

第一节　合作和交流

第56条　破产管理人之间的合作与交流

1.公司集团两个或两个以上成员分别启动破产程序,某个集团成员破产程序中指定的破产管理人应与集团其他成员破产程序指定的破产管理人进行合作。某种程度上,该合作有利于促进这些平行程序的有效管理,但合作不应违反各个程序适用的规则且不应导致任何利益冲突。可以多种形式进行合作,包括缔结跨境破产协议或议定书。

2.进行第1款规定的合作时,破产管理人应当:

(a)尽可能与其他程序进行信息交流,受保护的秘密信息除外;

(b)考虑是否有可能对集团破产成员的管理与监督事务进行协调,若存在此种可能性,则对此等管理与监督事务进行协调;

(c)考虑是否有可能对集团数个破产成员进行重整,若存在此种可能,则就制定一项协调的重整计划进行磋商。

基于上述(b)和(c)项规定之目的,本条第1款所涉的全部或者部分破产管理人在不违反程序规则的情形下,可商定向其中一个破产程序中被指定的破产管理人授予额外权力。破产管理人也可约定在彼此之间进行任务分配,但任务分配不得违反每一个程序适用的法律规则。

第57条　法院之间的合作与交流

1.公司集团两个或两个以上成员分别启动破产程序,已启动破产程序的法院应与任何其他法院合作,包括正在受理集团另一成员的破产申请或已经启动正式破产程序的法院。某种程度上,该等合作应有利于促进破产程序的有效管理,且符合各个程序所适用的规则,同时也不存在利益冲突。适当情形下,为实现上述目的,法院可任命某独立个人或机构根据其指示行事,但前提是不得违反各个程序适用的规则。

2.执行本条第1款所规定的合作时,正如第1款所规定的,法院或其他被任命代表法院行事的任何个人或机构之间可以直接进行交流，彼此之间亦可请求提供信息或协助，但前提是该等交流或协助应尊重破产程序当事人的程序权利和信息的保密性。

3.本条第 1 款规定的合作可通过法院认为合适的任何方式开展，但合作应当特别注意以下事项：

（a）对破产管理人任命进行协调；

（b）以法院认为合适的方式进行信息交流；

（c）集团成员资产和事务管理和监管的协调；

（d）协调听证会的进行；

（e）若必要，则对跨境破产协议批准事宜进行协调。

第 58 条　破产管理人和法院之间的合作与交流

公司集团成员破产程序中指定的破产管理人：

（a）应与正在受理集团其他成员的破产申请或已启动破产程序的其他法院进行合作和交流；

（b）可请求集团其他破产成员的管辖法院向其提供信息、或请求任命其为破产管理人的法院提供协助；

一定程度上，合作和交流有助于促进破产程序的有效管理，但不应导致任何利益冲突且不得违反各个程序适用的规则。

第 59 条　公司集团成员程序合作及交流费用

破产管理人或法院因第 56 条至第 60 条项下合作与交流产生的费用应作为每个破产程序各自的成本与费用。

第 60 条　公司集团成员破产程序管理人的权力

1.公司集团成员破产程序中指定的破产管理人可通过以下方式合理地促进程序的有效管理：

（a）参加公司集团其他成员的破产程序；

（b）申请中止任何针对集团其他成员法律程序中与资产变现有关的措施，但应满足以下条件：

（i）根据第 56（2）条（c）项规定，已在相应的破产程序中提出针对集团所有或部分成员的重整计划，且该重整计划具有合理的成功机会；

（ii）该等停止措施对确保重整计划的适当执行是必要的；

（iii）重整计划也有利于对被请求中止的相关程序的债权人；

（iv）本条第 1 款提及的已指定破产管理人的破产程序以及被请求中止的程序均不受本章第二节所规定的协调的约束；

（c）根据第 61 条规定，申请启动集团协调程序。

2.如果符合本条第 1 款(b)项所列的各项条件,那么,本条第 1 款(b)项规定的程序的管辖法院即应中止破产程序中与全部或部分资产变现有关的任何措施。

裁定中止前,法院应当听取被申请中止的破产程序中指定的破产管理人的意见。只要认为合适且不违反所涉程序的适用规则,法院可在三个月的限度内裁令中止期限。

作出中止裁令的法院可以要求第 1 款规定的破产管理人根据国内法采取合理措施保障相应程序中债权人的利益。

只要认为合理且符合程序适用的规则,法院可以延长中止的期限,但前提是应持续满足第 1 款第(b)项(ii)至(iv)规定的条件,且中止的总时长(包括初始的中止期间与任何延长的期间)不超过 6 个月。

第二节 协调程序

第一部分 程序

第 61 条 申请启动集团协调程序

1.公司集团成员破产程序中指定的破产管理人可以向对集团成员破产程序享有管辖权的法院申请启动集团协调程序。

2.第 1 款规定的申请应当根据破产管理人(申请人)所在破产程序的适用法律作出。

3.第 1 款规定的申请应当包括以下内容:

(a)集团协调人("协调人")人选的提案,被提名人符合第 71 条的资质或资格详情,以及其担任协调人的书面协议;

(b)集团协调提案的纲要,特别是满足第 63 条第(1)款所列条件之理由;

(c)集团成员破产程序中指定的破产管理人名单,以及集团成员破产程序管辖法院及其他相关适格机构的名单;

(d)集团协调程序费用以及集团每一成员应承担份额的预估概要。

第 62 条 优先规则

在不影响第 66 条适用的情况下,当事人向不同成员国法院提起集团协调程序时,除最先受理的法院外,其他任何法院均不应行使管辖权。

第 63 条 法院通知

1.若满足以下条件,受理集团协调程序启动申请的法院即应尽早将集团协调程序的启动申请以及协调人的提名人选等信息告知集团其他成员的破产管理人：

（a）启动集团协调程序有利于促进集团不同成员破产程序的有效管理；

（b）参加协调程序的集团成员债权人不因该成员参加该程序而受损；

（c）协调人提名人选满足第 71 条的法定要求。

2.本条第 1 款规定的通知应列出第 61 条第（3）款（a）项至（d）项规定的内容。

3.本条第 1 款规定的通知应以挂号信发出并附收据证明。

4.受理法院应给予所涉的破产管理人参加庭审的机会。

第 64 条　破产管理人的异议

1.公司集团任何成员破产程序中指定的破产管理人可对以下事项提出异议：

（a）将其担任破产管理人的破产程序纳入集团协调程序；或

（b）协调人的提议人选。

2.根据本条第 1 款提出的异议，应在收到启动集团协调程序通知后的 30 天内向协调程序的管辖法院提出。

异议可采用第 88 条规定的标准格式提出。

3.根据第 1 款（a）项作出参加或不参加协调程序的决定前，破产管理人均应获得本国法律所要求的任何批准。

第 65 条　对纳入集团协调提出异议的后果

1.若破产管理人反对，由其担任破产管理人的破产程序即不应被列入集团协调程序。

2.第 68 条规定的法院所享有的权力或协调人因协调程序而享有的权力，对提出异议的集团成员不产生效力，该集团成员也无需分担任何成本。

第 66 条　选择集团协调程序的管辖法院

1.公司集团成员破产程序中指定的破产管理人中有三分之二以上同意另一享有管辖权的成员国法院最适于管辖集团协调程序，则该法院享有排他性管辖权。

2.选择集团协调程序的管辖法院应当采取书面协议或者书面证明的方式作出。根据第 68 条规定决定启动集团协调程序时，即可选定协调程序的管辖法院。

3.除第 1 款规定的法院外，任何其他法院均不应行使管辖权，以支持已受理集团协调程序的法院。

4.启动集团协调程序的申请应向第 61 条规定的法院提起。

第 67 条　对提名的协调人提出异议的后果

集团成员破产程序指定的破产管理人对加入集团协调程序无异议，但对提名的协调人提出异议的，管辖法院可终止任命提名的协调人，同时可请持有异议的破产管理人根据第 61 条第 3 款规定提出新的人选。

第 68 条　启动集团协调程序的决定

1.第 64 条第 2 款规定的期间届满时，法院若认为符合第 63 条第 1 款规定的条件，可以启动集团协调程序。此种情形下，法院应当：

（a）任命一名协调人；

（b）决定协调纲要；以及

（c）预估费用以及集团成员应承担的份额。

2.启动集团协调程序的决定应通知参与协调程序的破产管理人和协调人。

第 69 条　破产管理人的择机加入

1.法院根据第 68 条规定作出决定后，即便存在以下情形，破产管理人仍可根据其本国法律申请参加集团协调程序：

（a）曾对其担任破产管理人的破产程序纳入集团协调程序表示异议；或

（b）集团协调程序启动后，集团成员破产程序才被启动。

2.经与所涉的破产管理人协商且不与第 4 款相抵触，协调人可在以下情形下同意上述申请：

（a）考虑提出申请时集团协调程序所处的阶段，提出申请的管理人符合第 63 条第 1 款（a）项和（b）项所列标准；或

（b）涉及的破产管理人同意上述申请均应满足其所在国法律规定的条件。

3.协调人应将其根据第 2 款作出的决定以及相应理由通知法院和参加协调程序的破产管理人。

4. 参加协调程序的破产管理人或加入集团协调程序的申请被拒绝的破产管理人均可根据启动集团协调程序的成员国法律对法院根据第 2 款作出的决定提出异议。

第 70 条　提议及集团协调计划

1.破产程序进行时，破产管理人应考虑协调人的提议和第 72 条第 1 款规定的集团协调计划的内容。

2.破产管理人没有义务全部或部分遵从协调人的提议或者集团协调

计划。

如果不遵守协调人的提议或集团协调计划，破产管理人应根据其本国法律规定向接受其报告的个人或机构以及协调人说明不遵守的理由。

第二小部分　一般规则

第 71 条　协调人

1.协调人应是根据成员国法律有资格担任破产管理人的人。

2.协调人不应由任一集团破产程序中被指定的破产管理人担任，也不得与集团成员或其债权人以及任何在集团成员中指定的破产管理人存在利益冲突。

第 72 条　协调人职责和权利

1.协调人应：

（a）确定并勾勒破产程序协调提议；

（b）提出集团协调计划，该计划应明定、推荐一套适于整体解决公司集团成员破产问题的综合措施。特别是，该计划可包括以下建议：

（i）采取旨在重建集团全部或部分成员经济效益和财务稳健的措施；

（ii）集团内部交易和撤销行为方面的争端解决机制；

（iii）集团破产成员破产管理人之间的协议。

2. 协调人还可采取以下措施：

（a）参加集团任何成员已启动的程序，尤其是参加债权人会议；

（b）调解集团成员两个或两个以上破产管理人之间产生的争议；

（c）根据国内法规定，向接受其报告的个人或机构提交并解释集团协调计划；

（d）为协调各项破产程序，在确定和筹划协调策略与措施时，要求集团任何成员的破产管理人提供有价值或可能有用的信息；和

（e）申请对公司集团成员中已启动的破产程序作出为期 6 个月的中止，但前提是该中止措施对确保协调计划顺利实施是必要的且有利于被请求中止的程序中的债权人；或申请取消任何正在进行的中止。前述申请应向启动程序的相应法院提出。

3.第 1 款（b）项所述的协调计划不应包含程序或破产财产合并方面的建议。

4.本条规定的协调人职责和权利不应延及未参加集团协调程序的集团任何成员。

5. 协调人应公正、谨慎地履行职责。

6. 与第 61 条第 3 款(d)项规定的预估费用相比,协调人认为履行其职责的费用显著增加的,以及在任何情况下费用超过预估费用 10%的,协调人应:

(a) 及时通知参加协调程序的破产管理人;和

(b) 请求集团协调程序管辖法院的事先批准。

第 73 条　语言

1.协调人应与参加程序的破产管理人商定进行交流的语种,若未达成一致,则采用欧盟机构以及所涉集团成员破产程序管辖法院所在地的官方语言或官方语言之一。

2.协调人应采用法院地官方语言与该法院进行交流。

第 74 条　破产管理人和协调人之间的合作

1.集团成员破产程序中指定的破产管理人应与协调人进行合作,但合作不得与各自程序所适用的规则相抵触。

2.尤其是,破产管理人应向协调人提供后者履职所需的任何信息。

第 75 条　协调人任命的撤销

发生以下情形时,法院应撤销其自己提议或根据参加协调程序的集团成员破产管理人请求任命的协调人:

(a) 协调人行为损害参加协调程序的集团成员债权人的利益;或

(b) 协调人未遵守本章向其课加的各项义务。

第 76 条　自我管理的债务人

根据本章规定,只要合适,适用于破产管理人的规定也应适用于进行自我管理的债务人。

第 77 条　费用和分配

1.协调人报酬应是适当、合理的,且与其履行的职责相一致。

2.职责履行完毕后,协调人应确定费用和各成员应付份额的最终报告,并将报告提交给参加协调程序的破产管理人和启动协调程序的法院。

3.破产管理人收到报告后 30 日内未提出异议的,各成员应付费用份额视为达成一致。该报告应提交给启动协调程序的法院并由其确认。

4.若有破产管理人提出异议,经协调人或任何参加协调程序的破产管理人申请,启动集团协调程序的法院应根据本条第 1 款规定的标准,同时考虑第 68 条第 1 款以及第 72 条第 6 款可适用时的预估费用,确定每一集团成员应付的费用份额。

5.任何参加集团协调程序的破产管理人可根据集团协调程序启动地法律规定的程序对上述第 4 款之决定提出异议。

参 考 文 献

一、中文文献

（一）论文

1. 蒋大兴：《走向"合作主义"的公司法》，《当代法学》2021年第6期。

2. 林少伟：《程序型公司法的证成与实现》，《当代法学》2022年第1期。

3. 徐阳光：《个人破产免责的理论基础与规范构建》，《中国法学》2021年第4期。

4. 高丝敏：《破产法的指标化进路及其检讨——以世界银行"办理破产"指标为例》，《法学研究》2021年第2期。

5. 张玲：《亚太经济一体化背景下跨境破产的区域合作》，《政法论坛》2021年第1期。

6. 张玲：《我国跨境破产法立法的完善：目标、框架与规则》，《中央民族大学学报（哲学社会科学版）》2021年第1期。

7. 赵天书：《企业集团破产程序的选择方案——从价值分歧到利益结构》，《中国政法大学学报》2021年第4期。

8. 肖彬：《实质合并破产规则的立法构建》，《山东社会科学》2021年第4期。

9. 赵旭东：《公司治理中的控股股东及其法律规制》，《法学研究》2020年第4期。

10. 韩长印：《世界银行"办理破产"指标与我国的应对思路——以"破产框架力度指数"为视角》，《法学杂志》2020年第7期。

11. 张钦昱：《我国破产法的系统性反思与重构——以世界银行〈营商环境报告〉之"办理破产"指标为视角》，《法商研究》2020年第6期。

12. 石静霞：《中美跨境破产合作实例分析：纽约南区破产法院承认与

协助"洛娃重整案"》,《中国应用法学》2020 年第 5 期。

13. 石静霞:《香港法院对内地破产程序的承认与协助——以华信破产案裁决为视角》,《环球法律评论》2020 年第 3 期。

14. 李曙光:《宪法中的"破产观"与破产法的"宪法性"》,《中国法律评论》2020 年第 6 期。

15. 丁燕:《破产免责制度的合宪性考察》,《中国法律评论》2020 年第 6 期。

16. 张翔:《破产法的宪法维度》,《中国法律评论》2020 年第 6 期。

17. 杨晓楠:《美国宪法破产条款下法院管辖权的诠释——一种联邦主义的视角》,《中国法律评论》2020 年第 6 期。

18. 黄辉:《公司集团背景下的法人格否认:一个实证研究》,《中外法学》2020 年第 2 期。

19. 张玲:《我国与"一带一路"沿线国家跨境破产司法合作的现实困境与解决路径》,《暨南学报(哲学社会科学版)》2020 年第 6 期。

20. 丁燕:《世行"办理破产"指标分析与我国破产法的改革》,《浙江工商大学学报》2020 年第 1 期。

21. 张烁:《从"广信案"到"华信案":香港对内地公司跨境破产清算承认与协助的新发展》,《法律适用》2020 年第 14 期。

22. 朱慈蕴、[日]神作裕之:《差异化表决权制度的引入与控制权约束机制的创新——以中日差异化表决权实践为视角》,《清华法学》2019 年第 2 期。

23. 许德风:《公司融资语境下股与债的界分》,《法学研究》2019 年第 2 期。

24. 金春:《外国破产程序的承认与协助:解释与立法》,《政法论坛》2019 年第 3 期。

25. 刘冰:《论我国个人破产制度的构建》,《中国法学》2019 年第 4 期。

26. 马明飞、蔡斯扬:《我国承认与执行外国判决中的互惠原则:困境与破解》,《政治与法律》2019 年第 3 期。

27. 李曙光:《破产法的宪法性与市场经济价值》,《北京大学学报(哲学社会科学版)》2019 年第 1 期。

28. 曾思:《资产分割理论下的企业财产独立性:经济功能与法律限制》,《中外法学》2019 年第 5 期。

29. 王雅菡:《外国法院判决承认与执行中互惠的认定标准》,《武大国际法评论》2019 年第 4 期。

30. 雷雨清、王欣新：《〈跨国界承认和执行与破产有关判决的示范法〉与我国相关立法的完善》，《法律适用》2019 年第 19 期。

31. 丁燕：《破产重整企业债权融资的异化及其解决》，《华东政法大学学报》2019 年第 4 期。

32. 曹文兵：《供给侧改革背景下实质合并破产制度的构建与完善——以 16 件关联企业实质合并案件为分析样本》，《理论月刊》2019 年第 7 期。

33. 王欣新、梁闽海：《〈关于承认和执行与破产有关的判决示范法〉及其对我国跨境破产立法的借鉴意义》，《人民司法·应用》2018 年第 34 期。

34. 石静霞、黄圆圆：《论内地与香港的跨界破产合作——基于案例的实证分析及建议》，《现代法学》2018 年第 5 期。

35. 赵万一：《我国市场要素型破产法的立法目标及其制度构造》，《浙江工商大学学报》2018 年第 6 期。

36. 邹海林：《透视重整程序中的债转股》，《法律适用》2018 年第 19 期。

37. 王欣新：《再论破产重整程序中的债转股问题——兼对韩长印教授文章的回应》，《法学》2018 年第 12 期。

38. 叶金强：《董事违反勤勉义务判断标准的具体化》，《比较法研究》2018 年第 6 期。

39. 潘林：《论出资不实股东债权的受偿顺位——对最高人民法院典型案例"沙港案"的反思》，《法商研究》2018 年第 4 期。

40. 黄志慧：《我国判决承认与执行中互惠原则实施的困境与出路》，《政法论坛》2018 年第 6 期。

41. 沈红雨：《外国民商事判决承认和执行若干疑难问题研究》，《法律适用》2018 年第 5 期。

42. 陈亮、姜欣：《承认和执行外国法院判决中互惠原则的现状、影响与改进——从以色列承认和执行南通中院判决案出发》，《法律适用》2018 年第 5 期。

43. 刘冰：《〈民法总则〉视角下破产法的革新》，《法商研究》2018 年第 5 期。

44. 黄圆圆：《"一带一路"倡议下的跨界破产合作及中国的因应》，《武大国际法评论》2018 年第 2 期。

45. 郭玉军、付鹏远：《我国跨国破产承认与协助制度：理论、实践与规则完善》，《武大国际法评论》2018 年第 4 期。

46. 徐伟功：《我国承认与执行外国法院判决制度的构建路径——兼论我国认定互惠关系态度的转变》，《法商研究》2018 年第 2 期。

47. 李丽萍：《美国衡平居次原则的演变及其启示》，《金融法苑》2017 年总第 94 辑第 1 期。

48. 韩长印：《破产法视角下的商业银行债转股问题——兼与王欣新教授商榷》，《法学》2017 年第 11 期。

49. 石静霞、黄圆圆：《中美跨界破产合作里程碑——"尖山光电案"评析》，《法律适用》2017 年第 4 期。

50. 徐阳光：《论关联企业实质合并破产》，《中外法学》2017 年第 3 期。

51. 贺丹：《破产实体合并司法裁判标准反思——一个比较的视角》，《中国政法大学学报》2017 年第 3 期。

52. 冯茜：《日本法院对我国财产关系判决的承认和执行问题研究》，《武大国际法评论》2017 年第 3 期。

53. 石静霞、黄圆圆：《跨界破产中的承认与救济制度——基于"韩进破产案"的观察与分析》，《中国人民大学学报》2017 年第 2 期。

54. 王欣新：《企业重整中的商业银行债转股》，《中国人民大学学报》2017 年第 2 期。

55. 陈鸣：《董事信义义务转化的法律构造——以美国判例法为研究中心》，《比较法研究》2017 年第 5 期。

56. 朱黎：《美国破产实质合并规则的实践及其启示》，《浙江学刊》2017 年第 1 期。

57. 李小宁：《公司实际破产时董事对一般债权人的义务研究》，《湖南社会科学》2017 年第 4 期。

58. 梁爽：《董事信义义务结构重组及对中国模式的反思——以美、日商业判断规则的运用为镜鉴》，《中外法学》2016 年第 1 期。

59. 陈夏红：《欧盟新跨境破产体系的守成与创新》，《中国政法大学学报》2016 年第 4 期。

60. 郁琳：《关联企业破产整体重整的规制》，《人民司法·应用》2016 年第 28 期。

61. 党海娟：《我国破产法引入衡平居次规则必要性与可行性的反思——从最高院发布的一则典型案例说起》，《河北法学》2016 年第 3 期。

62. 葛平亮：《德国关联企业破产规制的最新发展及其启示》，《月旦财经法杂志》2016 年第 1 期。

63. 靳羽：《衡平居次原则在我国台湾地区的司法适用——以 2012 年度台上字第 1454 号判决为例》，载《财经法学》2015 年第 5 期。

64. 王志诚：《企业集团破产法制比较——解构与建构》，《政大法学评论》2014 年第 139 期。

65. 王志诚：《从比较法观点论企业集团之重整法制》，《东吴法律学报》2013 年第 24 卷第 3 期。

66. 朱黎：《论实质合并破产规则的统一适用——兼对最高人民法院司法解释征求意见稿的思考》，《政治与法律》2014 年第 3 期。

67. 韩长印、何欢：《隐性破产规则的正当性分析——以公司法相关司法解释为分析对象》，《法学》2013 年第 11 期。

68. 李永军：《重整程序开始的条件及司法审查——对"合并重整"的质疑》，《北京航空航天大学学报(社会科学版)》2013 年第 6 期。

69. 王欣新、周薇：《论中国关联企业合并破产重整制度之确立》，《北京航空航天大学学报(社会科学版)》2012 年第 2 期。

70. 齐明、焦杨：《破产法体系构建的功能主义指向及其市场依赖》，《当代法学》2012 年第 5 期。

71. 黄辉：《中国公司法人格否认制度实证研究》，《法学研究》2012 年第 1 期。

72. 张学文：《公司破产边缘董事不当激励的法律规制》，《现代法学》2012 年第 6 期。

73. 王欣新等：《关联企业的合并破产重整启动研究》，《政法论坛》2011 年第 6 期。

74. 朱圆：《论美国公司法中董事对债权人的信义义务》，《法学》2011 年第 10 期。

75. 孙向齐：《我国破产法引入衡平居次原则的思考》，《政治与法律》2008 年第 9 期。

76. 朱慈蕴：《公司法人格否认：从法条跃入实践》，《清华法学》2007 年第 2 期。

77. 何其生：《新实用主义与晚近破产冲突法的发展》，《法学研究》2007 年第 6 期。

78. 李曙光：《新企业破产法的意义、突破与影响》，载《华东政法学院学报》2006 年第 6 期。

（二）专著

1. 王静：《实质合并破产法律制度构造研究》，法律出版社 2021 年版。

2. 王卫国：《破产法精义（第二版）》，法律出版社 2020 年版。

3. 黄圆圆：《跨界破产承认与救济制度研究》，对外经贸大学出版社 2020 年版。

4. 贺丹：《企业集团破产——问题、规则与选择》，中国法制出版社 2019 年版。

5. 齐砺杰：《破产重整制度的比较研究：英美视野与中国图景》，中国社会科学出版社 2016 年版。

6. 许德风：《破产法论：解释与功能比较的视角》，北京大学出版社 2015 年版。

7. 丁燕：《上市公司破产重整计划法律问题研究：理念、规则与实证》，法律出版社 2014 年版。

8. 王吉文：《外国判决承认和执行的国际合作机制研究》，中国政法大学出版社 2014 年版。

9. 解正山：《跨国破产立法及适用研究——美国及欧洲的视角》，法律出版社 2011 年版。

10. 王晓琼：《跨境破产中的法律冲突问题研究》，北京大学出版社 2008 年版。

11. 张玲：《跨境破产的国际合作——国际司法的角度》，法律出版社 2007 年版。

12. 石静霞：《跨国破产的法律问题研究》，武汉大学出版社 1999 年版。

13. ［美］塔玛·弗兰科：《信义法原理》，肖宇译，法律出版社 2021 年版。

14. ［美］安德鲁·S.戈尔德、［美］保罗·B.米勒：《信义法的法理基础》，林少伟、赵吟译，法律出版社 2020 年版。

15. ［美］肯特·格林菲尔德：《公司法的失败：基础缺陷与进步可能》，李诗鸿译，法律出版社 2019 年版。

16. ［美］杰伊·劳伦斯·韦斯特布鲁克等：《商事破产：全球视野下的比较分析》，王之洲译，中国政法大学出版社 2018 年版。

17. ［日］高桥英治：《企业集团与少数股东的保护》，崔文玉译，法律出版社 2014 年版。

18. [英]艾利斯·费伦:《公司金融法律原理》,罗培新译,北京大学出版社 2012 年版。

19. 莱纳·克拉克曼等:《公司法剖析:比较与功能的视角》,刘俊海等译,北京大学出版社 2007 年版。

(三)主要司法文件

1.《国家发展改革委等关于印发〈加快完善市场主体退出制度改革方案〉的通知》(发改财金〔2019〕1104 号)。

2.《最高人民法院关于印发〈全国法院民商事审判工作会议纪要〉的通知》(法发〔2019〕254 号)。

3.《最高人民法院关于人民法院进一步"一带一路"建设提供司法服务和保障的意见》(法发〔2019〕29 号)。

4.《最高人民法院关于印发〈全国法院破产审判工作会议纪要〉的通知》(法〔2018〕53 号)。

5.《最高人民法院关于进一步加强金融审判工作的若干意见》(法发〔2017〕22 号)。

6.《最高人民法院关于为改善营商环境提供司法保障的若干意见》(法发〔2017〕23 号)。

7.《最高人民法院关于人民法院为"一带一路"建设提供司法服务和保障的若干意见》(法发〔2015〕9 号)。

8.《最高人民法院关于申请人弗拉西动力发动机有限公司申请承认和执行澳大利亚法院判决一案的请示的复函》(〔2015〕民四他字第 45 号)。

9.《最高人民法院关于适用实体合并规则审理关联企业破产清算案件的若干规定(征求意见稿)》(2012)。

10.《最高人民法院关于北泰汽车工业控股有限公司申请认可香港特别行政区法院命令案的请示的复函》(法〔2012〕民四他字第 19 号)。

11.《最高人民法院关于内地与香港特别行政区法院相互认可和执行当事人协议管辖的民商事案件判决的安排》(法释〔2008〕9 号)。

12.《最高人民法院关于审理企业破产案件若干问题的规定》(法释〔2002〕23 号)。

13.《最高人民法院关于我国人民法院应否承认和执行日本国法院具有债权债务内容裁判的复函》(〔1995〕民他字第 17 号)。

14.《山东省高级人民法院企业破产案件审理规范指引(试行)》(鲁高法〔2019〕50 号)。

15.《河北省高级人民法院破产案件审理规程(试行)》(冀高法〔2019〕95 号)。

16.《云南省高级人民法院破产案件审判指引(试行)》(2019)。

17.《广东省高级人民法院关于审理企业破产案件若干问题的指引》(粤高法发〔2019〕6 号)。

18.《四川省高级人民法院关于印发〈关于审理破产案件若干问题的解答〉的通知》(川高法〔2019〕90 号)。

19.《江苏省高级人民法院关于充分发挥破产审批职能作用服务保障供给侧结构性改革去产能的意见》(苏高法〔2016〕74 号)。

20.《北京市高级人民法院关于印发〈北京市高级人民法院企业破产案件审理规程〉的通知》(京高法〔2013〕242 号)。

21.《浙江省高级人民法院关于审理涉财务风险企业债务纠纷案件若干问题指导意见》(浙高法〔2010〕13 号)。

22.《北京市高级人民法院企业破产案件审理规程》(京高法〔2013〕242 号)。

23.《广东省高级人民法院关于印发〈全省部分法院破产审判业务座谈会纪要〉的通知》(粤高法〔2012〕255 号)。

24.《北京市高级人民法院关于北泰汽车工业控股有限公司申请认可香港特别行政区法院命令案的请示》(京高法〔2011〕156 号)。

25.《青海省高级人民法院关于规范审理企业破产案件的实施意见》(青高法〔2003〕181 号)。

26.《广东省高级人民法院关于审理破产案件若干问题的指导意见》(粤高法〔2003〕200 号)。

27.《深圳市中级人民法院审理企业重整案件的工作指引(试行)》(2019 年 3 月 14 日)。

28.《南京市中级人民法院关于规范重整程序适用 提升企业挽救效能的审判指引》(宁中法审委〔2020〕1 号)。

二、英文文献

(一)ARTICLS

1. Odelia Minnes & Dov Solomon, Game of Thrones: Corporate Law and

Bankruptcy Law in the Arena of Directors' Liability, 27. Colum. J. Eur. L. 1 (2021).

2. Eric Sokol, The Fate of Universalism in Global Insolvency: Neoconservatism and New Horizons, 44 Hastings INT'l & Comp. L. Rev. 39 (2021).

3. Philip Gavin, A Rejection of Absolutist Duties as a Barrier to Creditor Protection: Facilitating Directorial Decisiveness Surrounding Insolvency through the Business Judgment Rule, 15 Brook. J. Corp. Fin. & Com. L. 313 (2021).

4. Amir N. Licht, My Creditor's Keeper: Escalation of Commitment and Custodial Fiduciary Duties in the Vicinity of Insolvency, 98 Wash. U. L. Rev. 1731 (2021).

5. Sid Pepels, Defining Groups of Companies under the European Insolvency Regulation (recast): on the Scope of EU Group Insolvency Law, 30 Int Insolv. Rev. 96 (2021).

6. Wai Yee Wan & Gerard McCormack, Implementing Strategies for the Model Law on Cross-Border Insolvency: The Divergence in Asia-Pacific and Lessons for UNCITRAL, 36 Emory Bankr. Dev. J. 59 (2020).

7. Leon Yehuda Anidjar, Directors' Duty of Care in Times of Financial Distress following the Global Pandemic Crisis, 46 Brook. J. Int'l L. 99 (2020).

8. Stefan HC Lo, Proposals for Insolvent Trading Laws in Hong Kong: A Comparative Analysis, 7 J. Int'l & Comp. L. 229 (2020).

9. Robert Anderson, A Property Theory of Corporate Law, 2020 Colum. Bus. L. Rev. 1 (2020).

10. Eric C. Chaffee, A Theory of the Business Trust, 88U. Cin. L. Rev. 797 (2020).

11. Jared A. Ellias & Robert J. Stark, Bankruptcy Hardball, 108 Calif. L. Rev. 745 (2020).

12. Alessandro Zanardo, Impact of Italian Business Crisis and Insolvency Code on Organizational Structures in MSMEs, 27 U. Miami Int'l & Comp. L. Rev.308 (2020).

13. Jay L. Westbrook, Comity and Choice of Law in Global Insolvencies, 54 Tex. Int'l L. J. 259 (2019).

14. Irit Mevorach, A Fresh View on the Hard/Soft Law Divide: Implications for International Insolvency of Enterprise Groups, 40 Mich. J. Int'l L. 505

（2019）．

15. Jay L. Westbrook, Transparency in Corporate Groups, 13 Brook. J. Corp. Fin. & Com. L. 33（2018-2019）．

16. Alexandre de Soveral Martins, Groups of Companies in the Recast European Insolvency Regulation：Around and about the"Group", 28 Int. Insolv. Rev. 354（2019）．

17. Jonathan C. Gordon, Crossing the Line in Cross-Border Insolvencies, 27 Am. Bankr. Inst. L. Rev. 17（2019）．

18. Risham Garg, Issues in Insolvency of Enterprise Groups, 6 J. Nat'l L. U. Delhi 50（2019）．

19. Lorenzo Benedetti, Information Flows in the Insolvency of Enterprise Groups, 30 Eur. Bus. L. Rev. 417（2019）．

20. Gerard McCormack & Wan Wai Yee, The UNCITRAL Model Law on Cross-Border Insolvency Comes of Age：New Times or New Paradigms, 54 Tex. Int'l L. J. 273（2019）．

21. Oriana Casasola, The Transaction Avoidance Regime in the Recast European Insolvency Regulation：Limits and Prospects, 28 Int'l Insolvency Rev. 163（2019）．

22. Gautam Sundaresh, In Whose Interests Should a Company Be Run：Fiduciary Duties of Directors during Corporate Failure in India：Looking to the West for Answers, 8 Mich.Bus. & Entrepreneurial L. Rev. 291（2019）．

23. Tomer Felach, Moran Ofir & Uriel Procaccia, Piercing the Corporate Veil：Theoretical Analysis and Empirical Evidence, 42 Tel Aviv U. L. Rev. 199（2019）．

24. Tan Cheng-Han, Jiangyu Wang & Christian Hofmann, Piercing the Corporate Veil：Historical, Theoretical and Comparative Perspectives, 16 Berkeley Bus. L. J. 140（2019）．

25. Christ of Schiller, Non-EU Insolvency Proceedings under German law：Treatment and Recognition, 13 Insolvency & Restructuring Int'l 12（2019）．

26. Vladimir Savkovic, Universalism and the Recognition of Group Proceedings under the UNCITRAL Model Law in Montenegro, 28 Int'l Insolvency Rev. 103（2019）．

27. Varoon Sachdev, Choice of Law in Insolvency Proceedings：How

English Courts' Continued Reliance on the Gibbs Principle Threatens Universalism, 93 Am. Bankr. L. J. 343 (2019).

28. Adrian Walters, Modified Universalisms & the Role of Local Legal Culture in the Making of Cross-Border Insolvency Law, 93 Am. Bankr. L.J. 47 (2019).

29. Joshua Macey & Jackson Salovaara, Bankruptcy as Bailout: Coal Company Insolvency andthe Erosion of Federal Law, 71 Stan. L. Rev. 879 (2019).

30. Marie T. Reilly, Catholic Dioceses in Bankruptcy, 49 Seton Hall L. Rev. 871 (2019).

31. Mia Callegari, Corporate Groups under Italian Law: A Comparative Approach and the Brand-New Crisis Code, 14 Frontiers L. China 533 (2019).

32. Fabio Weinberg Crocco, When Deference Makes a Difference: The Role of US. Courts in Cross-Border Bankruptcies, 28 Norton J. Bankr. L. & Prac. (2019).

33. Firew Tiba, Safe Harbor Carve-out for Directors for Insolvent Trading Liability in Australia and its Implications, 53 U.S.F. L. Rev. 43 (2019).

34. Ian Ramsay and Stacey Steele, Insolvent Trading in Australia: A Study of Court Judgments from 2004 to 2017, 27 INSOL'Y L. J. 156 (2019).

35. Yair J. Listokin & Inho Andrew Mun, Rethinking Corporate Law during a Financial Crisis, 8 Harv. Bus. L. Rev. 349 (2018).

36. Danilo Scarlino, Zone of Insolvency, Directors' Duties and Creditors' Protection in U.S., 29 Eur. Bus. L. Rev. 1 (2018).

37. Franklin A. Gevurtz, Groups of Companies, 66 Am. J. Comp. L. 181 (2018).

38. Daniel Gergely Szaro& Karsten Ensig Sorensen, Corporate Governance Codes and Groups of Companies: In Search of Best Practices for Group Governance, 15 ECFR 697 (2018).

39. Stephen J. Lubben, A Functional Analysis of SIFI Insolvency, 96 Tex. L. Rev. 1377(2018).

40. Irit Mevorach, Modified Universalism as Customary International Law, 96 Tex. L. Rev. 1403 (2018).

41. Jay L. Westbrook, Global Insolvency Proceedings for a Global Market:

The Universalist System and the Choice of a Central Court, 96 Tex. L. Rev. 1473 (2018).

42. Aniruddha Rajput, Cross-Border Insolvency and Public International Law, 19 RomanianJ. Int'l L. 7 (2018).

43. Riya Bains, Cross-Border Insolvency Reform, 12 H.K. J. Legal Stud. 129, 131 (2018).

44. Richard M. Hynes & Steven D. Walt, Inequality and Equity in Bankruptcy Reorganization, 66 U. Kan. L. Rev. 875 (2018).

45. Parry Rebecca & GaoNan, The Future Direction of China's Cross-border Insolvency Laws, Related Issues and Potential Problems, 27 Int. Insolv. Rev. 5 (2018).

46. Christoph G.Paulus, Multinational Enterprises and National Insolvency Laws: Lobbying for Special Privileges, 29 Eur. Bus. L. Rev. 393 (2018).

47. Andrew B.Dawson, Modularity in Cross-Border Insolvency, 93 Chi.-Kent L. Rev. 677 (2018).

48. David A. Jr. Skeel & George Triantis, Bankruptcy's Uneasy Shift to a Contract Paradigm, 166 U. Pa. L. Rev. 1777 (2018).

49. Andrew Keay, Harmonisation of Avoidance Rules in European Union Insolvencies: The Critical Elements in Formulation a Scheme, 69 N. Ir. Legal Q. 85 (2018).

50. Xenia Kler, COMI Comity: International Standardization of COMI Factors Needed to Avoid Inconsistent Application within Cross-Border Insolvency Cases, 34 Am. U. Int'l L. Rev. 429 (2018).

51. Kristinvan Zwieten, Director Liability in Insolvency and Its Vicinity, 38 Oxford J. Legal Stud. 382 (2018).

52. Helen Anderson, Shelter from the Storm: Phoenix Activity and the Safe Harbour, 41 Melb. U. L. Rev. 999 (2018).

53. Alessandra Zanardo, Fiduciary Duties of Directors of Insolvent Corporations: A Comparative Perspective, 93 Chi.-Kent L. Rev. 867 (2018).

54. Alexander J. Gacos, Reconciling the Per-Plan Approach to 11 U.S.C. 1129(A)(10) with Substantive Consolidation Principles under In Re Owens Corning, 14 Seton Hall Cir. Rev. 295 (2018).

55. Justin Baumgartner, Remedying Scandal: Pooling the Assets of

Catholic Entities to Pay off Tort Creditors through Substantive Consolidation in a Bankruptcy Proceeding, 18 Rutgers J. L. & Religion 388 (2017).

56. Evan J. Criddle, Liberty in Loyalty: A Republican Theory of Fiduciary Law, 95Tex. L. Rev. 993 (2017).

57. Andrew Keay, The Harmonization of the Avoidance Rules in European Union Insolvencies, 66 Int'l & Comp. L.Q. 79 (2017).

58. Maria Rexova, Liability and Loss from a Comparative Perspective-The Question of Groups of Companies, 14 Common L. Rev. 55 (2017).

59. Bobby Lindsay, Modified Universalism Comes to Scotland: Hooley Ltd, Petitioners, 21 Edinburgh L. Rev. 436 (2017).

60. Paul Wallace, Simplifying the Muddled Doctrine of Debt Recharacterization, 86 Miss. L. J. 183 (2017).

61. Andreas Dimmling & Sandra Krepler, German Insolvency Law Has Become More Creditor Friendly but the Federal Tax Court Puts Restructurings at Risk, 11 Insolvency & Restructuring Int'l 30 (2017).

62. Daoning Zhang, Reconsidering Procedural Consolidation for Multinational Corporate Groups in the Context of the Recast European Insolvency Regulation, 26 Int'l Insolvency Rev. 332 (2017).

63. Sandeep Gopalan & Michael Guihot, Cross-Border Insolvency Law and Multinational Enterprise Groups: Judicial Innovation as an International Solution, 48 Geo. Wash. Int'l L. Rev. 549 (2016).

64. Felicity Deane & Rosalind Mason, The UNCITRAL Model law on cross-border insolvency and the rule of law, 25 Int'l Insolvency Rev. 138 (2016).

65. Gregor Baer, Towards an International Insolvency Convention: Issues, Options and Feasibility Considerations, 17 Bus. L. Int'l 5 (2016).

66. Federico M. Mucciarelli, Private International Law Rules in the Insolvency Regulation Recast: A Reform or a Restatement of the Status Quo, 13 ECFR 1 (2016).

67. Michele Reumers, What is in a Name: Group Coordination or Consolidation Plan- What is Allowed Under the EIR Recast, 25 Int'l Insolvency Rev. 225 (2016).

68. Karsten Engsig Sorensen, Groups of Companies in the Case Law of the

Court of Justice of the European Union, 27 Eur. Bus. L. Rev. 393 (2016).

69. Martin Winner, Group Interest in European Company Law: An Overview, 5 Acta Univ.Sapientiae: Legal Stud. 85 (2016).

70. Katerina Eichlerova, Group Interest in the Czech Republic, 5 Acta Univ. Sapientiae:Legal Stud. 5 (2016).

71. Dorota Masniak, Group Interest in Poland, 5 Acta Univ. Sapientiae: Legal Stud. 15(2016).

72. Anil Hargovan & Timothy M. Todd, Financial Twilight Re-Appraisal: Ending the Judicially Created Quagmire of Fiduciary Duties to Creditors, 78 U. Pitt. L. Rev. 135(2016).

73. Andrew B. Dawson, The Problem of Local Methods in Cross-Border Insolvencies, 12 Berkeley Bus. L. J. 45 (2015).

74. Curtis Wheaton, Clearing a Minefield of Insolvency Law: toward Debt Recharacterization as a Supplement to the Bankruptcy Code, 55 Santa Clara L. Rev. 769 (2015).

75. Christoph Thole & Manuel Duenas, Some Observations on the New Group Coordination Procedure of the Reformed European Insolvency Regulation, 24 Insol Int'l Insol. Rev. 214 (2015).

76. Sandeep Gopalan & Michael Guihot, Recognition and Enforcement in Cross-Border Insolvency Law: A Proposal for Judicial Gap-Filling, 48 Vand. J. Transnat'l L. 1225 (2015).

77. Andrew Keay, The Shifting of Directors' Duties in the Vicinity of Insolvency, 24 Int'l Insolvency Rev. 140 (2015).

78. Bob Wessels, Contracting out of Secondary Insolvency Proceedings: The Main Liquidator's Undertaking in the Meaning of Article 18 in the Proposal to Amend the EU Insolvency Regulation, 9 Brook. J. Corp. Fin. & Com. L. 236 (2014).

79. Sefa Franken, Cross-Border Insolvency Law: A Comparative Institutional Analysis, 34 Oxford J. Legal Studies 97 (2014).

80. Jonathan Macey & Joshua Mitts, Finding Order in the Morass: The Three Real Justifications for Piercing the Corporate Veil, 100 Cornell L. Rev. 99 (2014).

81. Sheryl Jackson & Rosalind Mason, Developments in Court to Court

Communications in International Insolvency Cases, 37 U. N. S. W. L. J. 507 (2014).

82. Virginia Harper Ho, Of Enterprise Principles and Corporate Groups: Does Corporate Law Reach Human Rights, 52 Colum. J. Transnat'l L. 113 (2013-2014).

83. Nora Wouters et al., Corporate Group Cross-Border Insolvencies between the United States & European Union: Legal & Economic Developments, 29 Emory Bankr. Dev. J. 387 (2013).

84. Jay L. Westbrook, An Empirical Study of the Implementation in the United States of the Model Law on Cross Border Insolvency, 87 Am. Bankr. L. J. 247 (2013).

85. Judith Elkin, Lifting the Veil and Finding the Pot of Gold: Piercing the Corporate Veil and Substantive Consolidation in the United States, 45 Tex. J. Bus. L. 241(2013).

86. Virginia Harper Ho, Theories of Corporate Groups: Corporate Identity Re-conceived, 42 Seton Hall L. Rev. 879 (2012).

87. Judith Elkin, Lifting the Veil and Finding the Pot of Gold: Piercing the Corporate Veil and Substantive Consolidation in the United States, 6 Disp. Resol. Int'l 131 (2012).

88. Samuel L. Bufford, Coordination of Insolvency Cases for International Enterprise Groups: A Proposal, 86 Am. Bankr. L. J. 685 (2012).

89. Irit Mevorach, Transaction Avoidance in Bankruptcy of Corporate Groups, 8 ECFR 235(2011).

90. John A. II Pearce & Ilya A. Lipin, The Duties of Directors and Officers within the Fuzzy Zone of Insolvency, 19 Am. Bankr. Inst. L. Rev. 361 (2011).

91. R J de Weijs, Towards an Objective European Rule on Transaction Avoidance in Insolvencies, 20 Int. Insolv. Rev. 219 (2011).

92. Irit Mevorach, Towards a Consensus on the Treatment of Multinational Enterprise Groups in Insolvency, 18 Cardozo J. Int'l & Comp. L. 359 (2010).

93. John H. Matheson, Why Courts Pierce: An Empirical Study of Piercing the Corporate Veil, 7 Berkeley Bus. L. J. 1 (2010).

94. J. Maxwell Tucker, Substantive Consolidation: The Cacophony Continues, 18 Am. Bankr. Inst. L. Rev. 89(2010).

95. Edward S. Adams and Jason Fincke, Coordinating Cross-Border Bankruptcy: How Territorialism Saves Universalism, 15 Colum. J. Eur. L. 43 (2009).

96. Janis Sarra, Oversight and Financing of Cross-Border Business Enterprise Group Insolvency Proceedings, 44 Tex. Int'l L. J. 547(2009).

97. Harry Rajak, Corporate Groups and Cross-Border Bankruptcy, 44 Tex. Int'l L. J. 521(2009).

98. John H. Matheson, The Modern Law of Corporate Groups: An Empirical Study of Piercing the Corporate Veil in the Parent-Subsidiary Context, 87 N.C. L. Rev. 1091(2009).

99. Marina Matousekova, Private International Law Answers to the Insolvency of Cross-Border Groups: Comparative Analysis of French and English Case Law, 2008 Int'l Bus.L.J. 141 (2008).

100. Alexander M. Kipnis, Beyond UNCITRAL: Alternatives to Universality in Transnational Insolvency, 36 Denv. J. Int'l L. Pol'y 155 (2008).

101. William H. Widen, Report to the American Bankruptcy Institute: Prevalence of Substantive Consolidation in Large Public Company Bankruptcies from 2000 to 2005, 16 Am. Bankr. Inst. L. Rev. 1(2008).

102. Jay.L. Westbrook, Locating the Eye of the Financial Storm, 32 BrookJ Int'l L. 1019 (2007).

103. Gloria Chon, Will the Courts Protect the Boards? Defending the Board of a Michigan Corporation in a "Zone of Insolvency", 53 Wayne L. Rev.1085 (2007).

104. Frederick Tung, Gap Filling in the Zone of Insolvency, 1 J. Bus. & Tech. L. 607(2007).

105. Jay. L. Westbrook, Avoidance of Pre-Bankruptcy Transactions in Multinational Bankruptcy Cases, 42 Tex. Int'lL. J. 899 (2007).

106. Keith D. Yamauchi, Should Reciprocity Be a Part of the UNCITRAL Model Cross-Border Insolvency Law? 16 Int. Insolv. Rev. 145(2007).

107. William H. Widen, Corporate Form and Substantive Consolidation, 75 GEO. Wash. L. Rev. 237(2007).

108. Samuel L. Bufford, Center of Main Interests, International Insolvency Case Venue, and Equality of Arms: the Eurofood Decision of the European

Court of Justice, 27 Northwest J. Int'l L. & Bus. 351(2007).

109. Jonathan C. Lipson, Debt and Democracy: Towards a Constitutional Theory of Bankruptcy, 83 Notre Dame L. Rev. 605(2007).

110. Justin Wood, Director Duties and Creditor Protections in the Zone of Insolvency: A Comparison of the United States, Germany, and Japan, 26 Penn St. Int'l L. Rev. 139(2007).

111. Timothy E. Graulich, Substantive Consolidation-A Post-Modern Trend, 14 Am. Bankr. Inst. L. Rev. 527(2006).

112. Stephen B. Presser, The Bogalusa Explosion, Single Business Enterprise, Alter Ego, and Other Errors: Academics, Economics, Democracy, and Shareholder Limited Liability: Back towards a Unitary Abuse Theory of Piercing the Corporate Veil, 100 Nw. U. L. Rev. 405 (2006).

113. PL Davies, Directors' Creditor-Regarding Duties in Respect of Trading Decisions Taken in the Vicinity of Insolvency, 7 EBOR 301 (2006).

114. Amera & Alan Kolod, Substantive Consolidation: Getting Back to Basics, 14 Am. Bankr. Inst. L. Rev. 1(2006).

115. Douglas G. Baird, Substantive Consolidation Today, 47 B. C. L. Rev. 5 (2005-2006).

116. Sabin Willett, Doctrine of Robin Hood-A Note on Substantive Consolidation, 4DePaul Bus. & Comm. L. J. 87 (2005).

117. Phillip I. Blumberg, The Transformation of Modern Corporation Law: the Law of Corporate Groups, 37 Conn. L. Rev. 605(2005).

118. Samuel L. Bufford, Global Venue Controls Are Coming: A Reply to Professor LoPucki, 79 Am. Bankr. L. J. 105 (2005).

119. Richard M. Cieri and Michael J. Riela, Protecting Directors and Officers of Corporations That Are Insolvent or in the Zone or Vicinity of Insolvency: Important Considerations, Practical Solutions, 2 Depaul Bus. & Com. L.J. 295 (2004).

120. Marilyn Montano, The Single Business Enterprise Theory in Texas: A Singularly Bad Idea?, 55 Baylor. L. Rev. 1163 (2003).

121. Héctor José Miguens, Liability of a Parent Corporation for the Obligation of An Insolvent Subsidiary under American Case Law and Argentine Law, 10 Am. Bankr. Inst. L. Rev. 217(2002).

122. Jay L. Westbrook, Multinational Enterprises in General Default: Chapter 15, the ALI Principles, and the EU Insolvency Regulation, 76 Am. Bankr. L. J. 1 (2002).

123. Frederick Tung, Fear of Commitment in International Bankruptcy, 33 Geo. Wash. Int'l L. Rev. 555 (2001).

124. Frederick Tung, Is International Bankruptcy Possible?, 23 Mich. J. Int'l L. 31 (2001).

125. Jay L. Westbrook, A Global Solution to Multinational Default, 98 Mich. L. Rev. 2276 (2000).

126. Kent Anderson, The Cross-Border Insolvency Paradigm: a Defense of the Modified Universal Approach Considering the Japanese Experience, 21 U. Pa. J. Int'l Econ. L. 679 (2000).

127. Lynn M. LoPucki, the Case for Cooperative Territoriality in International Bankruptcy, 98 Mich. L. Rev. 2216 (2000).

128. R D. Vriesendorp and F P. van Koppen, Transactional Avoidance in the Netherlands, 9 Int. Insolv. Rev. 47 (2000).

129. Andrew T. Guzman and Lucian A. Bebchuk, an Economic Analysis of Transnational Bankruptcies, 42 J.L. & Econ. 775 (1999).

130. Lynn LoPucki, Cooperation in International Bankruptcy: A Post-Universalist Approach, 84 Cornell L. Rev. 696 (1999).

131. Matthew Nozemack, Making Sense Out of Bankruptcy Courts' Recharacterization of Claims: Why Not Use510(c) Equitable Subordination?, 56 Wash. & Lee L. Rev. 689 (1999).

132. Mary Elisabeth Kors, Altered Egos: Deciphering Substantive Consolidation, 59 U. Pitt. L. Rev. 381(1998).

133. R de R. Barondes, Fiduciary Duties of Officers and Directors of Distressed Corporations, 7 Geo. Mason L. Rev. 45 (1998).

134. Phillip I. Blumberg, The Increasing Recognition of Enterprise Principles in Determining Parent and Subsidiary Corporation Liabilities, 28 Conn. L. Rev. 295 (1996).

135. Ramesh K. S. Rao et. al., Fiduciary Duty a la Lyonnais: An Economic Perspective on Corporate Governance in a Financially Distressed Firm, 22 J. Corp. L. 53 (1996).

（二）CASES

1. In Re Dalnyaya Step LLC［2017］EWHC（Ch）756.

2. Spradlin v. Beads & Steeds Inns, LLC（In re Howland）, 62 Bankr. Ct. Dec. 197（2016）.

3. In re Caesars, 15 B 1145, 2016 WL 7477566（Bankr. N. D. Ill. Sept. 21, 2016）.

4. Butler v. Candlewood Rd. Partners, LLC（In re Raymond）, 529 B.R. 455(2015）.

5. Redmond v. Jenkins（In re Alternate Fuels, Inc.）, 789 F.3d 1139（10th Cir. 2015）.

6. In re Nortel Networks, Inc., 532 B.R. 494（Bankr. D. Del. 2015）.

7. In re Zhejiang Topoint Photovoltaic Co., Ltd., Case No. 14-24549（2014）.

8. In re Fitness Holdings Int'l, Inc., 714 F.3d 1141(9th Cir. 2013）.

9. In re Pearlman, 462 B.R. 849（Bankr. M.D. Fla. 2012）.

10. In re Sivee SRL, 476 B. R. 310（E. D. Oklahoma, 2012）.

11. In re Toft, 453 B. R. 186（Bankr. S. D. N. Y., 2011）.

12. In re S & G Fin. Servs. of S. Fla., Inc., 2011 WL 96741（Bankr. S.D. Fla. Jan. 11, 2011）.

13. In re GOLD & HONEY, LTD and In re GOLD & HONEY, LP, 410 B. R. 357（Bankr. E. D. N. Y, 2009）.

14. In re Airadigm Commc'ns, Inc., 376 B. R. 903（Bankr. W. D. Wis. 2007）.

15. North American Catholic Educational Programming Foundation Inc. v. Gheewalla, 930 A.2d 92（Del. 2007）.

16. In re Ark-La-Tex Timber Co., 482 F.3d 319（5th Cir 2007）.

17. Cohen v. KB Mezzanine Fund II, LP（In re SubMicron Sys. Corp.）, 432 F.3d 448（3d Cir. 2006）.

18. In re SubMicron Sys. v. KB Mezzanine Fund II, LP, 432 F.3d 448（3d Cir. 2006）.

19. In Re Owens Corning, 419 F.3d 195, 45 Bankr. Ct. Dec. 36（3rd Cir. 2005）.

20. Genesis Health Ventures, Inc. v. Stapleton (In re Genesis Health Ventures, Inc.), 402 F.3d 416 (3d Cir. 2005).

21. Production Resources Group L. L. v. NCT Group, Inc. 863A. 2d 772 (Del. Ch.2004).

22. Nesbit v. Gears Unlimited, 347 F.3d 72 (3d Cir.2003).

23. Official Committee of Unsecured Creditors V. Credit Suisse, 299 B.R. 732 (2003).

24. Bayer Corp. v. MascoTech, Inc. (In re AutoStyle Plastics, Inc.), 269 F.3d 726 (6th Cir. 2001).

25. Alexander v. Compton (In re Bonham), 229 F.3d 750 (9th Cir. 2000).

26. In re Le Cafe Creme, Ltd., 244 B.R. 221 (Bankr. S.D.N.Y. 2000).

27. In re Bonham, 226 B.R. (Bankr. D. Alaska 1998).

28. United States v..Noland, 517 U.S. 535 (1996).

29. United States v. Jolly, 102 F.3d 46 (2d Cir.1996).

30. Woburn Assocs. v. Kahn (In re Hemingway Transp., Inc.), 954 F.2d 1(1st Cir. 1992).

31. First Nat'l Bank of Barnesville v. Rafoth (In re Baker & Getty Fin. Servs., Inc.), 974 F.2d 712 (6th Cir. 1992).

32. Fed. Deposit Ins. Corp. v. Colonial Realty Co., 966 F.2d 57 (2d Cir. 1992).

33. Diasonics Inc. v. Ingalls, 121 B.R. 626 (Bankr. N.D. Fla. 1990).

34. In re Chase & Sanborn Corp., 904 F. 2d 588 (1990).

35. In re Augie/Restivo Baking Co., 860 F.2d 515 (2d Cir. 1988).

36. In re Pacific Express, Inc. v. Pioneer Commercial Funding Corp., Inc., 69 B.R. 112 (B.A.P. 9th Cir. 1986).

37. Katz v. Oak Industries Inc., 508 A.2d 873 (Del. Ch. 1986).

38. Roth Steel Tube Co. v. Comm'r of Internal Revenue, 800 F.2d 625 (6th Cir. 1986).

39. Estes v. N & D Props., Inc., 799 F.2d 726 (11th Cir. 1986).

40. In re Donut Queen, Ltd., 41 B.R. 706 (Bankr. E.D.N.Y. 1984).

41. In re Colin, 44 Bankr. 806 (Bankr. S. D. N. Y. 1984).

42. In re Food Fair Inc., 10 B.R. 123 (Bankr. S.D.N.Y. 1981).

43. In re Vecco Construction Industries, Inc. 4 Bankr. (Bankr. E. D. Va. 1980).

44. Inre Mobil Steel Co. 563 F.2d 692 (5th Cir. 1977).

45. Chemical Bank New York Trust Co. v. Kheel (In re Seatrade Corp.), 369 F. 2d 845 (2d Cir. 1966).

46. Taylor et al. v. Standard Gas & Elec. Co. et al., 306 U. S. 307 (1939).

(三)LEGISLATIONS & REGULATIONS

1. UNCITRAL Legislative Guide on Insolvency Law, Part Four: Directors' Obligations in the period Approaching Insolvency (including in Enterprise Groups), 2020, 2nd edition, United Nations Publication: e-ISBN 978-92-1-004806-4.

2. UNCITRAL Model Law on Enterprises Group Insolvency (2019).

3. U.N. Comm'n on Int'l Trade Law, Enterprise Group Insolvency: Draft Guide to Enactment (2019).

4. UNCITRAL Model Law on Recognition and Enforcement of Insolvency-Related Judgments with Guide to Enactment(2019).

5. U.N. Comm'n on Int'l Trade Law, Directors' Obligations in the period Approaching Insolvency: Enterprise Groups(2017).

6. German Insolvency Code: Reform of Group Insolvency Law (2017).

7. Regulation (EU) 2015/848 of the European Parliament and of the Councilon Insolvency Proceedings.

8. UNCITRAL Model Lawon Cross-Border Insolvency with Guide to Enactment and Interpretation(2014).

9. UNCITRAL Model Law on Cross-Border Insolvency: The Judicial Perspective(2013).

10. UNCITRAL Legislative Guide on Insolvency Law, Part Three: Treatment of Enterprise Groups in Insolvency(2012).

11. UNCITRAL Practice Guide on Cross-Border Insolvency Cooperation (2010).